企业财税难题一本通

葛长银
刘梦琳·著
王红艳

机械工业出版社
CHINA MACHINE PRESS

图书在版编目（CIP）数据

企业财税难题一本通 / 葛长银，刘梦琳，王红艳著 . —北京：机械工业出版社，2023.1
（2024.1 重印）
ISBN 978-7-111-72243-4

Ⅰ. ①企⋯ Ⅱ. ①葛⋯ ②刘⋯ ③王⋯ Ⅲ. ①企业管理 – 财务管理 Ⅳ. ① F275

中国版本图书馆 CIP 数据核字（2022）第 251525 号

企业财税难题一本通

出版发行：机械工业出版社（北京市西城区百万庄大街 22 号 邮政编码：100037）	
策划编辑：章集香	责任编辑：章集香　杨振英
责任校对：龚思文　张　薇	责任印制：单爱军
印　　刷：固安县铭成印刷有限公司	版　　次：2024 年 1 月第 1 版第 2 次印刷
开　　本：170mm×240mm　1/16	印　　张：20
书　　号：ISBN 978-7-111-72243-4	定　　价：89.00 元

客服电话：（010）88361066　68326294

版权所有·侵权必究
封底无防伪标均为盗版

PREFACE
○ 前 言 ○

从中国企业实践中采集财税智慧

当你打开这本以"书"的形式呈现的当今中国企业财税咨询"纪实"时,我们的缘分就来了,互相成就也跟着来了:你传播了我们管用的财税知识和技能,我们帮你解决了企业实践中很多令人头疼的财税难题——这些难题有时就是请咨询公司也未必能解决掉!因为要解决这些难题,确实需要过硬的财税功夫、深厚的文化功力以及对中国企业实践的完整体验。

笔者在中国财税领域"金戈铁马"几十年,始终秉承基于国情的治学传统,坚持"从实践中来,到实践中去"的治学方法,遵从"真学实做"的治学理念,并总结了一些管用的财税理论与方法——比如年终奖方面的"宁可少拿一千,也决不多发一块",减轻企业整体税负方面的"低纳高抵",以及构成2019年个人所得税改革内容的5条"专项附加扣除"。除了指导企业在财税方面"精打细算"并"更上一层楼"外,还为优化国家税收政策建言献策,为构建中国特色的惠民税收制度贡献了不可或缺的智慧和方法。

改革开放40多年的历程,在充分证实了中国制度优越性的同时,也佐证了中国企业本土管理制度的有效性,其中就包括财税管理制度和方法。一个常识是：任何"事业"都是由"理论"和"实践"两个要素来成就的，从中国站起来和富起来的历史进程看，国内的实践要素占比还是要大些，因为实践出真知，任何成就都是干出来的，不是说出来的。那么，在这高速发展的40多年中，中国企业在财税方面是如何"干"的？这是笔者一直想总结出来并分享给大家的，是笔者的一个夙愿。

但这个夙愿不好实现。一是企业的财税管理方法，尤其是绝技，如同"秘方"，不会轻易泄露；二是企业隶属不同的行业，采集案例需要大量时间；三是人手太少，工作量太大，参加的老师还都有繁重的教学任务。所以这个夙愿直到今天才得以实现。这本企业的咨询"纪实"是我们长银财智团队的集体首秀，也是一次"财税三人行"，更是一本"三好"图书。

（1）好玩。为了杜绝空谈理论，我们采取"对话式"场景表达方式，即通过老板、会计、出纳等不同岗位的角色，把本岗位涉及的或关心的财税问题、难题提出来，我们专家团队的成员分别用自己的特长给予解答，在给分析、给政策的同时，也给方案、给绝技，传道授业解惑，彻底解决问题。如此设计，我们是想把线下咨询场景"移植"到书中，把一些私密的问题也摆上桌面——比如老板如何"剔除"不一条心的股东，在一问一答的简短对话中给出"一招制敌"的绝技。这些绝技即使咨询专家也不一定告诉你（他还真不一定知道），但读者可以在"好玩"的业务场景中学到。

（2）好看。在通过文字传递思想和方法的过程中历来存在一个误区，那就是作者自己觉得写明白了，但读者还是读不明白——这也是对知识熟悉程度不同的必然结果。古书偏重传播思想，今书还要传播方法，有些方法还必须"一招一式"地表达清楚，尤其是指导企业实践的财税书籍，如何让不同层次的读者消除阅读中的隔阂，是一个难题。为此我们大胆创新，在"一问一答"的业务场景中，以图文并茂的呈现方式，用好看的思维导图、示意图或表格，以及"拿来就用""教你一招""爱心提示"等专栏，传递管用的财税智慧和绝技，力争让读者一目了然、过目不忘，并达到"恍然大悟"的阅读效果。

（3）好使。财税是一门实践性的学科，财税知识不是用来谈论的，是用来解决现实问题的；财税方面的很多争议也是由脱离实践、没有找到检验真理的"唯一标准"造成的。笔者的一个基本观点是：中国企业的财税实践，能治愈目前财税理论界的诸多不适。本书内容来自中国企业的现实做法，也多是我们做过的咨询案例，或亲身经历过的企业实践的精彩"篇章"。比如"到付"结算方式、"零库存管理"模式以及"扫码送礼"财税处理方法等，都是从当下的企业实践活动中采集到的新理论和新方法；针对企业投标如何提高中标率，我们给出了3个亲身接触的典型案例；以及针对企业增资扩股时原来的技术股如何处理，我们也给出了中肯的建议。其中不乏绝技，好使，更管用。

"剧情"不宜过多透露，有缘人就看书吧。敢让大家从本书开始学财税绝技，既源于我们的精品意识，也源于我们的底气。

本书依据长银财智团队几十年的咨询实践规划设计，按企业岗位归拢话题。其中"支出岗位财税问题面对面"和"收入岗位财税问题面对面"由刘梦琳老师操刀完成；"税收岗位财税问题面对面"由王红艳老师精心撰写。全书由财税"大侠"葛长银教授统稿。从2019年动议编写本书，到2020年教师节签订出版合同，再到2021年入秋脱稿，我们用三年多时间培育的这颗硕果已挂上了枝头，真心希望读者喜欢这本从中国实践土壤中破土而出的新书。

感谢单位领导的大力支持，感谢家人的无私协助，感谢机械工业出版社编辑的鼎力相助。

限于财税政策变化较快，书中不合时宜之处在所难免，请广大读者赐教。

作者

2022年12月于北京

CONTENTS
目 录

前言　从中国企业实践中采集财税智慧

第一模块　支出岗位财税问题面对面　/3

企业有两个"口",一个"进口"即收入,一个"出口"即支出。从业务量范围来看,支出是所有企业财税管理工作的重点。支出岗位的首要职责是"节流",精打细算过日子。希望本模块中的企业财税实战经验能帮助你过上好日子。

一、支出都是费用吗？　/4

1. 牛老板说的"支出"是真支出吗？　/4
2. 企业复杂的支出能"各归其主"吗？　/8
3. 支出岗位如何"站稳"并管住？　/10

4. 如何再造企业的支出业务流程？ / 11

二、企业的钱都花在哪儿了？ / 14

支出方向一：买资产 / 15
1. 大牛公司花钱买回了啥？ / 15
2. 买料的过程中有多少问题没想到？ / 21
3. 采购设备有哪些"获利点"？ / 32
4. 租、买老房子还是新房子，哪个更合适？ / 55
5. 看不见摸不着的就是无形资产吗？ / 60
6. 零星采购也可以"拼单"吗？ / 68

支出方向二：人头费开销 / 68
1. 公司雇人付出的代价只有工资吗？ / 68
2. 工资薪金与劳务报酬有啥不同？ / 90
3. 特殊用工的报酬如何发放？ / 93

支出方向三：期间费用的花销 / 102
1. 管理费用有哪些新变化？ / 103
2. 销售费用花得值不值？ / 109
3. 研发费用的处理很麻烦吗？ / 113
4. 利息都得算财务费用吗？ / 116

支出方向四：经营外的开销 / 123
1. 经营外开销包括哪些？ / 123
2. 老板可以从企业拿钱花吗？ / 127
3. 企业的投资行为要注意哪些？ / 129

三、支付环节关键要注意什么？ / 131

1. 最新的支付方式有哪些？ / 131
2. 付款都会"雁过留痕"吗？ / 133
3. 支付环节都有哪些潜在风险？ / 138

第二模块　收入岗位财税问题面对面　/ 143

"节流"固然重要，但前提是"开源"，没有进账也就没有节流工作。订单和收入才是一个企业的生命线。但如何保证订单到手，确保收入落袋为安，这需要具体的管理方法，希望本模块的多视角案例能帮上你。

一、收入就是进账吗？　/ 144

1. 牛老板的收入概念错在哪儿？　/ 144
2. 如何优化销售业务流程？　/ 145

二、如何获得资金流入？　/ 151

资金来源一：营业收入　/ 151

1. 收入如何确认才是对的？　/ 151
2. 只有销售行为才确认收入吗？　/ 155
3. 特殊的销售行为如何处理？　/ 161

资金来源二：其他收入　/ 172

1. 卖"破烂"算收入吗？　/ 172
2. 意外收获的资金流入有哪些？　/ 174
3. 投资创造的收益怎么处理？　/ 175
4. 缺钱问题如何解决？　/ 177
5. 企业接受投资要注意哪些问题？　/ 185

三、收款环节关键要注意什么？　/ 191

1. 收款是个简单的问题吗？　/ 191
2. 收款环节有哪些潜在风险？　/ 194

第三模块　税收岗位财税问题面对面　/ 197

　　从越来越多的涉税案件可以看到中国税收的治理趋势，那就是依法治税，严厉打击偷逃税款的行为。如何确保在依法纳税的前提下，增加企业利益，是税务岗的工作人员需要权衡的问题。希望本模块丰富的税收实践案例能帮到你。

一、你了解中国税收的来龙去脉吗？　/ 198

1. 中国税收史能用一张图说清吗？　/ 198
2. 现在都收哪些税？　/ 202
3. 哪些税种已经立法？　/ 203

二、企业为什么要设税务会计岗？　/ 205

1. 税务会计岗到底有啥用？　/ 205
2. 税务会计岗能做哪些事？　/ 206

三、发票都有哪些事儿？　/ 208

1. 供应商拖着不开票怎么办？　/ 208
2. 无票支出的难题如何解决？　/ 210
3. 增值税专用发票能增加多少利润？　/ 212
4. 电子发票怎么用？　/ 216

四、增值税的财税处理技巧有哪些？　/ 218

1. 签署合同时为啥要价税分离？　/ 218
2. 分签租赁合同能省下多少增值税？　/ 220
3. 出租厂房的增值税税率如何由9%降为3%？　/ 222
4. 设备是买还是租？　/ 223

5. "公司 + 农户"的经营模式可以省下多少增值税？ / 227

6. 会议费中的餐饮支出能否抵扣进项税？ / 234

7. 交通费的小额票据如何抵扣？ / 236

8. 维修费、装修费、快递费的增值税税率到底是多少？ / 240

9. 预付卡如何进行财税处理？ / 242

五、企业所得税的财税处理技巧有哪些？ / 246

1. 高新技术企业如何让"子公司"也享受"低税率"的优惠政策？ / 246

2. 企业扩张是开分公司好还是开子公司好？ / 252

3. 研发费用的优惠有多少？ / 256

4. 不征税收入有时主动缴税对企业更有利吗？ / 264

5. 如何"拉长企业杠杆",消化业务招待费、广告费和宣传费？ / 268

6. 福利能随便发吗？ / 273

六、个人所得税的财税处理技巧有哪些？ / 278

1. 企业高管如何节税？ / 278

2. 专项附加扣除"由谁扣"能节税？ / 287

3. 哪些人要办理个人所得税汇算清缴？ / 290

4. 特殊岗位签订劳务报酬合同能节税吗？ / 294

5. 合伙企业股权转让如何节税？ / 297

6. 创投企业如何利用"合伙嵌套"稀释股权分红,减轻税负？ / 303

○○○ 开门见山 ○○○

在目前业财税融合、财税智能化的背景下，我国会计实践发生了三大变化：一是成本核算重心从产品成本核算转移到人力成本核算；二是核算业务内容集中到会计信息系统的"进口"和"出口"两个环节；三是财务机器人逐步取代基础账务管理。在这个大背景下，本书着眼于会计实践中的"出口""进口"和"税务"这三个重要岗位，分享专家组和企业高级管理人员依据实践中遇到的具体问题碰撞出的财税处理方法和智慧。

○○○ 咨询背景 ○○○

大牛公司坐标北京，生产经营涉及工业生产、建筑服务、外贸、生活服务等行业，麾下公司涉及国有股份、集体股份和自然人股份，已创立20年。公司经营形式较好，但也存在很多财税疑难问题。受公司牛老板、马会计、杨出纳的诚挚邀请，葛大侠、刘小白、王小红三位财税专家组建智囊团，为大牛公司提供财税咨询服务。刘小白主要负责会计业务咨询，王小红主要负责税务业务咨询，葛大侠则统领全局，打通财税。

○○○ 人物登场 ○○○

　葛大侠　　刘小白　　王小红　　牛老板　　马会计　　杨出纳

一场精彩的财税咨询活动开始了……

第 一 模 块

支出岗位财税问题面对面

一、支出都是费用吗?

在企业经营中,很多管理者意识里都认为,凡是钱花出去了就形成"费用"。其实不是,支出有很多种,在会计核算中就得区分资本性支出和收益性支出。钱花出去能买回东西的叫成本,啥也没买回来的叫费用。无论是怎么花出去的,支出都要"各归其主"。企业要分清各种支出业务,明确岗位职责,既要将支出岗位"站稳",又要防范潜在风险。本节给你提供"梳理堵点、制定规划、改造流程、监管流程、评价流程"五个流程再造入手点和"业务审批、岗位审批、财务审批、领导审批"四个支出管理控制点,再造企业支出业务流程,优化企业支出岗位。

1. 牛老板说的"支出"是真支出吗?

牛老板:

我们经营的项目很多,日常开销很大,单是"支出"这项,每月就是这个数✋! 5 000万元!

刘小白:

牛老板说的"支出"是不是一个笼统的概念?企业的真正"支出"是企业为了经营盈利而发生的一切开支与耗费,比如企业为获得另一项资产、清偿债务、获取收益等所发生的资产耗费或流出。

牛老板:

这白花花的银子流出,有种割肉的痛。对于我来说,"支出"都是开销,都应该算作"费用"。

葛大侠:

老板们要注意了,你企业里发生的支出,不一定都是费用(请看（政策链接 1-1）。例如，某公司购置了一辆汽车（固定资产），置办了一套财务智能化软件（无形资产），还买了某生物科技公司的疫苗概念股（交易性金融资产），这些"支出"都不能说成"费用"。牛老板对支出的理解有些片面。

📖 **政策链接 1-1**

依据会计准则，支出能不能说成"费用"，取决于对支出类型的界定。理论上来说，从投入到分配，企业的支出可划分为收益性支出、资本性支出、投资性支出、营业外支出、借出性支出、所得税支出与利润分配性支出等。其中，收益性支出与资本性支出构成支出主体，与生产经营直接相关；投资性支出、营业外支出、借出性支出具有偶发性；所得税支出与利润分配性支出则发生在利润分配环节。请看图 1-1。

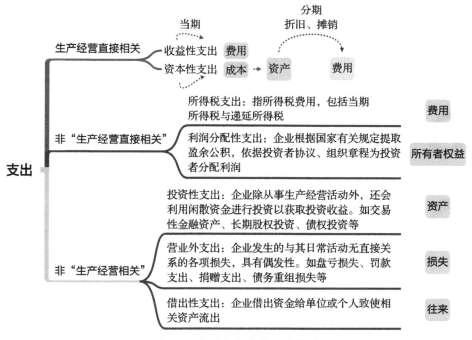

图 1-1 企业支出分类思维导图

刘小白：

这些概念中要区分清楚两条。一是费用和损失的差别。费用对收入有贡献；而损失对收入无贡献，损失具有偶发性。二是费用和成本的差别。一般来说，钱花出去了，没有买回东西，比如花1 000元去饭馆请客户吃顿饭，这顿饭的支出叫费用；钱花出去了，买回了东西，比如花30万元买一辆汽车，这辆汽车的支出就叫成本，形成资产成本。

马会计：

刘老师形象地对比了费用和成本，其实这和会计术语"收益性支出"与"资本性支出"有关。实务中，容易将收益性支出与资本性支出搅和在一起，该如何区分呢？

刘小白：

马会计这个问题问得很专业。一般情况下，企业花钱出去，是为了受益。如果受益只是当期（本会计年度或经营周期），我们称这笔花出去的钱为"收益性支出"；如果受益的时间超过一个会计年度（或经营周期），我们就称这笔花出去的钱为"资本性支出"。

马会计：

按牛老板的意思，是将收益性支出与资本性支出都算作"费用"。老板们习惯把花出去的钱都看作成本费用。

刘小白：

那是老板个人的观念。你肯定不能这么看，因为有国家制度摆在那儿，不能违规，违规了就有风险。请看教你一招1-1。

教你一招1-1

收益性支出通常计入费用，遵循收入与费用配比原则。也就是说，一年到头了，将收入减费用就可以计算利润，这叫一次性从当期收入中弥补费用。例如,某公司采购了一批签字笔,估摸着它们顶多够用几个月,那不如把这笔支出一次性记入管理费用,期末和收入配比核算出当期的利润。

资本性支出计入资产成本,形成资产。而资产的成本会通过折旧、摊销等形式在受益期内分期计入费用。例如,某公司重金购入一辆办公用车,估摸着能用10年(使用寿命),那么在达到预定可用状态前发生的合理、必要支出便构成了设备的成本,形成资产。但10年光阴流逝,车子慢慢变老,通过折旧的形式,将自己的"青春"(资产成本)消耗(转化为折旧费用)。

杨出纳:

我明白啦!其实它们的最终归宿都是费用,只不过计算的时间节点不一样。实际操作中,如何实现"收入与费用配比"?有时,我们花的钱和赚的钱很难一一对应上。

刘小白:

用因果关系论,收入是果,费用是因,相当于因为你的付出才有收获。将收入和费用配比妥当了,核算出来的当期利润才是靠谱的。关于配比,可以遵循以下两种思路。①范围的配比:资金来源、性质与用途相同的归在一起。比如某产品的收入与该产品的耗费相匹配,某部门的收入与该部门的耗费相匹配等。②时间的配比:属于当期的归属当期,不属于当期的,即便在当期发生了也不能归属当期。比如今年的水电费明年支付,虽然水电费在第2年支付,但仍归属今年的费用,要和今年的收入匹配。

王小红:

此处还要注意跟税法的联系!企业实际发生的,与取得收入有关的、合理的支出,包括成本、费用、税金、损失和其他支出,准予在计算应纳税所得额时扣除。也就是:一般情况下,收益性支出在发生当期直接扣除,资本性支出应当分期扣除或者计入有关资产成本，不得在当期直接扣除。

2.企业复杂的支出能"各归其主"吗？

牛老板：

我明白什么是支出了，但在实际经营中，支出还是很复杂，各种各样的支出太多了，不好分清楚。

刘小白：

复杂是表面现象，其实这些支出会计制度已经都给分清楚了。企业日常生产经营支出主要由收益性支出与资本性支出构成，辅以营业外支出、投资性支出、借出性支出等。请看图1-2。

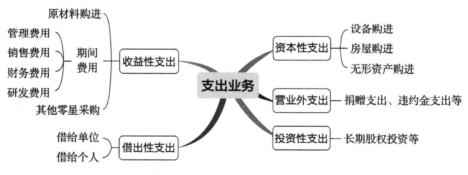

图1-2 企业支出业务思维导图

杨出纳：

管理费用、销售费用、财务费用、研发费用均属于期间费用，是收益性支出，这个好理解。但购买原材料为何是收益性支出，而购买固定资产却成了资本性支出？

刘小白：

买入的原材料一般会在一个生产经营周期转化为产成品成本，最后华丽变身为主营业务成本，与主营业务收入匹配，受益于当期，属于收益性支出。而买入的设备（固定资产）、版权（无形资产）等，会在多个周期内为企业带来经济利益的流入，计入资本性支出。

不过，达不到固定资产支出标准的，可以列入收益性支出，比如买个千把块钱的手机，可以不做固定资产处理，直接做收益性支出处理。

牛老板：

前阵子我用自己的钱投资了某新能源概念股，大涨！我赶紧让马会计用公司的钱加持了该股票，赚了不少！我自己买股票和公司买股票不能搅和在一块吧？得分清。

刘小白：

恭喜牛老板大赚！您说得很对。您自己买股票叫"个人理财"，公司买股票属于"投资性支出"，这可是两码事。

牛老板：

话说回来，股票这块是赚了，但也有损失的情形。比如，前些天，公司被查，说产品质量不合格，吃了一笔行政处罚。还有，我的前任供应商，当时他们资金吃紧，我看在合作的份儿上，让马会计从公司账上支取了一笔钱，帮他们解了燃眉之急。结果这供应商跑路了，我的钱看来是要不回来了！

刘小白：

您所说的情形，都是企业支出的具体业务，不过这些情形都具有偶发性。比如您说的行政处罚，这是一种营业外支出；您说的借款支援供应商，这是一种借出性支出。人有人情往来，公司也难免会有个往来嘛。不过，对方跑路了，这笔钱归为损失，又变成了营业外支出。

葛大侠：

针对企业支出业务，我还要强调两点：

（1）无论买料还是买房，随着资产购入方式的正规化、透明化，企业会利用招标来采购。财会人要懂得招投标，而且要在采购支出的前端参与进来，比如为采购合同的签订提供合乎会计准则、税法的建议。另外，对于采购的结算方式、存货的库存方式，也可推出创新方式，创新财税管理。

（2）会计实践中，核算重心已从产品成本转移到人力成本。很多企业的人力资源支出占据了管理费用的半壁江山，随着就业方式的多元化，"员工+股东"、退休返聘、劳务用工外包等模式层出不穷，财会人得与时俱进。放心，这些话题我们后面都会提及。

3. 支出岗位如何"站稳"并管住？

杨出纳：

作为岗位新人，其实我还是担心我做得不够到位。支出业务环节到底涉及哪些具体工作呢？

刘小白：

实务界，企业通常会单独设置支出管理岗，或与收入岗合并为收支管理岗（俗称出纳）。该岗位负责支出业务的核算与监督，具体职责请看图1-3。

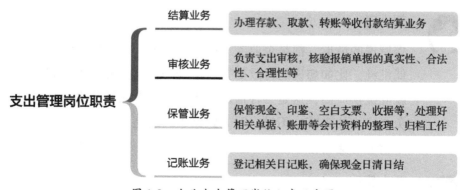

图1-3 企业支出管理岗位职责示意图

葛大侠：
实际上，岗位职责的设置还要兼顾不相容职位。部分岗位要独立设置，比如业务经办与会计核算，支出申请与审批，支出录入与审核，付款审批与执行等，要规避一权独大的风险。总的来说就一句话：执行的不记账，记账的不查账，分工明确，相安无事。

4. 如何再造企业的支出业务流程？

牛老板：
我们总公司的支出管理岗已经由杨出纳接管。但是公司发展比较快，整个业务流程短板多，想好好规划规划，但不知道怎么下手，请老师们指点。

刘小白：
牛老板，您的问题涉及流程再造。这需要结合企业的具体业务，需要现场给您的企业把把脉，才好对症下药。不过，一般流程再造可从以下角度着手：
（1）对原流程进行梳理，将堵点、痛点列出清单，识别出核心流程；
（2）结合公司的发展规划，锁定各流程的目标与要求；
（3）依据前述两点，改造现有流程，组建人员队伍，设计组织架构；
（4）试行新流程，听取运行端、前端（供应商）、终端（客户）对再造流程的效益感知；
（5）不断试错检验，评估新流程，完善新流程。
还要提醒您一下，在流程设计中，可以融入信息管理系统，如ERP（见📖知识链接1-1），实现流程自动化。

知识链接 1-1

ERP：enterprise resource planning（企业资源计划），是物资资源管理（物流）、人力资源管理（人流）、财务资源管理（财流）、信息资源管理（信息流）集成一体化的企业管理软件。

牛老板：

我大概明白了，那支出管理流程又该如何设计？要注意哪些控制关口？公司财务招了新人，如何让她适应工作岗位，做好本职工作，把住支出闸门？请老师们多加指点。

刘小白：

支出管理流程也因企业而异，一般来说，流程始于业务端口的支出申请，包括出差申请、借款申请、费用申请、付款申请、费用报销、差旅报销、项目经费支出计划等，经由各部门领导及出纳审核，最后由出纳进行资金支付，会计部门进行会计核算。整个流程对接了业务部门，融合了财务部门。其中，出纳岗扮演了重要的角色，为把住支出闸门，出纳要注意三点：一是业务要属实；二是票据要属实；三是支出对象要属实，说俗一点那就是"活要见人，死要见尸"——比如买了一辆车，车子得是真实存在的！整体支出管理流程及控制点请看图1-4。

杨出纳：

所以，牛老板，我们要有火眼金睛，不是所有的字您都得签！

葛大侠：

杨出纳说得很对。支出这个关口把不住，轻则产生纠纷——比如某生产企业购买原材料，采购款汇去后，却收到一张增值税普通发票，该生产企业苦于无法进行进项税抵扣，和供应商展开了拉锯战；重则遭受损失——比如某家电企业领导层脑门一热，审批同意投资新能源汽车，结果以投资破产收场；乃至被骗——比如某中小企业新聘用的出纳接听到骗子伪装老板的电话，以为老板要求汇款至其个人账户，竟将公司账上二十余万元一股脑儿汇入骗子账户。

这些"困于支出、死于支出"的现实事例，明确了支出管理在企业管理中的重要性，有些支出并不产生任何效益，反而危害重大。所以，支出审核与控制是关键。

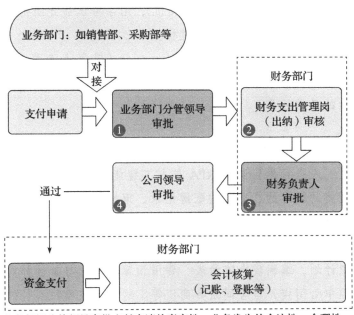

控制点①：业务部门分管领导审批支付申请的真实性、业务发生的合法性、合理性。
控制点②：财务支出管理岗审核支出凭证的真实性、合法性、合理性、完整性、正确性、及时性等。
控制点③：财务负责人负责财务预算、费用控制等综合审批。
控制点④：公司领导负责费用控制、战略规划等综合审批。

图 1-4 支出管理流程及控制点示意图

牛老板：

葛老师说得在理！但是光靠人的火眼金睛，还不累瘫了？

刘小白：

牛老板多虑了，未来，支出流程自动化不断发展，费用控制类的软件层出不穷。有些软件融合智能 OCR、RPA，实现电子发票导入、发票自动查验、费用分摊、统计分析、会计核算等功能（见知识链接 1-2）。就算让部分企业头疼的私车公用报销问题，软件也能自动计算里程，提供费用控制一站式解决方案。

知识链接 1-2

OCR：optical character recognition（光学字符识别）是指电子设备（例如扫描仪或数码相机），用字符识别方法将纸上打印的字符翻译成计算机文字的过程。

RPA：robotic process automation（机器人流程自动化），是指使用软件机器人，自动执行通常由知识工作者执行的高度重复性的日常任务。

听君一席话 1-1

未来可期！随着 RPA 与人工智能的运用，支出管理岗的职责将从琐碎的、重复的账簿记录、审核等工作中抽离出来，财务人员的工作重心将落在综合财税审核、前期的预算制定以及后期的成本费用控制等方面。岗位职能也将不断丰满，比如，参与组织计划，编制现金流量表、费用预算表等；与审计师对话，与风控中心衔接，与合同法务商谈等。这就要求岗位人员能够"饱经世故"，对外熟悉相关数据软件，对内还应丰富管理会计、风控、合同等实践经验。

二、企业的钱都花在哪儿了？

企业的钱主要花在四个方向：购买资产、支付"人头费"、支付期间费用和经营外开销。在支付过程中，首先存在先支付和后支付的问题，其次存在分期付款的问题，最后还存在如何省钱的问题。如何妥善地解决这些问题？本节从中国企业的实践中总结出了"到付"结算方式、"零库存管理"模式和"采购拼单"等方法，以及"如何代持职工股份""如何'剔除'不一条心的股东"等人力资源管理方式；还有"扫码送礼""营销代金券"等财税疑难问题处理技巧……

支出方向一：买资产

1. 大牛公司花钱买回了啥？

牛老板：

虽然钱是花出去了，但是能看到些东西回来，我还是很开心的。我们公司经营范围广，买的东西也杂。比如，锅炉要开工，买了些煤炭；员工上下班得通勤，买了辆大巴；厂房面积受限，又豪掷一笔将隔壁厂子的闲置房给买来了；后来担心面积还是不够大，又拍了块地，先搁在那儿，等资金回笼了，继续盖厂房。

刘小白：

牛老板公司业务广，买回来的东西肯定不少。我给您归归类（见图1-5），您也就清晰了，具体的会计账务处理，马会计肯定清楚。

马会计：

刘老师给出的分类图很清晰，公司采购的煤炭属于原材料，大巴、厂房属于固定资产，土地也即土地使用权属于无形资产，这些都是公司的资产。

牛老板：

专业的核算，马会计把握就行啦。其实说到采购，最让我担心的是买贵了、买差了。采购部门的人员负责采买，至于他们会不会收受回扣，管理也是个难题。我朋友的企业让老板的小舅子主管采购，结果还是吃回扣。

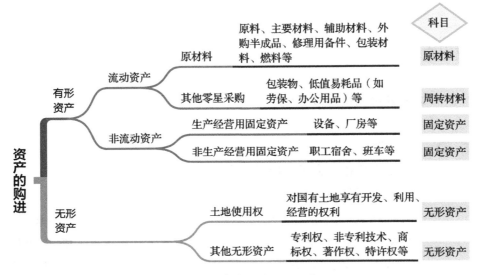

图 1-5　企业资产购进分类示意图

刘小白：

您的顾虑可以理解，其实，要杜绝您说的现象，还是建议您采用"招标采购"的模式。具体介绍及流程看 👉 教你一招 1-2。

👍 **教你一招 1-2**

招标采购：采购方作为招标方，事先提出采购的条件和要求，邀请众多企业参加投标，依据公开、公正、择优等原则，按照规定的程序和标准择优选择交易对象。招标分为公开招标和邀请招标。公开招标，是指招标人以招标公告的方式邀请特定的法人或者其他组织投标；邀请招标，是指招标人以投标邀请书的方式邀请特定的法人或者其他组织投标（来源：《中华人民共和国招标投标法》）。

必须进行招标的项目：依据《中华人民共和国招标投标法》《中华人民共和国招标投标法实施条例》和《必须招标的工程项目规定》等文件的规定，下述项目必须进行招标。

（1）大型基础设施、公用事业等关系社会公共利益、公众安全的项目；

（2）全部或者部分使用国有资金投资或者国家融资的项目；

（3）使用国际组织或者外国政府贷款、援助资金的项目。

注意：对于应当招标而未招标的工程建设项目所签订的建设工程施工合同，因违反《中华人民共和国招标投标法》的强制性规定，合同无效！

招标基本流程：以公开招标采购为例，基本流程见图1-6。

牛老板：

除了自行办理，我们也可以委托招标代理机构来操办。公开招标采购虽然在流程上烦琐了些，但结果总是好的，能规避采购人员揩油，还能买到性价比高的物资。中标之后，采购合同的签订也是重中之重。

葛大侠：

虽然规范的招标在流程上烦琐了些，但对于一些小规模的采购，可以考虑简化招标流程。另外，牛老板的关注点很精准，最后签订合同是关键，采购合同是一种经济合同，签订双方受《中华人民共和国民法典》的约束和保护。我给牛老板提示几个注意点，请看教你一招1-3。

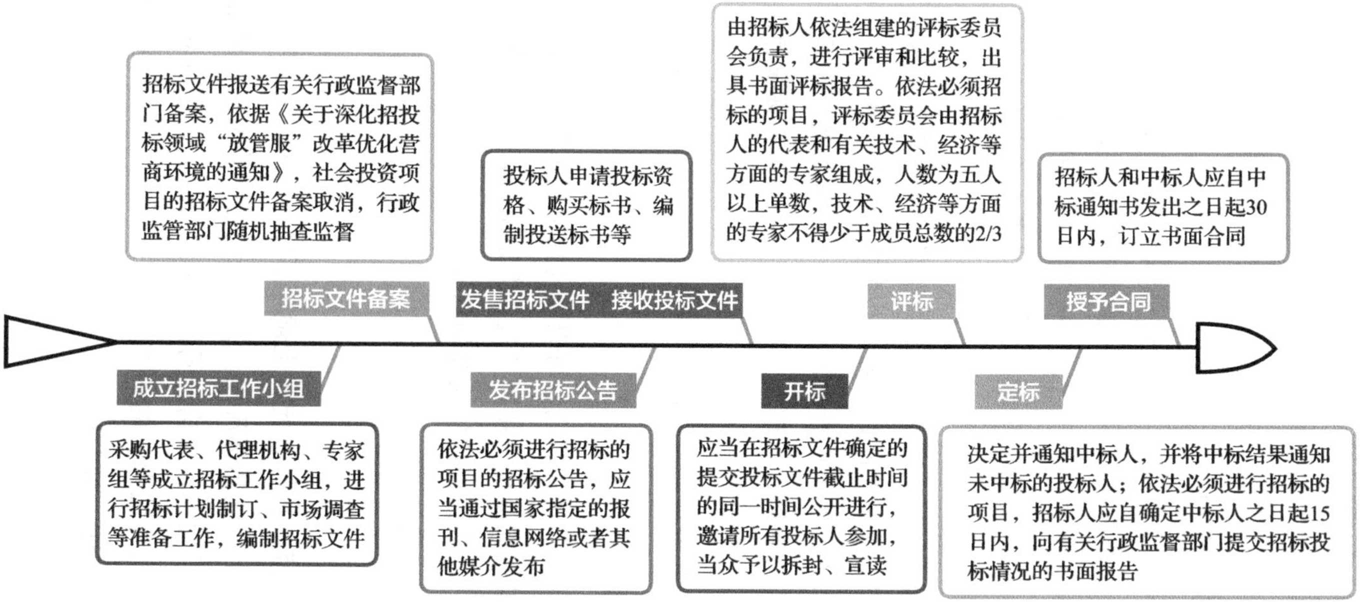

成立招标工作小组
采购代表、代理机构、专家等组成招标工作小组,进行招标计划制订、市场调查等准备工作,编制招标文件

招标文件备案
招标文件报送有关行政监督部门备案,依据《关于深化招投标领域"放管服"改革优化营商环境的通知》,社会投资项目的招标文件备案取消,行政监管部门随机抽查监督

发售招标文件
投标人申请投标资格、购买标书、编制投送标书等

发布招标公告
依法必须进行招标的项目的招标公告,应当通过国家指定的报刊、信息网络或者其他媒介发布

接收投标文件
应当在招标文件确定的提交投标文件截止时间的同一时间公开进行,邀请所有投标人参加,当众予以拆封、宣读

开标

评标
由招标人依法组建的评标委员会负责,进行评审和比较,出具书面评标报告。依法必须招标的项目,评标委员会由招标人的代表和有关技术、经济等方面的专家组成,人数为五人以上单数,技术、经济等方面的专家不得少于成员总数的2/3

定标
决定并通知中标人,并将中标结果通知未中标的投标人;依法必须进行招标的项目,招标人应自确定中标人之日起15日内,向有关行政监督部门提交招标投标情况的书面报告

授予合同
招标人和中标人应自中标通知书发出之日起30日内,订立书面合同

图1-6 公开招标采购流程示意图

👍 教你一招 1-3

合同签署风险防范点

（1）雁过留痕：签署手续完备，内容均以白纸黑字书面落实下来。针对合同文本，一要加盖骑缝章，二要在紧挨最后一行文字处签字盖章。

（2）心中有数：公司法务部参与合同签署，对与合同相关的各项法律法规都要做到心中有数，即便遇到合同撤销等情形也能保证在权利行使的时效期内维护自身权益。

（3）面面俱到：除了法务的参与，还要业财融合，让财会部门参与进来。在合同金额、收款方式、开票等问题上征求财会部门的意见，确保合同不违背会计准则，尽量规避税务风险。

（4）疑人不用：委托代理应在相关文书中明确地列举授权范围，防范表见代理。同样，留意对方委托代理人的授权范围。

（5）锱铢必较："定金""订金""保证金"等字样虽然都代表提前预付一笔钱，但只有"定金"才具有法律含义，受到法律的约束和保护。

（6）化无形为有形：受"零接触""无纸化"等因素影响，电子合同、电子签名兴起。但是在签订电子合同、使用电子签名的过程中，为保证有效性，还需要满足相关法律法规文件（《中华人民共和国民法典》《中华人民共和国电子签名法》《电子合同在线订立流程规范》《电子认证服务管理办法》等）的规定。

牛老板：

葛老师说得在理！我们前些天向一供应商采购原料，预付了一笔款项，没要到票，货也一直没收到。眼看着又到了合同约定的第2笔付款期，我决定暂不付款了。

葛大侠：

如果合同不涉及"不安抗辩权"，那还得按合同履行付款义务。

不过，为了防止合同约定的和实际发生的不一样，就要在签合同环节多把关。比如，约定如果票未到、货未到等变故发生了该怎么处理，违约责任该怎么承担。

刘小白：

提到付款时间，可以在签订合同时利用"支出末号原则"，让付款方的利益最大化，请看 教你一招1-4。

教你一招1-4

支出末号原则：凡签署支出合同，都应遵照"末号原则"，将收款日期签在当月的末号即最后一天，以此来争取货币的时间价值。比如，10亿元的采购合同，假设银行贷款年息为6%，那么每年利息就是6 000（=10亿元×6%）万元，分摊到12个月，每月就是500万元，再分摊到30天，每天约16.67万元。这些真实的数字告诉大家，在签订收支合同时，合同上的日期差1天，就是16.67万元的损益，差30天就是500万元的损益。

葛大侠：

付款时间能不能遂我们所愿，那就要看合同谈判环节了。在谈判环节，业务员能否掌握谈判技巧、争取到主动权很关键。一些重要的采购，还需公司老总亲自挂帅，以"小题大做"的方式获取谈判主动权。另外，不光是钱款的事，还有发票的事。我们作为买方，先要到票那是最稳妥的。所以，在合同中还要明确发票的条款，请看 爱心提示1-1。

爱心提示1-1

合同签署要明确发票的条款：

（1）明确"按规定开具发票的义务、开具的时间、开具的类型"。

（2）明确"如果发票是假的或虚开的，一切责任由卖方承担"；明确"不能取得发票或发票不合规的赔偿责任"。

2. 买料的过程中有多少问题没想到?

马会计:

公司家大业大,不同的材料,入库出库,还真不只是付款收货那么简单。刘老师,您能指点整个流程中会计核算要注意的地方吗?

刘小白:

其实业务多而杂,对会计来说,倒是个不错的历练机会。马会计,我用一张思维导图给您展示材料采购与管理流程,图中标注出了常见的核算要点。请扫描二维码观看☞图1-7。

马会计:

整个流程涉及不少单据,我们一般等单据齐了再入账,每个月结账没有固定的时点,有时会留到月底一起做。我们的操作合理吗?会计制度是如何规定的?

图1-7 材料采购与管理财税处理示意图

刘小白:

依据会计制度要求,在一定时期结束时(如月末、季末或年末),为编制财务报表,需要进行结账。结账前,必须将本期内所发生的各项经济业务全部登记入账。由于报税的时间一般是次月/下一季度的15日之前,所以我们建议还是当月的账当月结。

杨出纳:

如果单据不全,我们也得月结入账?

王小红:

如果单据涉及跨月,我们建议暂估入账。比如,材料已采购入库,但月底了还没收到供应商的发票,我们可以暂估价值先入账,下月初红字冲销,等收到发票后再按实际金额记账。请看案例分享1-1。

案例分享1-1

某公司(一般纳税人)采购煤炭一批,合同价80 000元,煤炭已验收入库,月末尚未收到供应商的发票。

月末,公司按合同价暂估入账,会计处理如下:

借:原材料——煤炭　　　　　　　80 000
　　贷:应付账款——暂估应付账款　　　　　80 000

下月初红字回冲:

借:原材料——煤炭　　　　　　　(80 000)
　　贷:应付账款——暂估应付账款　　　　(80 000)

收到发票:

借:原材料——煤炭　　　　　　　80 000
　　应交税费——应交增值税(进项税额)
　　　　　　　　　　　　　　　　10 400
　　贷:应付账款　　　　　　　　　　　　90 400

爱心提醒1:未收到供应商的发票,核算进项税额无意义,暂估时不考虑进项税额。如果是小规模纳税人,进项无法抵扣,可以将进项一起暂估进材料成本。

爱心提醒2:理论上,下月初做回冲,但实务中经常收到发票再做回冲。

葛大侠:

要提醒一下,会计中,冲销分录可采用"红字冲销"与"相反分录"两种处理方式,对账户余额都不会产生不同的影响,但建议采用"红字冲销",即"负数"冲平方法,它能够全面清晰地反映经济业务的来龙去脉,确保账户发生额的准确性,同时也可以让企业账表数据保持一致。请看案例分享 1-2。

案例分享 1-2

承接"案例分享 1-1":假如原材料发生退货 10 000 元。若用"相反分录",10 000 元记入"原材料——煤炭"的贷方,和领用材料没有区别,原材料账上的购进合计数(借方)依然是 80 000 元,而体现在会计报表上的数(借贷抵减)则是 70 000 元,账表不一致;若用"红字冲销",原材料账上的购进合计数(借方)冲销了 10 000 元,合计为 70 000 元,而会计报表上的余额也是 70 000 元,账表一致。所以,红字冲销更能彻底清洗曾经的业务。请看表 1-1。

表 1-1 "相反分录"与"红字冲销"会计处理对比

原材料——煤炭(退货 10 000 元)			
相反分录处理			
	借方	贷方	余额(进报表)
	80 000	0	80 000
	0	10 000	(10 000)
合计	80 000	10 000	70 000
红字冲销处理			
	借方	贷方	余额
	80 000	0	80 000
	(10 000)	0	(10 000)
合计	70 000	0	70 000

马会计:

还有哪些环节会涉及"暂估入账"?暂估入账的成本可以进行税前扣除吗?

刘小白：

会计处理中，"暂估入账"其实是实质重于形式的一种体现，除了采购中涉及的"货已到、票未到"情形，为保证账实相符而暂估入账的其他情形请看图1-8。

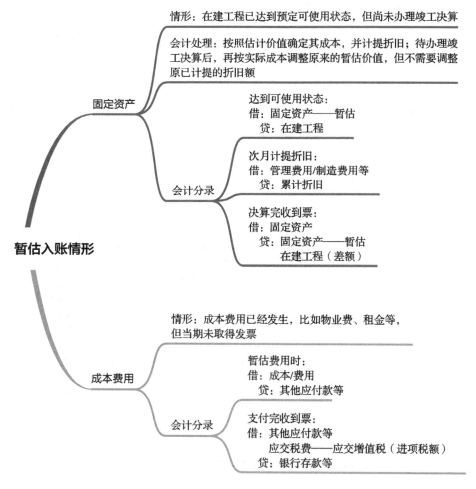

图1-8 暂估入账情形思维导图

葛大侠：

对于一些成本费用，严格意义上是要遵循权责发生制，做暂估或计提，但实务中，因企业所得税按年度汇算清缴，一些企业为简化处理，对于一个会计年度内发生的费用支出，会在支付款项收到发票时，直接计入当期成本费用。

王小红：

至于暂估入账能否税前扣除，依据国家税务总局公告2011年第34号文第六条，以实际发生的成本、费用，在预缴季度所得税时，可暂按账面发生金额进行核算；但在汇算清缴时，应补充提供该成本、费用的有效凭证。如果汇算清缴前还未取得发票，只能纳税调增了。

葛大侠：

按实际利润预缴的企业会涉及这个问题，有的企业按照月度或季度实际利润额预缴有困难，会按上一纳税年度应纳税所得额的月度或季度平均额预缴，或按照经税务机关认可的其他方法预缴。有的企业，比如房地产企业，销售未完工开发产品取得的收入，要先按预计计税毛利率分季或月计算出预计毛利额，计入当期应纳税所得额，计算并预缴企业所得税。

牛老板：

对于会计核算，马会计向老师们多多请教。我们最近遇到一个难题：我们和供应商签好了煤炭的采购合同，价格都谈好了，由物流公司将煤炭运过来。但在运输途中，总会发生遗撒的情况，每次到货总缺斤少两，我们还不得不按合同价支付给供应商。

葛大侠：

牛老板，不光您一位老板跟我们反映这个问题。结合多年的企业咨询经验，我建议您采用"到付"的结算方式。其实这种方式已经普遍推广，不仅可以减轻财税处理的工作量，也减少了诸多纠纷。请看👉教你一招1-5。

👍 教你一招1-5

到付：在采购合约的基础上，买方对卖方发运到本企业的所订物资进行质检、核数后，以符合质量要求的到货数量填制验收单并核定付款金额的一种结算方式。

到付的优点：

（1）解决采购费用的难题。传统的采购模式下，买方处理入库前的各项费用耗时耗力。比如，财务要投入工作量对费用进行分类和归属，对共同采购费用，要按一定标准分配计入各材料的采购成本；企业还需投入人力对各项采购费用的支出进行管理和监督。

（2）解决采购损失的难题。传统的采购模式下，采购材料在运输途中或会发生损耗，在财税处理时要将其区分为合理损失和非正常损失，非正常损失要将进项税额转出。针对损失赔偿，如果买的是煤炭，对方却赔了沙子，还会涉及"非货币性资产交换"。除了财税处理麻烦，公司还可能得不到赔偿，卷入经济纠纷。

（3）解决采购发票的难题。传统的采购模式还可能面临"税点损失"。比如买方分别和保险公司、运输公司、装卸公司、仓储公司等发生付款业务，即使对方都是一般纳税人，我们会从运输公司取得税率为9%的增值税专用发票（也称专票），从保险公司、装卸公司和仓储公司取得税率为6%的专票，但相比于与煤炭供应商一口气谈下"到付价"，取得税率为13%的专票，在付款金额相同的条件下，买方取得低税率的增值税专用发票在抵扣上会存在"税点损失"。

马会计：

"到付"确实能帮我们解决不少麻烦。会计处理、涉税处理也简便多了。

牛老板：

"到付"确实好！但我们企业适合采用这种结算方式吗？

葛大侠：

"到付"结算方式的运用还是需要注意一些条件的，请看爱心提示 1-2。

爱心提示 1-2

（1）供应商主动权越大，买方争取"到付"的机会越小。只有企业自身拥有绝对竞争优势才能掌握话语权和交易方式选择权。

（2）"到付"结算方式依然会涉及预付账款，比如卖方对新客户采购会要求"预付一定比例账款"，此时企业商务谈判的重点是预付比例。

（3）注意比较交易价格。因"到付"结算方式将买方原先的采购费用转化为卖方现在的销售费用，即卖方承担了交易过程中的费用，所以"到付"的采购价格一般要比传统结算模式下高一些。至于高多少，企业就要通过市场询价、谈判等方式来确定。

（4）要依据企业自身情况建立健全"到付"结算方式的管理制度，明确质检、核数的职责机制，规范入库手续以及财务付款流程。

王小红：

还要注意在"到付"采购合同上一定要明确增值税专用发票的税率为13%，以防止卖方用低税率的发票"抵账"。同时还要在合同上分别注明不含税采购价和税额，若合同上价税分离就按不含税采购额缴纳印花税，不分离就全额缴纳印花税，这对交易额较大的企业来说，也是一个重要的节税点。

牛老板：

感谢老师们的提醒。除了采购环节，其实我们库存这个环节麻烦也不小。我们有一个工厂，存货和仓储费用、保管费的支出占比很高，贷款也不容易，有什么办法可以减轻这种压力吗？

葛大侠：

仓储的开支不会是一笔小数目。目前，不少企业推广"零库存"管理模式，建议牛老板结合企业的前后供应链、仓库规模等情况斟酌一下。请看 教你一招1-6。

👍 教你一招1-6

零库存管理：作为一种新的库存管理概念，并不是指仓储数量为零，而是通过"把买方的仓库改变为卖方的货物储备库"的"搭伙"方式，让需求货物的买方账面库存数为零，仓库里的实际库存并不为零。

实施前提条件：卖方有货物，买方有仓库。

具体操作：卖方将货物存放在买方的仓库，买方使用货物时，按货物出库数跟卖方结算，以此时间点作为双方结账时间点。

牛老板：

这种零库存管理和日本的零库存模式是不是一样？我印象中是日本的丰田汽车最早使用这种零库存模式。

葛大侠：

"零库存管理"行为最早出现在日本的丰田，他们的做法是通过信息、交通等便捷条件，缩短采购周期，尽量减少库存量，让存储的生产物资趋向于零，达到压缩存货占用资金的目的。这种名为"零库存管理"的存货管理模式，其实是喊出了企业存货量的一个理想状态，储存在仓库里的货物并不为零，仍需占用一定数额的资金，更需要相关"便捷条件"的支撑，对管理水平要求很高。

我们所说的"零库存管理"来源于中国企业实践，目的也是压缩占用资金，但采取的方法不是"让存货数量趋于零"，而是通过延后结算时点的方法，让存货占用的资金为零。较之于日本企业的做法，更凸显出简洁明了的中国智慧。其实当今中国的便是世界的，企业家可以提炼中国企业管理的经验和智慧，从实践中总结出自己的理论。

刘小白：

这种"卖方出货物、买方出仓库"的搭伙模式，让买方的存货占用资金为零，还节约了卖方货物的仓储费用——因为很多企业都要在外地市场租用临时仓库存放货物，是一种惠及交易双方的管理模式。

葛大侠：

零库存管理模式可以解决传统模式存在的一些问题，比如传统采购会因货物质量、发错型号等产生退换货的情况。退换货又会增加运输费、装卸费、车辆回程空驶费用等。传统的存货管理，发生盘亏的时候，还会涉及复杂的存货损失财税处理。

王小红：

葛老师说得对，发生退换货还涉及开具红字增值税专用发票的问题，税务机关对红字发票的控制比较严格。

马会计：

那我们直接采用"零库存管理"模式，就省事多了！

葛大侠：

不过一定要结合企业的实际情况，避免"东施效颦"。我提一些建议,请看爱心提示1-3。

爱心提示1-3

（1）"零库存管理"基于买卖双方的商业信用。这种模式只适合信用企业之间的交易,卖方企业愿意将自己的产品寄存于买方的仓库,也是用买方企业的商业信用做"抵押"的,需要双方构建一种信赖的伙伴关系。

（2）要结合买方的经营业绩调整仓储量。要依据买方的生产订单或市场需求量调整储备量,行情上升及时补仓,行情下降则自动调减。若存货涉及食品、药品等,堆积过久易涉及食药安全问题,因此,仓储物的保质期限、生产原料的需求量、仓库的管理能力都需要企业综合考量。卖方还要密切关注买方的整体经营情况,要防止其突然"退市",避免重大损失。

（3）明确仓库管理责任。明确保管责任、结算细节以及是否允许存放买方其他存货等。库房管理过程中,如遇自然灾害导致存货损失,或因人为管理不善导致丢失等情况,如何处理？这些应在合同上约定清楚,避免不必要的纠纷。

王小红:

再提醒一下,"零库存管理"模式下,有些地方税务会将卖方占用买方的仓库在税收上"视同销售",也就是不论卖方是否向买方支付仓库的仓储费,买方都应按市场租金的价值计入视同销售收入。不过,对于卖方来说,账务处理从"赊销"转为"异地库存",就无须确认收入,也减轻了税负的压力。而且如果将货物（比如钢材）放在院内广场上,一般不涉及仓储费用。

牛老板:

这是绝招！"零库存"是件利他又利己的事。这对信誉度要求高,可以向我们的老供应商提一提，大家合作那么久了，这些信任还是有的。

 葛大侠：

牛老板慢慢来，虽然老供应商信任度可以，但以前见钱发货，现在先发货存入你们的仓库，他们一时半会儿不一定能扭转过来。建议采取"老供应商老办法，新供应商新方针"。新的供应商可以洽谈"零库存"，慢慢地扭转老供应商的思维。因为占据买方优势，拿住新供应商的把握大些。

 刘小白：

为了降低库存，产业园、产业集群等方式不断诞生，拉近了上下游的关系，让生产效率得到了提升。牛老板也可以考虑采用这些新方式储备存货。

 葛大侠：

以前物资紧缺、交通不方便的时候，大家多储备存货。现在交通运输、速递物流迅猛发展，一些更为灵活机动的战略战术也应运而生。比如生产企业的"直供"模式：企业不设仓库，在合同框架下，打个电话直接叫货，货物直送车间。不过这种模式要满足一些前提条件，包括：订单生产，预算准确；交通便利，保障及时供货；车间安全管理，没有丢失行为等。

 王小红：

2021年1月15日，国际运筹学与管理科学学会（INFORMS）公布2021年Franz Edelman杰出成就奖总决赛名单，阿里路径规划算法及新零售实践闯入总决赛。该奖项被誉为运筹学的"奥斯卡"。随着AI参与物流路径规划，未来路径规划算法、调度、配送越来越高效，距离不再是问题，直供、零库存等模式将会普及。

💬 听君一席话 1-2

未来，市场竞争日益激烈，卖方市场不断向买方市场转移。卖方开始培养买方的采购习惯，让买方先占用产品，试用产品，认同产品；在这种"利他"的销售方式下，交易方式就从拿货后付账的"赊销"，演变成将货物送上门的"到付"（省去了买方的采购费用），进而升级为不占用买方存货资金的"零库存管理"。这些方式在为买方提供便利的同时，也让卖方锁定了稳定的市场。

3. 采购设备有哪些"获利点"？

刘小白：

设备的开支一般都是大额的，涉及固定资产，企业要加强重视。整体设备管理流程始于"采购"，终于"设备退出"，这些环节覆盖面广，财税要点众多。主要的财税要点，请扫描二维码观看📎图 1-9。

图 1-9 "设备采购与管理"财税处理思维导图

马会计：

设备采购的开销大，不过现在政策利好，500万元以下的，允许一次性计入当期成本费用在计算应纳税所得额时扣除。可不可以将会计处理和所得税处理统一，一次性计入相关费用做简化处理？

刘小白：

会计处理要依据准则，不能单纯地出于简化的目的，应当根据与固定资产有关经济利益的预期实现方式，合理选择固定资产折旧方法；如果企业选择"一次性计入当期成本费用"在所得税税前扣除，势必会产生税会差异，请看📎案例分享 1-3。

案例分享 1-3

某公司（一般纳税人）20×8年6月1日购进办公设备一台，不含税价为500万元，取得增值税专用发票。该设备当月投入使用，预计可使用10年，净残值为0。根据固定资产使用特点，会计上按直线法计提折旧。根据税法政策，公司选择将设备一次性计入当期成本费用在所得税税前扣除。企业所得税税率为25%，增值税税率为13%。相关会计处理如下。

20×8年6月1日购进设备时，依据验收单、入库单、银行支出回单、采购合同等，在记账凭证上做会计分录：

借：固定资产——某设备　　　　5 000 000
　　应交税费——应交增值税（进项税额）
　　　　　　　　　　　　　　　　650 000
　　贷：银行存款　　　　　　　5 650 000

20×8年计提折旧（从投入使用月份的次月起计算），依据折旧计算单，在记账凭证上做会计分录：

借：管理费用　　　　　　　　　250 000
　　　（5 000 000÷10÷12×6）
　　贷：累计折旧　　　　　　　250 000

20×8年按税收优惠政策允许该设备一次性计入费用（500万元）税前扣除，与折旧产生的税会差异应调减应纳税所得额：500万元－25万元＝475万元。

依据固定资产相关台账等，做如下会计分录：

借：应交税费——应交所得税　　1 187 500
　　　（4 750 000×25%）
　　贷：递延所得税负债　　　　1 187 500

20×9年,依据折旧计算单,在记账凭证上做会计分录:

借:管理费用　　　　　　　　　　500 000
　　　(5 000 000÷10)
　　贷:累计折旧　　　　　　　　　　500 000

因税法上设备的成本已于20×8一次性计入费用税前扣除了,所以20×9折旧产生的税会差异应调增应纳税所得额50万元。依据固定资产相关台账等,核销之前计提的递延所得税负债,做如下会计分录:

借:递延所得税负债　　　　　　　125 000
　　　(500 000×25%)
　　贷:应交税费——应交所得税　　　125 000

后续年份的处理思路同上……

葛大侠:

企业要依据自身的情况选择是否适用税法上的优惠政策,一旦做出选择,后期不得变更。所以,对于短期无法实现盈利的亏损企业而言,选择实行一次性税前扣除政策会进一步加大亏损,而且受弥补期限的限制,该亏损可能无法得到弥补,实际上减少了税前扣除额。所以,企业要考虑清楚。设备管理方面有很多"获利点",企业要抓住。

马会计:

上述案例刚好提到了应纳税暂时性差异。在税会差异调整时,规范的账务处理应该怎么做呢?

刘小白:

会计记账是盯着"会计利润"算出"所得税费用",记分录:"借:所得税费用,贷:应交税费——应交所得税"。但实际上

"应交税费"该多少？那要看"税务利润"怎么算，这就跟"会计利润"有出入了，有出入就势必导致按照"应纳税额"算出的"所得税费用"和原来会计账上记的不一致。为了将账调平，我们将这个差异记入"递延所得税负债"或"递延所得税资产"。请看案例分享1-4。

案例分享 1-4

假设所得税税率为25%，会计利润为100万元。

情形一：应纳税所得额增加了1 000元，"应交税费"增加1 000×25%=250元。

借：所得税费用　　　　　　　　　　　250 000
　　（100万×25%，会计盯着会计利润记账）
　　递延所得税资产　　　　　　　　　　250
　　（现在多缴250元的税，产生未来少缴250元税费的"权利"）
贷：应交税费——应交所得税　　　　250 250
　　　　　　　　　　　　　　　（250 000+250）

情形二：应纳税所得额减少了1 000元，"应交税费"减少1 000×25%=250元。

借：所得税费用　　　　　　　　　　　250 000
　　（100万×25%，会计盯着会计利润记账）
贷：应交税费——应交所得税　　　　249 750
　　　　　　　　　　　　　　　（250 000-250）
　　递延所得税负债　　　　　　　　　　250
　　（现在少缴250元的税，产生未来补缴250元税费的"义务"）

牛老板：

采购设备的开支都不小，从采购到管理的流程也复杂。我们公司下属的一个建筑公司，涉及不少设备。不过，这些设备都是租的，租金也不便宜，我寻思着到底该买还是该租呢？

刘小白：

这要视情况而定。如果买入，一次性投入大，还会涉及各期的折旧费用、保养、维修费等。不过，您对其具备所有权，可以增加资产的账面额。涉及的增值税进项税额可以抵扣，折旧费可以税前扣除，而且设备到期清理可以获得变现收入。

如果租入，这种"借鸡下蛋"的行为初始投入小，定期缴纳租金，一定程度上规避了现金流风险。但租赁方会考虑货币的时间成本以及设备的维修保养成本，租金之和一定超出设备的购买成本总额。所以，我们的建议是短期、临时或季节性使用的或者更新速度较快的设备可以租入，而常用的设备还是买入吧。租买成本差异可以参考教你一招 1-7 中的表 1-2。

教你一招 1-7

表 1-2 租买成本差异需要考虑的因素

决策	定量因素			定性因素
	价格	税目	现金流	
购买	购买价格	增值税（进项可抵）、所得税（折旧费税前扣除）、印花税	大额购买支出、维修保养支出、变卖清理流入	使用周期、体积大小、市场可获得性、资金的机会成本
经营租赁	支付租金	增值税（进项可抵）、所得税（租金税前扣除）、印花税	小额租金平均流出	
融资租赁	支付租金＋到期买入价	增值税（进项可抵）、所得税（折旧费、财务费用税前扣除）、印花税	大额租金平均流出、到期购买支出、维修保养支出、变卖清理流入	

马会计：

集团都面临这些问题，在设备的会计处理方面，不同的处理方式涉及不同的利益。租买会计处理有差别，我该注意些什么？

刘小白：

我们要注意新租赁准则下会计处理的变化。作为承租人，不再区分经营租赁或融资租赁。在租赁期开始日，除短期租赁（不超过12个月）和低价值资产租赁（资产的绝对价值较低）外，应当对租赁确认使用权资产和租赁负债，并分别计提折旧和利息费用。而短期租赁和低价值资产租赁可以简化处理，请看案例分享1-5。

案例分享 1-5

A公司从B公司租入一台挖掘机（购进时进项税额已抵扣）用于建筑施工，该挖掘机的原值为700 000元，合同规定租期1年，每月租金8 000元（不含税），每半年预付一次。两家公司均按一般计税方法计税，每半年预付租金时，A公司均拿到B公司开具的增值税专用发票，发票上注明租金48 000元、增值税销项税额6 240元。

此案例是短期租赁，A公司（承租人）预付半年租金时，依据租赁合同复印件、增值税专用发票、银行付款凭单等原始凭证，在记账凭证上做如下会计分录：

借：工程施工——机械施工费　　　　48 000
　　应交税费——应交增值税（进项税额）
　　　　　　　　　　　　　　　　　　6 240
　　贷：银行存款　　　　　　　　　　54 240

马会计：

如果是非短期租赁、非低价值资产租赁，按会计准则，该如何处理？

刘小白：

相对而言，此类租赁实质上具有融资性质。按新租赁准则，基本的处理步骤是：确定租赁资产入账价值、租赁负债；计算未确认融资费用；分摊未确认融资费用；计提折旧等。涉及的账户为：使用权资产、租赁负债、财务费用、累计折旧等，请看案例分享1-6。

案例分享 1-6

A 公司与 B 公司（双方都为一般纳税人）签订租赁协议，协议主要条款如下。

（1）租赁标的物：某生产设备，在 2×19 年 1 月 1 日的公允价值为 400 万元，设备无须安装。

（2）租赁期：2×19 年 1 月 1 日—2×21 年 12 月 31 日，共 3 年，2×19 年 1 月 1 日为起租日。

（3）租金支付：租赁期间，每年年末支付租金 100 万元、增值税 13 万元。

（4）其他事项：预计设备使用年限为 10 年，2×19 年是首次启用，期满无残值，折旧方式为年限平均法。租赁合同折现率选用增量借款利率，为 10%。

承租人 A 公司的会计处理如下。

第一步：确定租赁资产入账价值。

租金总额（每年 100 万元）的年金现值 = $1\,000\,000 \times (P/A, 10\%, 3)$
= $2\,486\,000$（元）

（查年金现值系数表可知 3 年利率 10% 的年金现值系数为 2.486）

此笔年金现值小于设备公允价值 400 万元，依据孰低原则，租赁资产的入账价值为 2 486 000 元。

第二步：计算未确认融资费用。

未确认融资费用 = 租金总额 - 租赁资产的入账价值
= $1\,000\,000 \times 3 - 2\,486\,000 = 514\,000$（元）

2×19 年 1 月 1 日，A 公司依据租赁协议、付款凭据等，做如下会计分录：

借：使用权资产——融资租入固定资产
         2 486 000
  租赁负债——未确认融资费用　514 000
 贷：租赁负债——租赁付款额　　　　3 000 000

第三步：分摊未确认融资费用（见表1-3）。

表1-3　分摊未确认融资费用　　　　（单位：元）

日期	应付本金余额（①）	利息费（①×10%）	租金
2×19-1-1	2 486 000	—	
2×19-12-31	2 486 000	248 600	1 000 000
2×20-12-31	1 734 600〔=2 486 000-（1 000 000-248 600）〕	173 460	1 000 000
2×21-12-31	908 060〔=1 734 600-（1 000 000-173 460）〕	91 940〔=514 000-（248 600+173 460）〕（因存在误差，最后一年利息费采用倒挤计算）	1 000 000
合计	—	514 000	3 000 000

2×19年12月31日，A公司支付第1期租金，依据租赁协议、付款凭据、发票等，做如下会计分录。

（1）支付租金：

借：租赁负债——租赁付款额　　1 000 000
　　应交税费——应交增值税（进项税额）
　　　　　　　　　　　　　　　　130 000
　　　　　　　　（1 000 000×13%）
　　贷：银行存款　　　　　　　　1 130 000

（2）分摊未确认融资费用：

借：财务费用　　　　　　　　　　248 600
　　贷：租赁负债——未确认融资费用　　248 600

（3）计提折旧。依据准则：无法确定"租赁期届满时能够取得租赁资产所有权"的，应当"在租赁期与租赁资产剩余使用寿命"两者孰短的期间内计提折旧。本例应按3年计提，又因为"当月不计提，下月计提"，2×19年折旧计提如下：

借：制造费用　　　　　　　　　　759 611
　　　　　　　（2 486 000/36×11）
　　贷：累计折旧　　　　　　　　759 611
　　　　　　　（2 486 000/36×11）

2×20年12月31日,A公司支付第2期租金,依据租赁协议、付款凭据、发票等,做如下会计分录。

(1)支付租金:

借:租赁负债——租赁付款额　　1 000 000
　　应交税费——应交增值税(进项税额)
　　　　　　　　　　　　　　　130 000
　　　　　　　　　　　(1 000 000×13%)
　贷:银行存款　　　　　　　　1 130 000

(2)分摊未确认融资费用:

借:财务费用　　　　　　　　　173 460
　贷:租赁负债——未确认融资费用　173 460

(3)计提折旧:

借:制造费用　　　　　　　　　828 667
　　　　　　　　　　(2 486 000/36×12)
　贷:累计折旧　　　　　　　　　828 667
　　　　　　　　　　(2 486 000/36×12)

2×21年12月31日,A公司支付第3期租金,依据租赁协议、付款凭据、发票等,做如下会计分录。

(1)支付租金:

借:租赁负债——租赁付款额　　1 000 000
　　应交税费——应交增值税(进项税额)
　　　　　　　　　　　　　　　130 000
　　　　　　　　　　　(1 000 000×13%)
　贷:银行存款　　　　　　　　1 130 000

（2）分摊未确认融资费用：

借：财务费用　　　　　　　　　　　　91 940
　　贷：租赁负债——未确认融资费用　　　　　91 940

（3）计提折旧：

借：制造费用　　　　　　　　　　　　897 722
　　　（2 486 000-759 611-828 667）
　　贷：累计折旧　　　　　　　　　　　　　　897 722

补充：关于"未确认融资费用"的白话解读。

你想入一台设备，但没钱买，得问租赁公司租。对方将设备租给你，你的钱不够没事，分3年付，合计300万元。但是钱是有时间价值的，这3年的钱折现到现在（2×19年1月1日）这个时点，是248.6万元。这相当于在这个时点上，你为这台设备付出了248.6万元，可以作为它的入账价值。

不过你可能会纳闷，我实际上付了300万元，可是设备入账248.6万元，多出来的51.4万元是啥？因为你的钱是分3年付的，你要为这分期付款付出代价，这种代价势必就是"利息"了。所以，其实这样的租赁性质上为融资，而融进这台设备需要付出51.4万元的利息。但这笔利息代价毕竟是分3年慢慢付的，做账的时候无论归入哪一年都不公平，那就在3年当中来分摊。

那分摊的思路又是什么样的？能不能平均分？答案是否定的，因为平均分无法反映真实的市场计息过程。那就按实际利率来计算这3年的利息吧！

计算思路：2×19年1月1日，设备价值248.6万元，相当于你要还租赁方本金248.6万元，一年下来（2×19年12月31日），还得算你一笔利息费=248.6万元×10%=24.86万元。此时你支付第1笔租金100万元，拿去还本金和利息。按照当前市场先还利息后还本金的思路，100万元刨掉利息还剩75.14（=100-24.86）万元，用75.14万元去还本金，本金还剩173.46(=248.6-

75.14）万元。后续年份思路相同，直到你还完本金和利息。这种付息还款过程是不是类似我们的房贷呢？

葛大侠：

还要注意后期的列报：承租人应当在资产负债表中单独列示使用权资产和租赁负债。其中，使用权资产在"非流动资产"中单独列示，租赁负债分别在"非流动负债"和"一年内到期的非流动负债"列示；在现金流量表中，偿还租赁负债本金、利息所支付的现金应当计入筹资活动现金流出，简化处理的"短期租赁"付款额和"低价值资产租赁"付款额等应当计入经营活动现金流出。

马会计：

针对租入设备，税法上的处理和会计上的处理有什么区别呢？

刘小白：

设备属于有形动产，虽然会计准则中，承租人的会计处理不区分经营租赁与融资租赁，但税法上还是要加以明确。请看图1-10。

有形动产租赁
- **经营租赁**：是指在约定时间内将有形动产或者不动产转让他人使用且租赁物所有权不变更的业务活动
- **融资租赁**：是指具有融资性质和所有权转移特点的租赁活动，即出租人根据承租人所要求的规格、型号、性能等条件购入有形动产或者不动产租赁给承租人，合同期内租赁物所有权属于出租人，承租人只拥有使用权，合同期满付清租金后，承租人有权按照残值购入租赁物，以拥有其所有权。不论出租人是否将租赁物销售给承租人，均属于融资租赁
- **融资性售后回租**：是指承租方以融资为目的，将资产出售给从事有形动产租赁业务的企业，从事该业务的企业再将资产出租给承租方的业务活动

图1-10 有形动产租赁分类思维导图

王小红：

纳税人以经营租赁方式租入固定资产发生的租赁费支出，按照租赁期限均匀扣除。但融资租入的固定资产，涉及折旧费用、利息费用等，税法的处理请看图1-11。

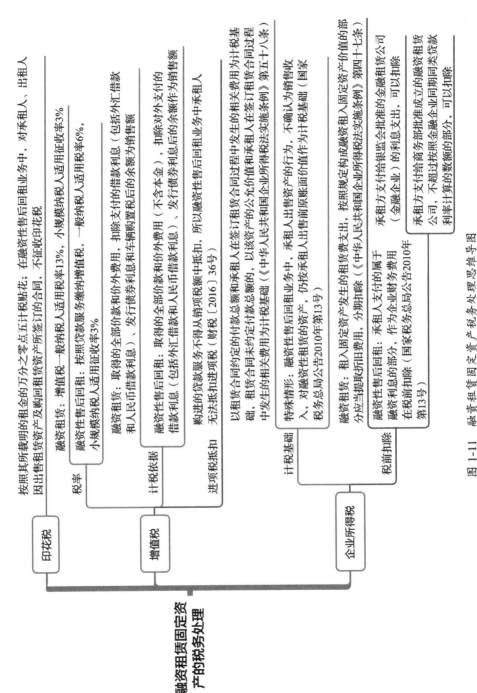

图 1-11 融资租赁固定资产税务处理思维导图

注：图中税费根据政策会有一定的减免，请关注具体文件。

刘小白：

还要注意，融资租入的固定资产，税法上折旧的基数是租赁付款额，而会计处理中折旧的基数是租赁付款额的现值。另外，会计处理中还涉及融资费用（财务费用），这些税会差异肯定需要进行纳税调整。请看案例分享 1-7。

🌹 案例分享 1-7

承接案例分享 1-6：依据税法，生产设备最低折旧年限为 10 年，按照直线法计算的折旧，准予扣除。

计税基础 =1 000 000×3=3 000 000（元）

2×19 年可在所得税前扣除的折旧额为：3 000 000 / 120×11=275 000（元）。而在会计处理中，2×19 年会计折旧额为 759 611 元，财务费用为 248 600 元。所以，汇算清缴时，纳税调增：759 611+248 600-275 000=733 211（元）。

以后各年度，会计折旧与财务费用之和，与税法折旧的差额，做纳税调整处理。

王小红：

租赁设备也要遵循税法。不过，牛老板选择买还是租的问题，无论是经营性的还是融资性的，都要考虑节税筹划。请看爱心提示 1-4。

🌰 爱心提示 1-4

（1）经营租赁租入设备：有形动产经营性租赁适用的增值税税率为 13%；但营改增前购进或自制的固定资产，即其进项税额没有抵扣的固定资产，可以选择按照简易计税方法计算缴纳增值税，按 3% 的增值税征收率完税，但租赁方进项税额不得抵扣。（财政部 税务总局 海关总署公告 2019 年第 39 号）

（2）融资租赁租入设备：融资性售后回租业务属于"金融服

务业"中的贷款服务，一般纳税人税率为 6%，以取得的全部价款和价外费用（不含本金），扣除对外支付的借款利息的余额作为销售额。这意味着，承租人如果购进的是售后回租服务，进项税额不能进行抵扣。这也会导致价款中所含的投资顾问费、手续费等费用，即便名称上不叫"贷款利息"，也会在性质上等同于"贷款利息"，不允许进项抵扣。

马会计：

钱不够的情况下，除了租入设备，还可以分期付款买入设备。请问分期付款涉及跨年度支付的成本，是一次性计入固定资产成本吗？

葛大侠：

购置设备金额大，大多数企业会采用分期付款，这分期付的钱其实是包含了利息的，这利息一般不能计入固定资产成本。请看 政策链接 1-2。

📖 政策链接 1-2

《企业会计准则第 4 号——固定资产》第八条：购买固定资产的价款超过正常信用条件延期支付，实质上具有融资性质的，固定资产的成本以购买价款的现值为基础确定。实际支付的价款与购买价款的现值之间的差额，除按照《企业会计准则第 17 号——借款费用》应予资本化的以外，应当在信用期间内计入当期损益。

刘小白：

如果分期周期超过 1 年，那设备的购置成本以"现销"形式下的价格为准，实际支付的价款与现销价格的差额，一般费用化。会计分录处理请看 教你一招 1-8。

👍 **教你一招 1-8**

（1）支付首付款时：

借：固定资产（购买价款现值或现销价格）
　　应交税费——应交增值税（进项税额）
　　未确认融资费用（实际支付的价款与购买价款现值的差额）
　贷：银行存款
　　　长期应付款

（2）支付后续分期款，每期做账：

借：财务费用
　　长期应付款
　贷：银行存款
　　　未确认融资费用

王小红：

还要注意，在税法中不用确认融资费用，也就意味着计税基础是按合同对价来，而不是折现值。涉及的差异要进行纳税调整。

马会计：

实务中，买入设备还会涉及后续的保养。保修期内可以不缴费，而过保修期后，有按次缴的，有按期缴的，怎么做对我们更有利？

葛大侠：

保养费一般分保修期内与保修期外。保修期内一般是规定好的，但针对保修期外的处理，应提前在合同中明确是按次缴还是按年缴。一般情况下是提前缴年费，这些费用最后进制造、研发、销售、管理费用等。但按年支付会有潜在风险，那就是钱都交了，对方能不能按质按量地完成服务就不好说了。如果是按次支付，那每次都需走账，麻烦些，但能确保每次的服务质量。

牛老板：

不怕麻烦，我们要确保质量！

马会计：

设备使用过程中会涉及追加的费用。什么情况下该计入资产成本？

刘小白：

追加的费用要看支出的实质，是融入了固定资产本身，还是维护固定资产的日常使用？比如，升级设施或增加了附属设施，要计入固定资产本身，增加折旧基数。不过如果符合税法上的大修理支出（见 政策链接 1-3），可作为长期待摊费用，在固定资产尚可使用年限摊销扣除。

📖 **政策链接 1-3**

《中华人民共和国企业所得税法实施条例》第六十九条：

"固定资产的大修理支出，是指同时符合下列条件的支出：

（一）修理支出达到取得固定资产时的计税基础 50% 以上；

（二）修理后固定资产的使用年限延长 2 年以上。"

马会计：

如果设备提完了折旧，但延期使用又追加了使用费，那这笔费用该计入什么账户？

王小红：

追加的使用费，如果是零星的费用，计入当期损益，比如管理费用。如果是大额的支出，比如不动产改建支出、动产的大修理支出等，依据税法，已足额提取折旧的固定资产的改建支出、固定资产的大修理支出等，作为长期待摊费用，在固定资产延续使用年限分期摊销（见案例分享1-8）。企业还要建立备查簿，比如摊销记录表。

案例分享 1-8

某公司（一般纳税人）拥有一台机床，原值10万元，已计提完折旧。在彻底报废之前，公司决定对机床进行维持性大修，大修开销6万元（不含税），预计能使机床延续使用3年，费用按3年平均摊销。

（1）大修支出时，依据费用支出凭单、银行付款凭证、发票等，记账如下：

借：长期待摊费用　　　　　　　　60 000
　　应交税费——应交增值税（进项税额）
　　　　　　　　　　　　　　　　7 800
　　　　　　　　　（60 000×13%）
　贷：银行存款　　　　　　　　　67 800

（2）大修之后，第1年年末，依据摊销记录表等，记账如下：

借：制造费用　　　　　　　　　　20 000
　贷：长期待摊费用　　　　　　　20 000

（3）大修之后，第2年年末，依据摊销记录表等，记账如下：

借：制造费用　　　　　　　　　　20 000
　贷：长期待摊费用　　　　　　　20 000

（4）大修之后，第3年年末，依据摊销记录表等，记账如下：

借：制造费用　　　　　　　　　　20 000
　贷：长期待摊费用　　　　　　　20 000

注：如果设备还未到延续使用的期限就提前报废了，那报废时要将未摊完的费用一次性摊入固定资产清理。

杨出纳：

新冠疫情期间我们停工了好久，但设备该保养还得保养，这该怎么记账？

葛大侠：

如果正常生产，一般将车间设备的日常维修直接费用化，记入"管理费用——修理费"。如果停产期间，属于正常管理范畴的，应记入"管理费用——生产停工"；若是非正常原因造成的（比如因为新冠疫情无法复工复产），建议将设备维修等费用记入"营业外支出——非正常损失"。

王小红：

再提醒一下：因新冠疫情无法复工复产而发生的损失可以在所得税税前扣除！

马会计：

那新冠疫情停工停产期间，设备折旧是不是正常计提，可以税前扣除吗？

刘小白：

依据相关政策（见 政策链接1-4），暂时性停工停产期间，未提足折旧的设备正常计提折旧。永久停止使用的，以及属于《中华人民共和国企业所得税法》第十一条所列示的，其折旧费用不得在所得税前扣除。

政策链接 1-4

《企业会计准则第4号——固定资产》第十四条："企业应当对所有固定资产计提折旧。但是，已提足折旧仍继续使用的固定资产和单独计价入账的土地除外。"

《中华人民共和国企业所得税法》第十一条："在计算应纳税

所得额时，企业按照规定计算的固定资产折旧，准予扣除。下列固定资产不得计算折旧扣除：

（一）房屋、建筑物以外未投入使用的固定资产；

（二）以经营租赁方式租入的固定资产；

（三）以融资租赁方式租出的固定资产；

（四）已足额提取折旧仍继续使用的固定资产；

（五）与经营活动无关的固定资产；

（六）单独估价作为固定资产入账的土地；

（七）其他不得计算折旧扣除的固定资产。"

《中华人民共和国企业所得税法实施条例》第五十九条："停止使用的固定资产，应当自停止使用月份的次月起停止计算折旧。"

杨出纳：

前几天公司摇上号了，购置了一辆奥迪车，正在上牌照。车子价值30万元，我记在了"固定资产"上。

刘小白：

严格意义上，这不是最恰当的处理方式。最妥当的方式是记在"在建工程"。因为购车支付涉及好几笔费用，比如购车款、车辆购置税、增值税、内饰支出、牌照证照支出等，支出间距跨期较长。所以，建议每一笔支出先记在"在建工程"科目上，待完成全部支出再转入"固定资产"。如果这些支出都发生在一个月内，单据也齐全，可以考虑一笔计入固定资产。另外再提醒一下：关于车险、车船税、保养费等支出不能计入车辆成本，要费用化。

牛老板：

公司买车也得摇号，没摇上号，车子又不够用，我自己的车也经常被借去出公差。

刘小白：

您这属于私车公用，也是不少单位的普遍现象，但存在涉税风险。比如公司用您的车，发生的费用能否在所得税前扣除？以及，您的车租给公司，收不收租金，缴不缴个税？

王小红：

根据各地税务局针对私车公用的回复，大部分地区同意企业将租赁资产使用所发生的与生产经营相关的汽油费、过路过桥费、停车费等相关费用税前扣除。但有个大前提，那就是"取得真实、合法、有效凭证"。

葛大侠：

这个"真实、合法、有效凭证"可不仅仅局限于取得的合法发票。为证实企业的确是租赁了个人的资产，证明业务的真实性，建议还要签署私车公用租赁协议书。协议中明确使用期限、使用方式、有无租金、用车规范、责任认定等。协议文本可以参考拿来就用 1-1。

拿来就用 1-1

私车公用租赁协议书

甲方：×××

乙方：×××

甲方因工作需要，为提高管理人员的工作效率，允许乙方将本人私车（车牌：××）一辆用于甲方的公务活动，经双方协商一致，达成协议如下。

一、使用期限

××××年××月××日至××××年××月××日。

二、使用方式及租金

本协议期间，车辆原则上仍由乙方本人保管使用。甲方需临时安排时，乙方应服从临时安排。无租金，补贴油费，报销车辆运行等相关费用。

三、私车公用规范

（一）乙方必须具备以下条件：

乙方依法获得驾驶证，且经甲方安全资格审查合格。

乙方提供车辆为乙方本人所有（以车辆登记证书记载为准），已使用年限未超过15年，已办理交强险、第三者险（第三者险按照不低于50万元保额标准进行投保）、车损险、乘坐险、不计免赔险等安全保险项目。

（二）乙方车辆须合法手续完备、安全性能良好，能正常使用（以公司技术部审查结果为准）。乙方车辆由乙方自行保管，自行负责车辆的维修保养及年审等，保证车辆技术状况良好，保证车辆手续合法有效。乙方自行支付路桥费用，乙方自行购买各项保险。乙方车辆每年年审后需重新向甲方提交车辆登记证书、车辆行驶证、保险单等资料原件及复印件。

（三）甲方按月给予乙方定额油料补贴，具体为____元／月，由甲方以油卡充值方式支付给乙方；并报销车辆因公发生过桥过路费、停车费以及租赁期间的保养费用等运行费用，但不包括车辆维修费用及违法驾驶与交通事故责任相关的费用。

（四）乙方有下列情形之一的，甲方不再为乙方提供定额油料补贴及费用报销：

1. 乙方车辆使用年限超过15年的。

2. 乙方驾驶人和车辆主要信息未到甲方登记，或车辆发生故障、丢失、主要信息改变未到甲方备案的。

3. 乙方提供的车辆信息为虚假信息的。

4. 乙方无故不使用本人车辆超过5个工作日的。

5. 乙方不服从甲方临时安排的。

6. 乙方不服从所在部门（基层单位）统筹安排的。

（五）乙方因故当月未使用本人车辆在5个工作日以上的（不

含 5 个工作日），甲方按实际使用天数发放油料补贴。

（六）乙方因在工作时间内驾驶本人车辆办理公务发生交通事故时，应及时向甲方安全监察部报案，由安全监察部协助处理。由乙方进行事故处理并向参保保险公司索赔后，在规定范围内的超出部分费用凭有效凭据向甲方安全监察部申请，核实后，甲方按全责 70%、主责 75%、同责 80%、次责 85%、无责和意外 100% 的比例报销。

（七）乙方车辆在工作时间内办理公务发生交通事故时，有以下情形之一的，甲方不承担事故费用的报销，由乙方自行负责：

1. 当事驾驶人存在"酒驾"或"毒驾"。

2. 当事驾驶人发生事故后逃逸或私撤现场的，或有其他严重违法行为的。

3. 当事驾驶人非甲方安全监察部审核认定的人员的。

（八）乙方应自觉遵守国家《中华人民共和国道路交通安全法》等有关法律法规，乙方及车辆若有违反国家有关法律法规行为的，其后果由乙方自行承担。

（九）甲方不承担乙方车辆任何原因的失窃、毁损等风险。

（十）乙方应遵守甲方制定的《工作用车管理办法》，并同意该办法为本协议附件。

四、协议终止及解除

（一）如甲、乙双方在使用期届满时未达成延长使用期的协议，则该协议自动终止。

（二）协议期内，甲、乙双方因各种原因，均可提前一周提出解除本协议。

（三）乙方出现违反本协议第三条第一款任意一条规定的，本协议自动失效。

五、其他

（一）本协议未尽事项由双方协商解决。

（二）本协议自甲、乙双方签字（盖章）后生效。本协议一式两份，由甲、乙双方各执一份，具有同等法律效力。

甲方（签字盖章）：　　　　　　　乙方（签字盖章）：

　　　　年　月　日　　　　　　　　　　年　月　日

马会计：

太棒了！有了这个现成的协议，我们就省事了。通过签订协议也能从制度层面规范私车公用。但是我们害怕车主们会嫌麻烦，他们会担心这一纸协议把自己框住了，没法自由用车了。

葛大侠：

这种情形也是可能发生的，那公司得付租金了，不付租金自然没法用协议将私人的车无偿给霸占了。不过，付了租金就会牵扯个人所得税、增值税等相关税费了。

刘小白：

还有一个办法，就是鼓励员工用私车。比如，通过定岗发放交通补贴的方式，向经常出差用车的岗位按月发放交通补贴，构成工资薪金的组成部分，这就涉及个税了。或者，建立用车报销制度，实报实销。比如员工出差开私车，拿票据据实报销，那会计上一般按"差旅费"处理。

葛大侠：

这也需要从公司制度层面明确下来，要有配套的私车公用审批流程。比如出车申请、审批、报销，除了合法的发票等外来凭证，还要设计合理清晰的里程费用计算表单。现在车辆定位技术比较发达了，车辆的里程计算也更便捷，这些都能确保汽油费的报销有理有据。

4. 租、买老房子还是新房子，哪个更合适？

牛老板：

我们打算从开发商那儿租一个厂房，扩大生产车间。考察了不少地儿，相中两处。一处是 2000 年盖的房子，地段不错，但旧了些，需要翻新。还有一处是 2018 年盖的房子，新是新，但有些偏远。

葛大侠：

牛老板，选厂房不光要看地段，还要考虑缴税的问题。租新房子（营改增，即 2016 年 5 月 1 日之后的）和老房子（营改增，即 2016 年 5 月 1 日之前的）涉及不同的增值税税率，见 政策链接 1-5。通俗地说，就是看建造房子的发票有没有进行进项税抵扣，没抵的是老房子，抵过的是新房子。因为营改增之前的房子缴纳营业税，不涉及进项税抵扣。

政策链接 1-5

依据财税〔2016〕36 号、财政部 税务总局 海关总署公告 2019 年第 39 号文，一般纳税人出租其 2016 年 4 月 30 日前取得的不动产，选择简易计税方法的适用 5% 的征收率，选择一般计税方法的适用 9% 的税率；出租其 2016 年 5 月 1 日后取得的不动产，适用一般计税方法，适用 9% 的税率。小规模纳税人出租不动产，适用 5% 的征收率。

马会计：

如果从个人或者个体工商户处租入不动产，也分新房、老房吗？

王小红：

此时要注意租入的是住房还是非住房。一般情况下，住房按 5% 的征收率减按 1.5% 计算应纳税额。如果从个体工商户处租入非住房，还得分新房、老房。请看 表 1-4。

表 1-4　从个体工商户与自然人处租入不动产的增值税处理

类型			增值税计算
从个体工商户处租入	住房		含税销售额 ÷（1+5%）× 1.5%
	非住房	新房	1. 从一般纳税人处租入：含税销售额 ÷（1+9%）× 9% 2. 从小规模纳税人处租入：含税销售额 ÷（1+5%）× 5%
		老房	1. 从一般纳税人处租入： 选择一般计税：含税销售额 ÷（1+9%）× 9% 选择简易计税：含税销售额 ÷（1+5%）× 5% 2. 从小规模纳税人处租入：含税销售额 ÷（1+5%）× 5%
从自然人处租入	住房		含税销售额 ÷（1+5%）× 1.5%
	非住房		含税销售额 ÷（1+5%）× 5%

牛老板：

租房这么麻烦呀，那买房还这么分吗？

刘小白：

买房也一样，也要分新房、老房，从企业手里买，增值税税率和租房一样。不过，如果是自然人或个体工商户将他们买的房再倒手卖给你，计缴方法见表 1-5。

表 1-5　从个体工商户与自然人处购入住房的增值税处理

类型			增值税计算
不足 2 年			全额计征：卖出价 ÷（1+5%）× 5%
2 年以上（含 2 年）	北、上、广、深	非普通住房	差额计税：（卖出价 − 买入价）÷（1+5%）× 5%
		普通住房	免征增值税
	其他地区		免征增值税

王小红：

不过从自然人那儿购入其自建自用的住房，免征增值税。

马会计：

除了注意买入或租入的是新房子还是老房子，请教各位老师，还有什么事项需要注意吗？

葛大侠：

现在的政策是，买房的进项税额可以一次性抵扣。另外，买房的时候，建议在合同中约定从应付购房款中扣取一定比例的费用作为质量保证金，等质保期结束后，将上述款项交付给卖方。一旦质保期内房子出现质量问题，可以视情况扣留质保金。

牛老板：

我自己买个房子租给公司用，或者公司直接买个房子，哪个划算？

刘小白：

假设购房的资金是一样的，个人买房与企业买房会涉及不同的税费，企业买房涉税请看图1-12，个人买房租给企业涉税请扫描二维码观看图1-13。

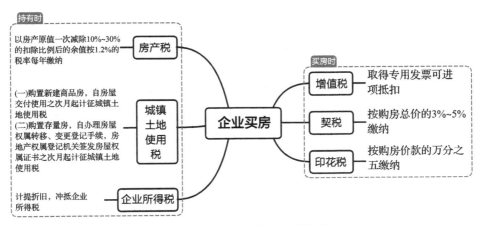

图1-12 企业买房涉税思维导图

牛老板：

我的妈呀！我要是买房转租给公司，得缴那么多税哪？

王小红：

牛老板别急，其实现在税务局为了简化征收，

图1-13 个人买房租给企业涉税思维导图

实行按综合征收率征收，比如，北京区分住房和非住房，住房——不含税月租金收入10万元（含）以上按4%（房产税2%，个人所得税0.5%，增值税1.5%），以下按2.5%（房产税2%，个人所得税0.5%）；非住房——不含税月租金收入10万元（含）以上按12%（房产税6%，个人所得税1%，增值税5%），以下按7%（房产税6%，个人所得税1%）。具体可参照各地的最新政策。

葛大侠：

总的来说，如果公司资金有富余，公司资金结构、负债比率等相关财务指标还不错，可以考虑以公司的名义买房。

王小红：

再提醒一下：以公司名义买房后，计入公司的固定资产，持有期间要缴纳房产税。个人买房目前除上海、重庆外，没开征房产税。若后期将房屋改扩建，可能会涉及房产税（从价计征）计税基础的改变。依据《中华人民共和国房产税暂行条例》规定，房产税依照房产原值一次减除10%至30%后的余额计算缴纳（全国各地执行的减除比例不一样）。没有房产原值作为依据的，由房产所在地税务机关参考同类房产核定。

马会计：

房产原值是不是看发票价？

刘小白：

是的，自建房要依据房屋竣工结算单，凭施工方开具的建筑业发票来结转固定资产；购入房产凭购房发票、购房合同、契税完税税单等来判断，契税一般要包含在房产原值中。还要注意，不可随意移动的附属设备和配套设施也应算进房产原值，去缴房产税。请看政策链接1-6。

📖 政策链接 1-6

国家税务总局《关于进一步明确房屋附属设备和配套设施计征房产税有关问题的通知》(国税发〔2005〕173号)规定,为了维持和增加房屋的使用功能或使房屋满足设计要求,凡以房屋为载体,不可随意移动的附属设备和配套设施,如给排水、采暖、消防、中央空调、电气及智能化楼宇设备等,无论在会计核算中是否单独记账与核算,都应计入房产原值,计征房产税。对于更换房屋附属设备和配套设施的,在将其价值计入房产原值时,可扣减原来相应设备和设施的价值;对附属设备和配套设施中易损坏、需要经常更换的零配件,更新后不再计入房产原值。

王小红:

通俗地说:内置的、不可分割移动的,比如电梯、供暖、供水、盥洗室等计入房产原值;外挂的、房子竣工后添置的、可移动的,比如外挂空调、家具器具等不计入房产原值。需要注意的是,可以随意移动的附属设备和配套设施,如电视机、外挂空调等,可单独作为固定资产或低值易耗品入账。

马会计:

如果将房屋改扩建,是不是也会影响其原值,从而影响房产税计税基础?

葛大侠:

如果房屋已提足折旧,甭管大修小修直接费用化,也不影响房产税的计税基础。如果房屋没有提足折旧,符合资本化条件的改扩建支出会影响房产税的计税基础。计算公式如下:

计税基础=取得房屋时的原价(相当于历史成本)+本次大修理和改建过程中发生的合理必要支出-本次大修理和改建过程中已拆除部分的历史成本

另外，还需要重新计算折旧额。

5. 看不见摸不着的就是无形资产吗？

牛老板：
"看不见摸不着、没有实物形态"的资产是不是都算无形资产？

王小红：
牛老板的理解也正确，那是经济学上对无形资产的界定，即经济行为主体所拥有且没有实物形态的资产。经济学对无形资产的界定，在广度与深度上是非常宽泛的。

葛大侠：
在会计界，无形资产是企业拥有或控制的没有实物形态的可辨认非货币性资产，也就是说，一要"可辨认"，二要"能计量"，三要"其经济利益能流入企业"，才算无形资产。

刘小白：
所以，企业自创商誉、内部产生的品牌、报刊名等，不能被确认为会计上的无形资产。因为它们的根本特征是不可辨认性，与企业整体价值相关，而且无法同企业分割并单独用于交换。

马会计：
税法上认可的无形资产范畴是不是更窄了？

王小红：
那可不一定。税法上，无形资产是指企业为生产产品、提供劳务、出租或者经营管理而持有的、没有实物形态的非货币性长期资产，包括专利权、商标权、著作权、土地使用权、非专利技术、商誉等。工商部门对无形资产认定最窄，很多地方只有土地使用权和专利权才能注册进企业的股本，其他不认。

刘小白：
所以财税领域，并不是看不见的资产就纳入无形资产管理。其实从"确认"到最后的"处置"，无形资产主要财税要点请扫描二维码观看👉图1-14。

图1-14 无形资产财税管理思维导图

牛老板：
我们在A市开发区买了块地，当地招商引资，承诺给予税收减免，增值税、企业所得税返还100%。条件很诱人，我们准备将一个子公司搬到那儿去。

葛大侠：
企业选址肯定要看税收优惠条件，但还要考虑以下问题：
一是这些税收优惠背后的实质问题。比如返还100%，一般是指地方政府所取得的税收分成部分，绝不是你缴纳税款的100%。拿增值税举例，营改增之后，中央与地方五五分成，各省出台自己的省市县划分方案，有的省份，省级和地区级又各占25%，地区级与县级各占12.5%。如果投资的地在县属辖区，那所承诺的100%返还其实只是缴纳税款的12.5%。
二是关注政策能否落地。比如工厂迁过去了，如果当地领导换了，政策会不会变。
三是考虑其他的税种。比如城镇土地使用税，还要看当地政府对土地的定级是否合理。其中，城镇土地使用税很重，企业要重视。

刘小白：
再提醒一下：要遵循税收法定原则，享用地方税收优惠政策之前，可以查阅它的上位法依据和相应的报批、备案材料等，确保所享受的政策是合法、合规的。

马会计：

我们从政府买的这块地，缴纳了土地出让金，取得了财政票据。我们可以用这个收据进行增值税进项税抵扣吗？

王小红：

"政府出让土地使用权和土地使用者将土地使用权归还给政府"属于免征增值税项目，也就无法进行进项税抵扣啦。不过，后期转让土地使用权时，在计算土地增值税应纳税额时，可以将曾经缴纳的土地出让金扣除。

刘小白：

顺着王老师的话，关于"土地使用权转让"增值税的缴纳，要注意区分情况，请看政策链接1-7中的表1-6：

政策链接 1-7

表1-6 "土地使用权转让"增值税缴纳比较

转让2016年4月30日（含）前取得的土地使用权（财税〔2016〕47号）	选择差额计税		以取得的全部价款和价外费用减去取得该土地使用权原价后的余额为销售额，按照5%的征收率
	不选择差额计税		以取得的全部价款和价外费用为销售额，按照3%的征收率
转让2016年5月1日（含）后取得的土地使用权（财税〔2016〕47号）	非房地产企业	一般纳税人	以取得的全部价款和价外费用为销售额，按照9%的税率
		小规模纳税人	以取得的全部价款和价外费用为销售额，按照3%的征收率
	房地产企业	一般纳税人	销售自行开发的房地产项目，按照取得的全部价款和价外费用，扣除当期销售房地产项目对应的土地价款后的余额计算销售额，按照9%的税率
		小规模纳税人	以取得的全部价款和价外费用为销售额，按照3%的征收率

牛老板：

提到买地，我还想起来一件事。之前，我们有块地原属于工业用地，后来转为商业用地，还让我们补缴了土地出让金。

杨出纳：

我记得，还是一笔不小的数目。我们计入无形资产了。请教各位老师，土地出让金是否应列为无形资产？

刘小白：

缴纳土地出让金，获得土地使用权。依据企业会计准则应用指南，该土地使用权一般确认为无形资产。但如果改变了土地使用权用途，比如租出去赚租金的，或者囤着等资本增值的，那得记入"投资性房地产"科目，而不能视为无形资产。

葛大侠：

如果买来的地上还带有建筑物，那付的钱应该在建筑物和土地使用权之间进行分配。要是分也分不了，那只能全部计入固定资产（《〈企业会计准则第6号——无形资产〉应用指南》第六条）。所以建议在签合同的环节，对土地、建筑分别评估，也可以引入第三方评估机构，将各自价格确定好，也好入账。

王小红：

不过，就算将土地和建筑物成功分家了，也要当心，在缴纳建筑物的房产税时，还得将土地的成本算进来。依据财税〔2010〕121号文，对按照房产原值计税的房产，无论会计上如何核算，房产原值均应包含地价，包括为取得土地使用权支付的价款、开发土地发生的成本费用等。

马会计：

看来凡事不能一刀切。那针对土地使用权无形资产摊销的处理，有什么讲究吗？

刘小白：

如果合同或法律规定了使用年限，可以按照这个年限来摊销。如果合同到期续约，而且有证据表明续约不需要付出多大代价，续约期也应计入使用寿命。

马会计：

我们采购了一套 ERP 系统，采购价 2 000 万元，摊销多少年比较合适呢？

王小红：

无形资产的摊销年限不得低于 10 年，按照直线法计算的摊销费用，准予扣除。不过依据财税〔2012〕27 号文，企业外购的软件，凡符合固定资产或无形资产确认条件的，可以按照固定资产或无形资产进行核算，其折旧或摊销年限可以适当缩短，最短可为 2 年（含），需要留存购买软件的发票和记账凭证备查。

马会计：

后期追加的费用怎么处理呢？

刘小白：

一般进管理费用，除非软件升级等，进无形资产，实行单独摊销。

牛老板：

我们还考虑过自行开发软件，最近公司招了不少技术人员。

葛大侠：

自行研发是件好事儿，以前研发立项流程比较复杂。现在，政府相关部门支持的重点研发项目，要根据立项管理的相关要求，到科技部门备案。而企业自主研发项目，经过企业有权部门审核立项就可以，比如通过董事会决议。

马会计：
自主研发的支出能不能都归入无形资产呢？

王小红：
国际上对研发支出的处理有三种方式，分别为全部资本化、全部费用化和有条件资本化。我国会计准则采取的是有条件资本化，这符合配比原则，也避免了全部费用化降低短期利润打压企业研发的积极性。大体的处理思路请看☞图 1-15。

在进行商业性生产或使用前，将研究成果或其他知识应用于某项计划或设计，以生产出新的或具有实质性改进的材料、装置、产品等

开发阶段 不符合资本化条件的计入当期损益（管理费用）符合资本化条件的计入无形资产

研究阶段 计入当期损益（管理费用）

为获取新的科学或技术知识并理解它们而进行的独创性的有计划调查的阶段

资本化条件：
（1）完成它具备技术可行性
（2）具有使用它或出售它的意图
（3）能够为企业带来经济利益
（4）有足够的技术、财务资源和其他资源支持
（5）该阶段的支出能够可靠地计量、单独核算

友情提醒1： 如果要在科创板上市，资本化的时点、研发支出的具体费用项目是否具有历史一致性，资本化会计政策是否遵循了正常研发活动及行业惯例等问题，都是上市委员会关注的焦点

友情提醒2： 针对资本化的时点，税法与会计处理保持一致

图 1-15　研发阶段支出归属示意图

刘小白：
具体的账务处理也要分阶段，通过"研发支出"科目核算，期

（月）末结转费用。研发达到预定可使用状态时，结转无形资产。请看案例分享1-9。

案例分享1-9

A公司招纳了技术团队，与B公司合作研发药品。2×20年是前期探索阶段，A公司共投入500万元。其中，人工费支出100万元，材料费支出200万元，仪器设备折旧费用50万元，试制检验费150万元。2×21年1月取得临床批件，进入临床试验阶段。按照上市药企惯例，以取得临床批件时间点作为研究开发的资本化时点。A公司于2×21年1月进入资本化阶段，当年投入600万元，其中人工费支出150万元，材料费支出250万元，仪器设备折旧费用50万元，临床试验费150万元。2×21年年末，研发达到预定可使用状态。

A公司会计处理如下。

2×20年支出发生时，依据费用支出凭单、银行付款凭证、研发支出辅助账等，记账如下：

借：研发支出——费用化支出　　5 000 000
　　贷：应付职工薪酬　　　　　　　　1 000 000
　　　　原材料　　　　　　　　　　　2 000 000
　　　　累计折旧　　　　　　　　　　　500 000
　　　　银行存款　　　　　　　　　　1 500 000

期末，结转相关费用：

借：管理费用——研究费用　　　5 000 000
　　贷：研发支出——费用化支出　　　5 000 000

（实务中，依据支出辅助账，于月末结转至管理费用）

2×21年支出发生时，依据费用支出凭单、银行付款凭证、研发支出辅助账等，记账如下：

借：研发支出——资本化支出　　6 000 000
　　贷：应付职工薪酬　　　　　　　　　1 500 000
　　　　原材料　　　　　　　　　　　　2 500 000
　　　　累计折旧　　　　　　　　　　　　500 000
　　　　银行存款　　　　　　　　　　　1 500 000

2×21年年末，结转无形资产：

借：无形资产　　　　　　　　　6 000 000
　　贷：研发支出——资本化支出　　　　　6 000 000

牛老板：

我们对研发的无形资产还有长远规划，将来打算用它出资入股一家合资企业。

刘小白：

牛老板很有远见，以无形资产出资也是件时髦的事儿。但要注意，不是所有的无形资产都可以用来注资。

葛大侠：

在国外，专利、商标、技术诀窍（Know-How）等都可以入股。但在国内按照《中华人民共和国公司法》，一般认可知识产权、土地使用权等可以用货币估价并可以依法转让的非货币资产作价出资（《中华人民共和国公司法》第二十七条），对注资比例倒未做出要求。不过实践中，为鼓励创新创业，上海开展了专利许可使用权、域名权等出资试点工作，浙江省支持企业使用经评估的商标权出资。所以，具体情况可以和当地市场监督管理局进行沟通。

王小红：

要注意，企业以无形资产方式投资，应按投资合同或协议约定的价值（不公允的除外）作为被投资企业无形资产的入账价值。

6. 零星采购也可以"拼单"吗？

杨出纳：
我们日常用的办公用品很多，这些零碎的支出很麻烦。

马会计：
比如笔墨纸张的采购，价值小，有的下属公司采购完拿不回来完整的票据，甚至拿不到票，这个有啥解决办法吗？

葛大侠：
可以采用"化零为整"的思路。你们可以采用非规范化的招标方式，比如"约标"：约谈几个合适的供应商，选择性价比最高的签约。采用定期结账、按需供货的方式。

例如，采购签字笔，和供应商约定每季度结一次账，平时要货时，供应商配送来。结账时，要求对方开具13%的增值税专票，会计按发票入账。这种按需收货的方式，还不占用库存。内部领用时，签字留底单，根据领用记录来确认相应的管理费用、销售费用、制造费用等。

刘小白：
所以，企业零星采购，可以模仿招投标的方式。供货商根据企业的需求，随用随送，统一结账。这样还能确保取得增值税专用发票，保证进项税额抵扣。

支出方向二：人头费开销

1. 公司雇人付出的代价只有工资吗？

牛老板：
这些年，人头开销占据企业成本比例较大。老板也不容易，雇一个人来，除了给开工资，还要上社保。上低了还不行！而且，每年还得发发奖金激励大伙儿。这前前后后算下来,人力成本真是大头啊!

葛大侠:

传统制造业时代,产品成本核算是重中之重。随着服务业兴起,轻资产概念的提出以及智能制造的转型升级,核算重心已经从产品成本转移到了人力成本。针对会计实践的变化,大家要关注新制度,学习人力资源成本的财税处理。

马会计:

除了工资、社保是必要的,还要配套相应的福利,人力成本已经是我们单位成本费用的重头戏了,会计处理工作也比较烦琐。

刘小白:

的确,人力资源支出主要涉及工资薪酬、员工福利等。会计和税法对薪酬的界定和处理还有一定区别,财税处理要点请扫描二维码观看图 1-16。

图 1-16 人力资源支出主要财税处理思维导图

马会计:

职工薪酬构成了人力成本的主体,各个公司薪酬虽有差异,但总体趋势是:效益好的拿得高,差的拿得少。

刘小白:

马会计总结的趋势是显而易见的,不过这背后折射出了企业的薪酬制度建设。

牛老板:

我们企业的薪酬制度不够完善,主要问题是人员的流动性太大。有没有解决的办法?

葛大侠：

留不住人，"薪酬"设计的确是导致这个问题的一个重要方面。首先，要明确公司薪酬在行业中的排名。如果公司的薪酬位于行业中下游，则很难留住人才。其次，要设计合理的薪酬制度。要注意"员工薪酬"与"股东分红"的关系，我们的观点是：薪酬制度是第一位，职工薪酬要先于股东分红，提高职工积极性。也可以尝试"员工＋股东"形式，让员工当当家，请看👍教你一招1-9。

👍 教你一招1-9

股权激励：通过附条件给予员工部分股东权益，使其具有主人翁意识，与企业形成利益共同体，打造长期激励机制。

股权激励的意义：

（1）经理人和股东利益一致——解决代理成本问题，将经理人的短期利益与股东的长期利益合而为一，促进经营目标一致。

（2）留住核心人才——解决人才流失问题，将股权激励作为激励措施，让人才成为企业的主人，规避"替别人培养人才"问题。

（3）员工参与决策——解决效益低下问题，提升员工的主人翁意识，减少磨洋工、"跑冒滴漏"等现象。

牛老板：

股权激励容易造成股权稀释，这需要很大的决心，可不可以实行股权代持，不变更工商登记？

刘小白：

不建议！代持只是形式主义。如果实施的是虚拟股权激励，通过公司内部文件公示的形式可以接受。但如果是实有股权，还是应按法规处理，做股份变更并修改公司章程。

葛大侠：

牛老板不要只关注眼前的利益，而要考虑将蛋糕做大。有一家制造业公司，原先通过提成来激励员工。但遇到了个棘手的问题，那就是：提成多了，员工业绩有了，但公司却没了利润。后来调查发现，企业内部的"跑冒滴漏"不少，高管报销费用高。为了解决这个问题，公司开始实行股权激励，鼓励高管持股变成股东，大家拧成一股绳。十多年了，这家公司的年利润从1个亿做成了十几个亿。

王小红：

现在上市公司、大中型企业比较热衷于股权激励。比如，上市公司推行限制性股票、股票期权等股权激励形式，实行员工持股计划（见 知识链接1-3）等。在利用股权激励员工的同时，也设定一些行权条件。例如，设置期权解锁时间，锁定期满后实行分批次解锁，用来防止人才流失。或者附加条件，比如若公司业绩未达标，则终止股权激励计划，用来激励人才更上一层楼。

知识链接 1-3

依据《上市公司股权激励管理办法》（中国证券监督管理委员会令第126号）及其修改决定：股权激励是上市公司以本公司股票为标的，激励对象包括上市公司的董事、高级管理人员、核心技术人员或者核心业务人员，以及公司认为应当激励的对公司经营业绩和未来发展有直接影响的其他员工，但不应当包括独立董事和监事。

（1）限制性股票：激励对象按照股权激励计划规定的条件，获得的转让等部分权利受到限制的本公司股票。

（2）股票期权：上市公司授予激励对象在未来一定期限内以预先确定的条件购买本公司一定数量股份的权利。

依据《关于上市公司实施员工持股计划试点的指导意见》（中

国证券监督管理委员会公告〔2014〕33号）：员工持股计划是上市公司根据员工意愿，通过合法方式使员工获得本公司股票并长期持有，股份权益按约定分配给员工的制度安排。员工持股计划的参加对象为公司员工，包括管理层人员。可以利用员工的合法薪酬来解决持股所需资金，可以通过二级市场购买等形式来解决股票来源。

总的来说，股权激励主要面向公司的少部分人，激励性与约束性同时存在。员工持股计划可以覆盖全体员工，但本质上更像是让员工也成为企业的投资人，通过二级市场购买来间接持有股票，比股权激励面临的市场风险也更大。

葛大侠：

对于非上市的、中小企业来说，股权激励反而来得自由一些，就看老板们舍不舍得分股权了。可以分阶段来执行，比如，初创阶段员工少，可以尝试全员持股（员工＋原始股东模式），初创期间企业尚不成熟，股权激励不宜让员工支付对价。随着企业发展壮大，实行股权激励（员工＋股权激励模式），可以让员工支付对价，先从部分员工比如高管持股开始，再不断覆盖到全员，实现"一个都不能少"的股权激励模式。

刘小白：

还要提个建议：部分员工持股阶段尽量弱化"职位"的概念，比如"总经理级别以上"可以持股。如果员工获得相应职位头衔，但后期德不配位，这股份是给还是不给？所以建议持股与能力、业绩挂钩，达到一定业绩水平的给予股权激励，更能调动员工的积极性。当然，后期全员持股阶段也应与业绩挂钩，这样才能共同将蛋糕做大。

王小红：

我也提个建议，实务中，员工支付对价过低会受到税务部门调整。非上市公司如果不存在外部股东入股而形成的公允市场价值，税务局可能按净资产价格调整。比如，2020年，某公司员工持股平台受让股权为1元/股，低于受让时标的公司每股净资产，税务部门经核查认定该公司当时股权转让的公允价格为3.67元/股，即转让时每股净资产价格。所以，建议非上市公司的股权激励尽可能在公司净资产较低的时候完成。

牛老板：

公司法对股东人数有限制，比如有限责任公司的股东人数不超过50人，那我们实行全员持股，人数超了怎么办？

葛大侠：

对非上市企业而言，可以通过一些组织代持，牛老板可以借鉴一下别家公司的做法。请看教你一招1-10。

👍 教你一招 1-10

（1）做法一：职工持股小组代持。成立一个职工持股小组，让一个负责人代表这个小组全体股东来持股，这样一人持有多人股份，就可以解决人数限制问题，所持股份在小组之间按规定分配。

（2）做法二：工会代持。利用工会小组代持，工会再往下分就不受限制了。

（3）做法三：搭建持股平台。员工搭建一个持股平台，比如成立有限合伙企业，通过持股平台来间接持股。

这些做法还有个好处：员工通过一些组织间接持有公司的股份，这样若个别员工发生流动也不易影响公司的章程。

马会计：

股权激励在进行会计处理时，该怎么操作？

刘小白：

会计处理要遵循《企业会计准则第11号——股份支付》，准则将股份支付分为以权益结算的股份支付和以现金结算的股份支付，这两种形式的会计处理存在重大差异，请看案例分享1-10。

案例分享1-10

情形一：以权益结算的股份支付

企业为获取服务，授予员工股份或其他权益工具作为对价。授予后立即可行权的，应当在授予日（股份支付协议获得批准日）按照权益工具的公允价值计入相关成本或费用，增加资本公积。授予后需要一定时间和条件才可行权的，在等待期内的每个资产负债表日，结合最佳估计，按照权益工具的公允价值计入相关成本或费用和资本公积。

案例：为留住公司核心技术人员，A公司年初授予100名技术人员每人100份股份期权，对方需支付对价8元/股（票面价值为1元）。附有的条件是：未来3年必须留在公司工作，离开者的股份期权权利作废。公司估计未来3年股份的公允价值为15元，估计有20%的雇员在未来3年内离开（实际离职情况同预期，未离职的全部于第4年年末行权）。

费用计算见表1-7。

表1-7 权益结算股份支付计算表　　（单位：元）

年序	计算公式	当期费用	累计费用
1	100 × 80% × 100 × 15 × 1/3	40 000	40 000
2	100 × 80% × 100 × 15 × 2/3 − 40 000	40 000	80 000
3	100 × 80% × 100 × 15 × 3/3 − 80 000	40 000	120 000

A公司会计处理如下。

第1、2、3年12月31日分别做分录：

借：管理费用　　　　　　　　　　　　　40 000
　　贷：资本公积——其他资本公积　　　　　　40 000

第 4 年年末行权日做分录：

借：银行存款　　　　　　　　　　64 000
　　　　　　　（8×100×100×80%）
　　资本公积——其他资本公积　　120 000
　　贷：股本　　　　　　　　　　　8 000
　　　　　　　（1×100×100×80%）
　　　　资本公积——资本溢价　　176 000

情形二：以现金结算的股份支付

企业为获取服务，承担以股份或其他权益工具为基础计算确定的交付现金或其他资产义务（即负债）。授予后立即可行权的，应当在授予日按照企业承担负债的公允价值计入相关成本或费用，增加负债。授予后需要一定时间和条件才可行权的，在等待期内的每个资产负债表日，结合最佳估计，按照企业承担负债的公允价值计入相关成本或费用和负债。

案例：A 公司向 100 名管理人员每人授予 100 份现金股份增值权。附有的条件是：未来 3 年必须留在公司工作，离开者的股份期权权利作废。第 3 年年末可以行权获得现金，行权应在第 4 年年末之前完成。A 公司估计，该增值权在负债结算之前（第 1～3 年）每一个资产负债表日的公允价值分别为 12 元、15 元、20 元；可行权后（第 3～4 年）每份股票增值权现金支出额分别为 15 元、25 元。公司估计有 20% 的雇员在未来 3 年内离开（实际离职情况同预期），第 3 年年末有 40 人行权得到了现金，剩下未离职的人员在第 4 年年末行权。

负债和费用计算见表 1-8。

表 1-8　现金结算股份支付计算表　　（单位：元）

年序	负债（应付职工薪酬）	支付现金	当期费用
1	32 000 (100×80%×100×12×1/3)	0	32 000

续表

年序	负债（应付职工薪酬）	支付现金	当期费用
2	80 000 （100×80%×100×15×2/3）	0	48 000 （80 000−32 000）
3	80 000 （100×80%−40）× 100×20×3/3	60 000 （40×100×15）	60 000 （80 000+60 000−80 000）
4	0	100 000 （40×100×25）	20 000 （160 000−32 000−48 000−60 000）
合计		160 000	160 000

第 1 年 12 月 31 日做分录：

借：管理费用　　　　　　　　　　　　32 000
　　贷：应付职工薪酬——股份支付　　　　　　32 000

第 2 年 12 月 31 日做分录：

借：管理费用　　　　　　　　　　　　48 000
　　贷：应付职工薪酬——股份支付　　　　　　48 000

第 3 年 12 月 31 日（可行权之后）做分录：

借：公允价值变动损益　　　　　　　　60 000
　　贷：应付职工薪酬——股份支付　　　　　　60 000

借：应付职工薪酬——股份支付　　　　60 000
　　贷：银行存款　　　　　　　　　　　　　　60 000

第 4 年 12 月 31 日做分录：

借：公允价值变动损益　　　　　　　　20 000
　　贷：应付职工薪酬——股份支付　　　　　　20 000

借：应付职工薪酬——股份支付　　　100 000
　　贷：银行存款　　　　　　　　　　　　　100 000

马会计：

股权激励涉税处理要注意什么？

王小红：

实行股权激励计划，主要涉及企业所得税的税前扣除和个人所得税的代扣代缴。在企业所得税税前扣除方面，通俗地说，要在实际行权时才可税前扣除相关成本费用；在个税缴纳方面，非上市公司满足条件的可以递延缴纳，上市公司则要分阶段区别纳税。具体请扫描二维码观看图 1-17；上市公司股权激励涉税问题处理见案例分享 1-11。

图 1-17 股权激励税收思维导图

🏆 **案例分享 1-11**

陈先生是 A 上市公司的高管，2018 年 1 月 5 日 A 上市公司授予其股票期权 50 000 股，施权价为 10 元 / 股，该股票期权自 2020 年 6 月起可行权。假定陈先生于 2020 年 6 月 7 日行权 20 000 股，行权当天股票市价为 20 元 / 股，那么涉及的企业所得税和个人所得税该如何处理？

分析：

（1）2018 年 1 月 5 日为授予日，A 上市公司不涉及企业所得税的处理，陈先生无须缴纳个人所得税。

（2）2018 年 12 月 31 日和 2019 年 12 月 31 日的涉税处理如下。

①企业所得税：A 上市公司需要根据《企业会计准则第 11 号——股份支付》，在等待期内进行会计处理，但是等待期内会计上计算确认的相关成本费用，不得在对应年度计算缴纳企业所得税时扣除。

②个人所得税：陈先生无须缴纳个人所得税。

（3）2020 年 6 月 7 日为行权日，其涉税处理如下。

①企业所得税：根据该股票实际行权时的公允价格与当年施

权价的差额及数量，计算确定作为当年公司的工资薪金支出，依照税法规定进行税前扣除。

可扣除的工资薪金支出 =（20-10）×20 000=200 000（元）

②个人所得税：员工从企业取得股票的施权价低于购买日公平市场价（指该股票当日的收盘价）的差额，是因员工在企业的表现和业绩情况而取得的与任职、受雇有关的所得，应按"工资、薪金所得"适用的规定计算缴纳个人所得税。

陈先生的应纳税所得额 =（20-10）×20 000=200 000（元）

再根据"财政部 税务总局公告2023年第2号"，居民个人取得股票期权等股权激励在2023年12月31日前，不并入当年综合所得，全额单独适用综合所得税率表，计算纳税。

陈先生此次行权应缴纳个人所得税 = 200 000×20%-16 920
= 23 080（元）

扩展：如果陈先生当年再次行权，根据财税〔2018〕164号第二条第（二）项，居民个人一个纳税年度内取得两次以上（含两次）股权激励的，应将各次的所得合并后，不并入当年综合所得，全额单独适用综合所得税率表，计算纳税。假设陈先生于2020年12月5日再次行使股票期权10 000股，行权当日股票市价为25元/股，则陈先生该次行权又该如何计算缴纳个人所得税？

计算：陈先生在2020年度行权两次，因此陈先生的第二次股权激励所得，应当与第一次合并计税。第二次股权激励工资薪金应纳税所得额 =（25-10）×10 000=150 000（元），合并2020年两次股权激励应纳税所得额 =200 000+150 000=350 000（元）。所以，第二次股权激励应申报纳税 =350 000×25%-31 920-23 080= 32 500（元）。

爱心提醒：若A公司是非上市公司，那么陈先生这两次行权均不用缴纳个人所得税，等到股权转让时按照"财产转让所得"缴纳个人所得税。

刘小白：

除了股权激励能振奋人心，还要看钱发得多不多。其实"发钱"也可以作为考核企业效益的一个指标，比如设置收入薪酬率——薪酬占收入的比重，将薪酬发放纳入企业的绩效考核。

葛大侠：

薪酬发放还得考虑到企业的性质。比如国有企业与民营企业的经济行为就不一样，国有企业是提前报预算，即便今年的绩效再好，奖不奖励也明年再说，因为今年的预算没涉及。而民营企业灵活机动性比较强，绩效好可以随时发钱。我们建议，在工资管理上，可以借鉴国有企业的做法，留有预算，心中有数。在具体的方式方法上，发扬民营企业的灵活机动性，做得好就发奖金。

牛老板：

请神容易送神难。一些人成了股东后，可能不和你一条心了，甚至成了害群之马，变更股份又得有他的签字，他还不一定愿意干。或者狮子大开口，转让股份要价很高。这种股东是特别让人头疼的。哎，老师要是能给我一片"止疼药"吃就好了。

葛大侠：

"止疼药"有。目前一些民营企业老板的做法是这样的：在签订入股协议的同时签订退股协议，让股东们先签上名，老板握在手里。以后万一这些股东"叛变"了，就拿着他们的退股协议到工商局办理股份变更。这虽是无奈之举，但确实止疼。

牛老板：

高！绝对是绝技！我还有一个问题要请教。对于销售人员，我们实行"基本工资＋提成"的模式，但他们好像越来越没积极性，还有没有类似的绝技呢？

刘小白：

肯定有。这个问题的关键是如何设置具有激励性质的提成制度。一般提成的方式类似计件制，有全额提成和超额提成两种。全额提成是按照总的销售额的一定比例提成，如浮动工资制；超额提成是要保证完成一定的基本业务量，超额部分会有奖金，这种方式下员工会有一定的基本工资。提成的发放虽然能激励员工，但要注意以下方面，请看爱心提示 1-5。

❤ 爱心提示 1-5

（1）凝聚力：员工会注重个人的业绩而忽视团队的凝聚力，或者只关注销售和影响业绩的因素而不愿承担团队的其他辅助性工作，过于急功近利。

（2）基本工资：过低的基本工资可能会提高销售人员的流失率。

（3）利润创造：提成不宜超过员工给公司创造的利润，比如按照毛利率的一定比例来设置基于销售额的提成比例。

（4）责权相当：提供高提成的同时，可以将提成与应收账款回款比例挂钩，若发生坏账损失，销售人员要承担一定责任。

马会计：

新员工试用期的工资怎么核算？

葛大侠：

针对试用期的工资该怎么发，首先，得守法。依据《中华人民共和国劳动合同法》，劳动者在试用期的工资不得低于本单位相同岗位最低档工资的 80% 或者不得低于劳动合同约定工资的 80%，并不得低于用人单位所在地的最低工资标准。另外，为了留人，建议签人事管理合同，将单位额外的福利待遇附上条件，比如可以约定最低服务年限。

马会计：

我们从外地招聘了一个销售经理，在酒店租了一个房间给他暂住，这笔费用是该记入销售费用，还是福利费？

刘小白：

应遵循实质重于形式原则，看招聘来的经理对本部门是否有承包性质，比如项目责任制或者承包某个区的市场，如果是，就进销售费用；不是，就进福利费。

王小红：

提起福利费，企业要单独设置账册，进行准确核算。企业发生的职工福利费，应先归集到"应付职工薪酬——职工福利费"中，不能直接记入"管理费用——职工福利费"。

马会计：

我们按原价买了几部车，低价转卖给了员工，实际上也是一种福利补贴。但我们不清楚会计处理得对不对？

刘小白：

这种通过转售商品或服务来实行补贴的方式，要看有没有附属条件，比如有没有约定职工必须为企业提供一定年限的服务，请看 案例分享 1-12。

案例分享 1-12

情形一：约定服务年限

A 公司（一般纳税人）斥资 20 万元（公允价值）购入某国产品牌汽车（购买时间在 2009 年之后），累计折旧为 1 万元。为奖励技术总监张某，A 公司将该车以 2 万元低价转售给了张某，并和张某协议约定：必须为企业提供至少 5 年的服务，若未履行约定，企业有权收回该车。

依据购车发票、银行凭单、协议复印件、固定资产管理台账等凭证，进行转售的会计处理：

借：银行存款　　　　　　　　　　　　　　20 000
　　累计折旧　　　　　　　　　　　　　　10 000
　　固定资产清理　　　　　　　　　　　　196 000
　贷：固定资产　　　　　　　　　　　　　　　200 000
　　　应交税费——应交增值税（销项税额）　　26 000
　　　　　　　　　　　　　　　（200 000×13%）

结转固定资产清理科目：

借：长期待摊费用　　　　　　　　　　　　196 000
　贷：固定资产清理　　　　　　　　　　　　　196 000

之后5年每年计提与摊销：

借：管理费用　　　　　　　　　　　　　　39 200
　贷：应付职工薪酬——非货币性福利　　　　　39 200
借：应付职工薪酬——非货币性福利　　　　39 200
　贷：长期待摊费用　　　　　　　　　　　　　39 200

注：此非货币性福利要计入员工的工资、薪金所得计征个人所得税。

情形二：未约定服务年限

A公司（一般纳税人）斥资20万元（公允价值）购入某国产品牌汽车（购买时间在2009年之后），累计折旧为1万元。为奖励技术总监张某，A公司将该车以2万元低价转售给了张某。

依据购车发票、银行凭单、固定资产管理台账等凭证，进行转售的会计处理：

借：银行存款　　　　　　　　　　　　　　20 000
　　累计折旧　　　　　　　　　　　　　　10 000
　　固定资产清理　　　　　　　　　　　　196 000
　贷：固定资产　　　　　　　　　　　　　　　　200 000
　　　应交税费——应交增值税（销项税额）　　 26 000
　　　　　　　　　　　　　　　　　（200 000×13%）

同时计提管理费用：

借：管理费用　　　　　　　　　　　　　　196 000
　贷：应付职工薪酬——非货币性福利　　　　　　196 000

同时结转固定资产清理科目：

借：应付职工薪酬——非货币性福利　196 000
　贷：固定资产清理　　　　　　　　　　　　　　196 000

注：此非货币性福利要计入员工的工资、薪金所得计征个人所得税。

牛老板：

国家初步建立了"三支柱"养老保障体系，即基本养老、企业补充养老和个人储蓄性养老。鼓励企业补充养老，提高职工退休后的生活品质。我们也是积极响应，打算今年开始交企业年金，但又担心会加重了企业的负担。

刘小白：

企业年金和职业年金都属于企业补充养老保险。根据《企业年金试行办法》（劳动和社会保障部令第 20 号）的规定，企业年金是指企业及其职工在依法参加基本养老保险的基础上，自愿建立的补充养老保险制度。根据《国务院办公厅关于印发机关事业单位职业年金办法的通知》（国办发〔2015〕18 号）的规定，职业年金是指机关事业单位及其工作人员在参加机关事业单位基本养老保险的基础上，建立的补充养老保险制度。企业在这个方面要尽力而为、量力而行。

马会计：

是。年金制度不光是企业负担的问题，会不会也增加了员工的个税负担？

王小红：

针对这两个问题，我们先看看目前的政策，请看图1-18。

企业缴费每年不超过本企业职工工资总额的8%，企业和职工个人缴费合计不超过本企业职工工资总额的12%；企业当期缴费计入职工企业年金个人账户的最高额与平均额不得超过5倍（《企业年金办法》）

企业年金
- 所得税税前扣除：单位为职工支付的企业年金，在不超过职工工资总额5%标准内的部分，在所得税前予以扣除（财税〔2009〕27号）
- 个人所得税计征：
  - 个人按规定缴费部分：在不超过本人缴费工资计税基数的4%标准内的部分，暂从个人当期的应纳税所得额中扣除（财税〔2013〕103号）
  - 企业按规定缴费部分：个人暂不缴纳个人所得税（财税〔2013〕103号）
  - 年金收益：年金基金投资运营收益分配计入个人账户时，个人暂不缴纳个人所得税（财税〔2013〕103号）
- 领取年金时：
  - 达到国家规定的退休年龄：不并入综合所得，全额单独计算应纳税款。其中按月领取的，适用月度税率表计算纳税；按季领取的，平均分摊计入各月，按每月领取额适用月度税率表计算纳税；按年领取的，适用综合所得税率表计算纳税（财税〔2018〕164号）
  - 个人因出国（境）定居/死亡一次性领取的：适用综合所得税率表计算纳税（财税〔2018〕164号）
  - 其他一次性领取的：适用月度税率表计算纳税（财税〔2018〕164号）

图1-18 企业年金税收政策思维导图

葛大侠：

对企业来说，一方面企业年金增加了员工的福利，另一方面年金支出也能在工资总额 5% 以内享受所得税税前扣除，也可减轻企业税负。

杨出纳：

给职工过生日，公司会花钱置办生日礼物。请问，花的钱是进工会经费还是福利费？

王小红：

给职工过生日是企业普遍存在的文化现象，工会经费支持基层工会组织开展职工教育、文体、宣传等活动，以及职工集体福利等，这笔费用可以计入工会经费。请看 政策链接 1-8。

📖 政策链接 1-8

依据中华全国总工会办公厅关于印发《基层工会经费收支管理办法》的通知（总工办发〔2017〕32 号），工会经费的支出包括用于基层工会逢年过节和会员生日、婚丧嫁娶、退休离岗的慰问支出等。

- 基层工会逢年过节可以向全体会员发放节日慰问品。逢年过节的年节是指国家规定的法定节日（即新年、春节、清明节、劳动节、端午节、中秋节和国庆节）和经自治区以上人民政府批准设立的少数民族节日。节日慰问品原则上为符合中国传统节日习惯的用品和职工群众必需的生活用品等，基层工会可结合实际采取便捷灵活的发放方式。
- 工会会员生日慰问可以发放生日蛋糕等实物慰问品，也可以发放指定蛋糕店的蛋糕券。
- 工会会员结婚生育时，可以给予一定金额的慰问品。工会会员生病住院、工会会员或其直系亲属去世时，可以给予一定金额的慰问金。

- 工会会员退休离岗，可以发放一定金额的纪念品。

葛大侠：

不过要留意各地出台的细则，遵循当地的职工节日慰问和生日慰问标准。我们整理了一些省份的要求，给大家做个参考，请看政策链接 1-9 中的表 1-9。

政策链接 1-9

表 1-9　职工节日慰问和生日慰问标准示例

地区	全年节日慰问总额最高标准	生日慰问最高标准
北京	一般不高于当年本级工会经费预算支出的 50%	300 元
上海	总金额不超过基层工会当年度留成经费的 50%	300 元
福建	1 800 元	300 元
浙江	1 500 元	300 元
广东	2 500 元	400 元
江苏	1 800 元	400 元
安徽	1 500 元	300 元
湖北	每人每年不超过 1 700 元，工会经费充足的企业单位工会不超过 2 000 元	300 元
重庆	春节——1 000 元，劳动节、国庆节——300 元，元旦节、清明节、端午节、中秋节——200 元	300 元
四川	向全员发慰问品和生日慰问，每位年均总额控制在 2 100 元以内	

注：基本单位为每人，政策若有更新可查询当地工会官网，或拨打相关热线。

杨出纳：

有的员工过阴历生日，有的过阳历，该按哪个生日来置办？

刘小白：

按照工会政策要求，会员要实名签收领取慰问品。所发放的慰问品要附本人签收的清单，清单上一般列明会员姓名、身份证号等，所以建议按身份证上的日期来置办生日礼品，这也让会计账务的处理有据可循。

王小红：

针对工会经费，企业按全部职工实际工资总额的 2%，按月拨交给工会组织。工会组织返还 60%，用于企业的工会活动支出。不过要注意几点：第一，"全部职工工资总额"是指每月全部职工的应发工资，不扣除社保和个税。第二，"全部职工"包括正式职工和非正式职工，但不包括退休返聘人员、兼职人员。劳务派遣人员如果直接跟公司签订合同，可视为本公司员工纳入员工基数。第三，为扶持小微企业，目前上海、江苏、厦门、湖南等地出台了全额返还工会经费的优惠政策，企业可依据当地具体的工会政策而定。

马会计：

我们单位总体福利是不错的，还为员工购买了商业健康险。我们是按年支付保险费的，这笔支出在账务处理上有什么要求？可以税前扣除吗？

刘小白：

单位每年统一购买的商业健康险，要按月摊入职工工资薪金，结转相关成本费用。请看教你一招 1-11。

👍 **教你一招 1-11**

统一购买：

借：预付账款——职工健康保险
　　贷：银行存款

每月摊入：

借：应付职工薪酬——职工健康保险
　　贷：预付账款——职工健康保险

计入成本：

借：生产成本、管理费用等
　贷：应付职工薪酬——职工健康保险

王小红：

注意，这笔费用实名计入个人工资薪金明细清单后，计算个税时，在不超过200元/月的标准内按月扣除。单位统一缴纳的保费，一年内金额超过2 400元的部分，可以税前扣除。请看政策链接1-10。

📖 政策链接1-10

财政部、税务总局、保监会《关于将商业健康保险个人所得税试点政策推广到全国范围实施的通知》（财税〔2017〕39号）规定，单位统一组织为员工购买或者单位和个人共同负担购买符合规定的商业健康保险产品，单位负担部分应当实名计入个人工资薪金明细清单，视同个人购买，并自购买产品次月起，在不超过200元/月的标准内按月扣除。一年内保费金额超过2 400元的部分，不得税前扣除。以后年度续保时，按上述规定执行。个人自行退保时，应及时告知扣缴单位。个人相关退保信息保险公司应及时传递给税务机关。

牛老板：

辞退员工，我们如果和员工私下签订协议，补发3个月的工资，这么做会有风险吗？

刘小白：

很多民营企业认为员工不懂劳动法，私下协议了事。但如果员工走之后又起诉企业，企业付出的代价会更大。所以，建议还是严格按照劳动法来确定辞退后福利。

马会计：

依据准则，要确认辞退福利产生的职工薪酬负债。请教老师，这规范的账务处理该怎么做呢？

刘小白：

对于满足负债确认条件的所有辞退福利，不管是哪个部门的，会计处理借方均应当记入管理费用，不计入资产成本；贷方是应付职工薪酬。发放时借记"应付职工薪酬"科目，贷记"银行存款"等科目。

葛大侠：

需要提醒的是，计提的辞退福利有时会因为一些原因没能发出去。应按计提方法原路转回。会计分录为：借"管理费用"（红字）；贷："其他应付款"或"应付职工薪酬"（红字）。

马会计：

我们统一给退休人员发放了补贴，这个不需要代扣代缴个税了吧？

王小红：

按照国家统一规定发给干部、职工的安家费、退职费、基本养老金或者退休工资、离休工资、离休生活补助费等免征个人所得税；离退休人员从原任职单位取得的各类补贴、奖金、实物，则应在减除费用扣除标准后，按工资、薪金所得应税项目缴纳个人所得税。一般来说，退休人员每月取得的低于 5 000 元的补贴就不用代扣代缴个税了。

葛大侠：

其实，一般国有企业会有比较完善的辞退福利、离退福利。建议中小企业、民营企业也能借鉴国企的模式，一定程度上提高员工辞退后的福利，提升企业竞争力。

2. 工资薪金与劳务报酬有啥不同？

牛老板：

现在灵活就业青年越来越多了，以前说要拥有一技之长，现在可谓"多技多长"。我们招了几个兼职做网站编辑的小青年，编程、直播样样精通。他们的报酬如何设计才能更好地调动其积极性？

马会计：

这是个问题。我们的兼职员工类型很多，目前基本按劳务报酬发放报酬，不知道这样处理对不对？

王小红：

这得看工作类型、签订的合同类型，具体情况具体分析。不过，万变不离其宗，对薪酬所得和劳务报酬所得的概念界定（见图1-19）要先把握清楚。

工资、薪金所得	劳务报酬所得
工资、薪金所得，是指个人因任职或者受雇取得的工资、薪金、奖金、年终加薪、劳动分红、津贴、补贴以及与任职或者受雇有关的其他所得 （《中华人民共和国个人所得税法实施条例》第六条）	劳务报酬所得，是指个人从事劳务取得的所得，包括从事设计、装潢、安装、制图、化验、测试、医疗、法律、会计、咨询、讲学、翻译、审稿、书画、雕刻、影视、录音、录像、演出、表演、广告、展览、技术服务、介绍服务、经纪服务、代办服务以及其他劳务取得的所得 （《中华人民共和国个人所得税法实施条例》第六条）

图1-19 "工资、薪金所得"与"劳务报酬所得"对比示意图

刘小白：

针对工作类型，工资、薪金所得是属于非独立个人劳务活动，即在企事业单位及其他组织中任职、受雇而得到的报酬，个人和单

位存在雇佣关系；劳务报酬所得则是个人独立从事各种技艺、提供各项劳务取得的报酬，个人与单位不存在雇佣关系。

葛大侠：

所以从另一个角度来说，工资、薪金所得——劳动者与单位签订的是劳动合同，受《中华人民共和国劳动法》等法律约束，单位应为劳动者缴纳社保，劳动报酬一般按月支付。劳务报酬所得——劳动者与单位是平等的劳务合同关系，受《中华人民共和国民法典》等法律约束，一般单位无须为劳动者缴纳社保。劳务报酬一般按次支付。

马会计：

公司招了不少实习生，请问实习生的工资该按"工资、薪金所得"还是"劳务报酬所得"确认？

刘小白：

可以按前述概念去判断。具体看实习人员的性质。比如，有的实习人员属于临时劳务人员，应按"劳务报酬所得"；有的属于即将聘用的待毕业学生，签订了三方就业协议，就按"工资、薪金所得"。

葛大侠：

通常实习生在单位是没有工资号的，这种情况下，一般按劳务费用发。

马会计：

按老师们说的，我们单位里头一些有经验的老师傅利用业余时间给年轻员工授课，我们给他们发了课时酬金，是按工资、薪金来算吗？

刘小白：

对的，员工内部兼职取酬不属于劳务报酬性质，不能走劳务费发放。如果外单位兼职，个人兼职取得的收入应按照"劳务报酬所得"应税项目缴纳个人所得税。

王小红：

还有一个特殊情况。外单位在你们企业如果设立了一个奖项，依据法规，获奖人的所得要按"偶然所得"纳税，不是工资也不是劳务报酬。因为这笔钱是其他单位出的，也不常见。

杨出纳：

劳务可以不缴社保，如果不和员工签合同，是不是可以视为劳务，也可以不用缴社保了？

刘小白：

是否存在劳动关系，并不取决于一纸合同，如果有充分的证据证明个人与单位之间存在劳动关系（见 政策链接1-11），社保就必须得缴。

📖 政策链接1-11

用人单位未与劳动者签订劳动合同，认定双方存在劳动关系时可参照下列凭证（劳社部发〔2005〕12号）：

（一）工资支付凭证或记录（职工工资发放花名册）、缴纳各项社会保险费的记录；

（二）用人单位向劳动者发放的"工作证"、"服务证"等能够证明身份的证件；

（三）劳动者填写的用人单位招工招聘"登记表"、"报名表"等招用记录；

（四）考勤记录；

（五）其他劳动者的证言等。

其中，（一）、（三）、（四）项的有关凭证由用人单位负举证责任。

3. 特殊用工的报酬如何发放？

牛老板：

我们有几个辅助性工作岗位，想招几个非编人员。有人推荐找劳务派遣公司，也有人推荐直接劳务外包算了。这些做法有区别吗？

刘小白：

劳务派遣、劳务外包、人力资源外包、灵活用工平台这几个概念似乎差不多，但本质上还是有差异的，请看知识链接1-4。

知识链接 1-4

（1）劳务派遣：劳务派遣服务是指劳务派遣公司为了满足用工单位对于各类灵活用工的需求，将员工派遣至用工单位，接受用工单位管理并为其工作的服务（见图1-20）。

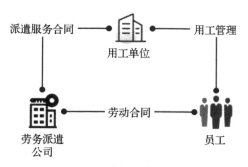

图1-20 劳务派遣示意图

（2）劳务外包：承包企业将其他企业某项劳务业务承包下来，自己雇用并管理员工，与劳务外包企业是合同关系（见图1-21）。

图1-21 劳务外包示意图

（3）人力资源外包：人力资源外包是指发包企业为了降低人力成本，实现效率最大化，将某项或多项人力资源管理职能外包出去，委托给专业机构管理（承包企业）(见图1-22)。

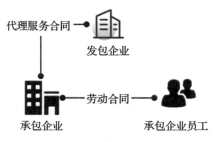

图1-22　人力资源外包示意图

（4）灵活用工平台：灵活用工平台一般有两种运营模式。一是平台从用工企业承揽服务、劳务，再分包或转包给自由职业者，其本质是采购服务再销售。二是平台企业提供中介服务，为用工企业和自由职业者搭建沟通平台，赚取中间差价。各方之间签订的是服务合同，不受劳动合同约束（见图1-23）。

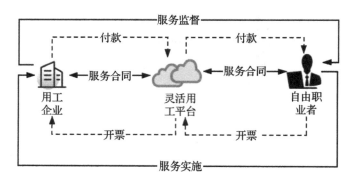

图1-23　灵活用工平台示意图

葛大侠：

总结来说，劳务外包与人力资源外包提供的是承包服务，提供服务的员工接受承包企业的管理；但劳务派遣是派人，虽然服务员工与派遣公司签订劳动合同，但被派去为用工单位服务，接受用工单位的监督与管理；灵活用工平台则更多时候扮演中介的角色，为用工单位与自由职业者牵线搭桥。

王小红：

再提醒一下：除了概念界定上的差异，在增值税缴纳方面，劳务派遣公司可以选择差额纳税，人力资源外包服务只适用差额纳税。

牛老板：

如果我们选择劳务派遣，我们既能对员工的工作进行管理监督，还能不受劳动合同的约束，毕竟他们是和派遣单位签订的劳动合同嘛，我更喜欢这种方式。

刘小白：

牛老板可不能多想！其实这些年，为了防止用人单位滥用劳务派遣用工形式、侵害劳动者合法权益，国家制定了不少政策保障劳务派遣员工的权益。比如 2013 年修订的《中华人民共和国劳动合同法》明确规定了劳务派遣工享有与用工单位正式工"同工同酬"的权利；2014 年，人力资源和社会保障部出台劳务派遣暂行规定，规范劳务派遣行为。而且，使用的被派遣劳动者数量不得超过用工总量的 10%。

葛大侠：

还存在一个问题：很多用工企业认为"员工是派遣来的，派遣单位有培训员工的义务"，而派遣单位则认为"反正是用工单位在用工，就让用工单位培训去吧"。双方踢皮球，结果造成一批未接受培训的人员上岗，提供的产品、服务质量也堪忧。所以，用工单位为了保障最后产品、服务的质量，还得舍得花血本去培训派遣来的员工。

马会计：

劳务派遣用工实际发生的费用可以享受税前扣除吗？

王小红：

这要结合劳务派遣合同中约定的费用支付方式。一种是支付给劳务派遣公司劳务派遣服务费；另一种是直接支付给被派遣劳动者的工资、福利和社保费等。不同支付方式，处理不同，请看政策链接1-12。

📘 政策链接1-12

《国家税务总局关于企业工资薪金和职工福利费等支出税前扣除问题的公告》（国家税务总局公告2015年第34号）第三条规定，企业接受外部劳务派遣用工所实际发生的费用，应分两种情况按规定在税前扣除：按照协议（合同）约定直接支付给劳务派遣公司的费用，应作为劳务费支出；直接支付给员工个人的费用，应作为工资薪金支出和职工福利费支出。其中属于工资薪金支出的费用，准予计入企业工资薪金总额的基数，作为计算其他各项相关费用扣除的依据。

刘小白：

再提醒一下：支付给劳务派遣公司的费用，需要取得发票才能税前扣除；直接支付给被派遣员工个人的费用，也应根据相关内部凭证进行税前扣除。

马会计：

这两种不同的支付方式，在会计核算中有区别吗？

刘小白：

有区别。直接支付给被派遣劳动者的工资费用，需要通过"应付职工薪酬——工资"会计科目来核算。而支付给劳务派遣公司的费用无须在"应付职工薪酬"走账,而是直接在"管理费用——劳务费"会计科目核算。

牛老板:

据说安排残疾人就业的企业可以享受税收优惠,如果通过劳务派遣的方式安排残疾人上岗,我们还能享受税收优惠吗?

王小红:

虽然会计准则认可被派遣劳动者作为用工单位的职工,但税法认定以劳务派遣形式就业的残疾人,属于劳务派遣单位的职工(国家税务总局公告2015年第55号)。所以,被税法认可,劳务派遣单位才可享受相关税收优惠政策。牛老板可以直接雇用残疾人员,既支持了爱心事业,也可享受税收优惠,具体优惠政策可以参考 政策链接 1-13。

📖 政策链接 1-13

增值税:《财政部 国家税务总局关于促进残疾人就业增值税优惠政策的通知》(财税〔2016〕52号)、《国家税务总局关于促进残疾人就业增值税优惠政策有关问题的公告》(国家税务总局公告2013年第73号)。

企业所得税:《财政部 国家税务总局关于安置残疾人员就业有关企业所得税优惠政策问题的通知》(财税〔2009〕70号)。

刘小白:

其实雇用残疾员工,不光能享受一些优惠,还能节约关于残保金的开支,请看 知识链接 1-5。

📖 知识链接 1-5

残疾人就业保障金:也称残保金,由未按规定比例(此比例由各省、自治区、直辖市人民政府根据当地实际情况规定来设置下限,同时不得低于本单位在职职工总数的1.5%)安排残疾人就业的机关、团体、企业、事业单位和民办非企业单位缴纳,由主管税务局负责征收。其目的是引导用人单位尽可能多地安排残疾人就业,更好地保障残疾人权益。

王小红:

目前政策对残保金实行分档减缴:用人单位安排残疾人就业比例达到1%(含)以上,但未达到规定比例的,按应缴费额的50%缴纳;比例在1%以下的,按应缴费额的90%缴纳;在职职工总数30人(含)以下的企业,暂免征收残疾人就业保障金。

马会计:

如果进行小微企业认定,接受派遣的员工算不算入我们的人头数?

王小红:

那得算上!小型微利企业的认定:符合年度应纳税所得额不超过300万元、从业人数不超过300人、资产总额不超过5 000万元三个条件的企业,其中从业人数包括企业接受的劳务派遣用工人数(财税〔2019〕13号)。

葛大侠:

所以,要留意相关政策,不能一味地认为派遣用工上岗的员工不是自己人。还有社保方面,用工单位和派遣单位签订合同时,要注意约定劳动者的社会保险费。根据《劳务派遣暂行规定》,异地派遣的情况下,劳动者的社会保险费应由用工单位在用工单位所在地缴纳;如果派遣单位在用工单位所在地设立分支机构,则由分支机构为劳动者缴纳社会保险费。

牛老板:

针对劳务外包,我们遇到过一些棘手的事。之前我们承包开发一个房地产项目，我们将整栋大楼的内饰装修劳务统统分包了出去。包工头从自己的老家雇了不少农民工，我们将劳务费给了包工头，结果包工头没发放到位，这些农民工天天来工地上要账，最后我们只能自己认亏。

刘小白：

国家出台了不少政策文件解决您所说的问题。2020年5月1日起施行的《保障农民工工资支付条例》，明确提到"农民工工资应当以货币形式，通过银行转账或者现金支付给农民工本人，不得以实物或者有价证券等其他形式替代"。针对工程建设领域工资支付，请看 政策链接1-14。

政策链接1-14

依据《保障农民工工资支付条例》，关于农民工工资支付，参照如下。

（1）用工实名登记：施工总承包单位或者分包单位应当依法与所招用的农民工订立劳动合同并进行用工实名登记，具备条件的行业应当通过相应的管理服务信息平台进行用工实名登记、管理。未与施工总承包单位或者分包单位订立劳动合同并进行用工实名登记的人员，不得进入项目现场施工。

（2）用工台账管理：施工总承包单位、分包单位应当建立用工管理台账，并保存至工程完工且工资全部结清后至少3年。施工总承包单位应当在工程项目部配备劳资专管员，对分包单位劳动用工实施监督管理，掌握施工现场用工、考勤、工资支付等情况，审核分包单位编制的农民工工资支付表，分包单位应当予以配合。

（3）开设专用账户：施工总承包单位应当按照有关规定开设农民工工资专用账户，专项用于支付该工程建设项目农民工工资。有关资料应当由施工总承包单位妥善保存备查。工程完工且未拖欠农民工工资的,施工总承包单位公示 30 日后,可以申请注销农民工工资专用账户,账户内余额归施工总承包单位所有。

(4)用工工资发放:工程建设领域推行分包单位农民工工资委托施工总承包单位代发制度。分包单位应当按月考核农民工工作量并编制工资支付表,经农民工本人签字确认后,与当月工程进度等情况一并交施工总承包单位。施工总承包单位根据分包单位编制的工资支付表,通过农民工工资专用账户直接将工资支付到农民工本人的银行账户,并向分包单位提供代发工资凭证。

(5)支付台账编制:用人单位应当按照工资支付周期编制书面工资支付台账,并至少保存 3 年。书面工资支付台账应当包括用人单位名称、支付周期、支付日期、支付对象姓名、身份证号码、联系方式、工作时间、应发工资项目及数额、代扣、代缴、扣除项目和数额、实发工资数额、银行代发工资凭证或者农民工签字等内容。用人单位向农民工支付工资时,应当提供农民工本人的工资清单。

马会计:

总承包单位开设农民工工资专用账户,意味着会计核算也发生了变化,具体会计处理要注意什么?

刘小白:

具体会计处理方面的变化,请看 案例分享 1-13。

案例分享 1-13

A 公司(一般纳税人)承包了 B 房地产公司公寓的装修项目,由于公司人手有限,A 公司将公寓内部墙面粉饰的工作分包给了 C 公司。按照当前政策,A 公司要开设农民工工资专用账户,代发农民工工资。

A 公司收到 B 房地产公司的部分工程款:

借：银行存款——总承包方基本户
　　　　　　——农民工工资专用账户
　　应收账款
　贷：工程结算
　　　应交税费——应交增值税（销项税额）

A 公司支付给 C 公司劳务费并代发农民工工资：

借：工程施工——分包合同成本
　　应交税费——应交增值税（进项税额）
　贷：银行存款——通过农民工工资专户代发农民工工资
　　　　　　　——支付分包方部分劳务款

A 公司还需以下旁证强化原始凭证的真实性，规避税务风险：

（1）合同要明确。在与 C 公司签订的劳务分包合同中，要明确"代发劳务公司农民工工资"类似条款。

（2）发票要备注。C 公司给 A 公司开劳务发票时必须在发票"备注栏"中注明：项目名称、A 公司代发农民工工资金额。

（3）获得管理台账。A 公司要求 C 公司出具用工实名登记表、用工考勤记录表、用工工资表等，出纳依据审核后的台账支付农民工工资。

牛老板：

新冠疫情之下，灵活用工平台给我们招募临时工提供了不少便利。

马会计：

也帮我们规避了要不到票的情况。之前我们自己雇一些临时工，他们都是自由职业者，提供劳务但不肯给我们开票。

刘小白：

灵活用工平台的确给用工企业提供了不少便利，但用工企业也要防范风险。2020 年 11 月，一起涉嫌虚开增值税专用发票案在北京、天津、河北、山东等 10 省 15 市同时收网，涉案企业北京某科技有限公司成为"营改增"后全国首例利用互联网共享经济服务平台虚开发票的企业，涉嫌虚开增值税专用发票金额高达 13 亿余元。

葛大侠：

如果灵活用工平台涉嫌虚开发票，那么合作过的企业必然也会受其拖累。所以企业找合作平台时，还要看清平台本身的风控意识和风控能力。如果平台都不甄别用工单位和劳工之间业务的真实性，只管开票收费，那还是要有所警惕。

王小红：

企业要注意保护自己，比如保留证明用工真实性的凭证，面对用工平台能开税负极低发票的宣传，保持平常心，不贪图小便宜，就不会被牵连进去啦。

支出方向三：期间费用的花销

牛老板：

除了人力成本占据企业开销大头，水电支出、办公大楼的安保、绿植的养护，尤其是疫情期间，办公场所的环境消杀，件件都需要开销。现在企业家不容易啊！

马会计：

是啊！虽然像办公场所消杀这类费用与企业创造收入没有直接的因果关系，但这些开销和我们企业的经营又密切相关。没有这些辅助的开销，企业又如何能顺畅地经营好主营业务呢？

刘小白：

这类支出是关于期间费用的支出，虽不能归入营业成本（与营业收入有因果关系），但在本期发生的还是要计入当期损益。能计入当期损益的费用包括：管理费用、销售费用、财务费用、研发费用等。基础的财税处理请扫描二维码观看👉图 1-24。

图 1-24 期间费用相关财税处理思维导图

1. 管理费用有哪些新变化？

马会计：

行政管理人员的工资都进管理费用，但厂部车间管理人员的工资，我们全都记入"制造费用"。

刘小白：

这么记是对的。除非一种特殊情况：总公司管理人员下派到车间进行短期工作，但工资还在总公司拿，这笔费用应该记入"管理费用"，而不是"制造费用"。

马会计：

我们打交道比较频繁的是"差旅费"。我们的总部在北京，分支机构各地都有，员工出差是常事，差旅费的票据也是五花八门。

刘小白：

不论票据多复杂零碎，差旅费的财税处理都是规定好的。以"票"报销，无票的补贴部分按公司的差旅费制度执行。员工回来报销后，直接做会计分录，借记期间费用，同时借记以票提取的进项税金，贷记银行存款。

葛大侠：

现在员工出差一般都拿公务卡，先划卡垫支差旅费，不再借支差旅费，出差回来直接报销。没有公务卡的企业，员工就先划自己的卡再回来报销。这也是费用支出的新变化，很少有人使用现金了。

杨出纳：

提到报销，我们需要和各式各样的凭证打交道，让人眼花缭乱。

而且我们也经常因为员工报销的凭证不符合要求给退回去，惹得不少人不高兴。

 刘小白：

员工出差回来要填差旅费报销单，提交各式凭证。非财会人员不太了解我们的工作，难免会不高兴。其实，要先从企业制度层面着手。比如规范报销制度，明确报销流程。为方便员工解读，可以以图示的方式讲述报销流程、相关票据粘贴的规范等。示例请看图1-25，审核要点请看教你一招1-12。

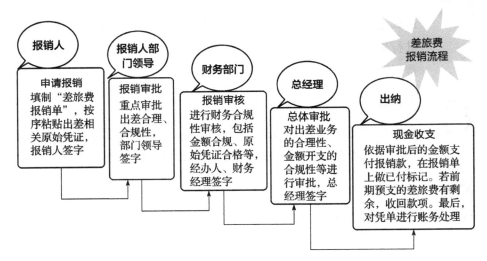

图1-25　差旅费报销流程图

教你一招1-12

财务部门在差旅费报销审核中应重点关注以下几点：

（1）复核出差线路。检查其路线是否合理或在出差安排的行程中，关注是否有绕行旅游等私人情况。

（2）检查配套的旁证文件，比如出差开会是否配套有会议邀请函等。

（3）检查报销发票等原始凭证的真伪，比如借助税务网站、

12306网站查询等。

（4）复核差旅费报销的各种费用标准，重点关注限额费用是否有超标的情况发生。

关于签批的形式：

随着办公流程的自动化，各签批环节可实现线上签批、电子签名签批等，发票等原始凭证也可由计算机系统自动核对。

王小红：

刚刚杨出纳提到将员工不合规的票退回去，这说明员工还不太懂报销的票有哪些讲究。建议设计一些图示向员工展示差旅费报销过程中涉及的原始凭证。设计过程要考虑全面，比如考虑到可以抵扣增值税的情形。可以参考图1-26。

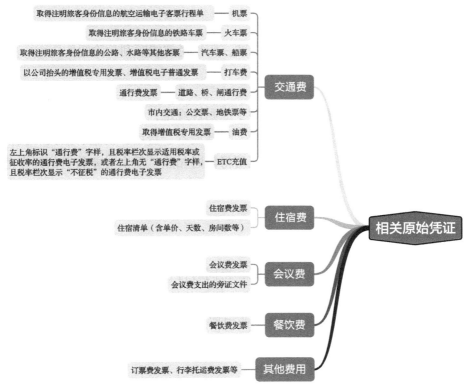

图1-26　差旅费报销相关原始凭证思维导图

杨出纳：

企业差旅费的标准订多少比较合适？现在我们针对员工出差住宿的标准是：上海、广州等一线城市每天 300 元以内，其他城市每天 200 元以内。最近想调整这个标准，但不知道怎么调更合适？

王小红：

对于企业员工出差补贴，国家没有标准，税务总局没有文件。企业可参照当地财政部门对机关、事业单位的规定标准，结合自身情况制定相关内部管理文件，比如《企业差旅费补助和报销规定》，按职位的不同，设置不同档次出差补贴标准。相关文件要留存备查。

马会计：

我们自己制定的差旅费标准，所得税前能顺利扣除吗？

刘小白：

税法对成本费用支出也做了原则性规定：企业实际发生的与取得收入有关的、合理的支出，包括成本、费用、税金、损失和其他支出，准予在计算应纳税所得额时扣除。但未对差旅费的开支范围、开支标准进行具体明确。所以，合理的差旅费支出允许税前扣除。

葛大侠：

说白了，要想顺利地扣除，得同时符合下列条件：①有严格的内部财务管理制度；②有明确的差旅费补贴标准；③有合法、真实、有效的凭证（包括企业内部票据）。

马会计：

我们聘了一个专家给各地办事处的负责人进行培训，这个专家出差的费用是不是在差旅费中核算?

刘小白:

我们认为应该在"职工教育经费"中核算。因为,差旅费的处理要视情况而定,聘请外部人员发生的出差行为,要看劳务合同是怎么签的,还要看外部人员实质的行为,再记入合适的科目。请看 案例分享 1-14。

案例分享 1-14

情形一:外聘专家为职工进行培训

(1)合同约定培训费用中包含"往来交通、住宿费用",此笔费用一并记入"劳务费",按劳务发票税前扣除。

(2)合同约定培训费用中不包含"往来交通、住宿费用",此笔费用需要额外支出,可在"职工教育经费"中列支。

情形二:企业组织专家出席专项评审会

"无偿劳务"或者"虽是有偿劳务但合同并未约定差旅费",此笔费用需要企业额外支出。相关接待费用要依据评审内容相应地记入"业务招待费""研发费用"或"职工教育经费"等科目。

情形三:聘请技术专家为客户调试设备

若合同并未约定差旅费,此笔费用与取得收入相关,记入"销售费用"。

注:外单位人员发生的差旅费,不与本单位的业务、经营相关,也不属于合理开支的,不得进行税前扣除,还要按规定代扣代缴个人所得税。

马会计:

业务员出差期间,招待客户的餐费,该计入差旅费,还是业务招待费?虽然这两项一般都在管理费用中列支,但税前扣除的要求还是不一样的。

刘小白：

应该计入业务招待费。业务招待费主要是围绕"客人"的花费，即便是出差途中，也得按其花费性质归类。

牛老板：

业务招待费主要花在吃喝上了。这些年随着"中央八项规定"的落实，请客吃饭的开销倒是少了很多，真的减轻了我们的负担。

葛大侠：

在很多人的观念中，招待费就是吃吃喝喝的费用。其实不是，业务招待费与餐费既有区别，又有联系，是一种"你中有我，我中有你"的关系。顾名思义，业务招待费是招待客人的花费，而招待客人，光吃喝是不够的，吃喝住行可能都得管。

刘小白：

餐费也不一定都是业务招待费。比如企业召开会议，邀请相关专家出席。会议举办期间发生的餐费，依据财行〔2016〕214号，可以计入会议费，不计入业务招待费。

杨出纳：

业务员招待客户，拿回了吃饭的发票报销，但税务局还让提供别的证明，愁死个人。

王小红：

那就得提供其他能够证明这顿饭是招待客户的证据，有些单位甚至都提供了吃饭现场的照片。其实业务招待费要想顺利税前扣除，必须有大量足够有效凭证证明企业支出的真实性——比如费用金额，招待、娱乐、旅行的时间和地点，商业目的，企业与被招待人之间的业务关系等。反正，谨记一条：必须是企业为业务、经营的合理支出，才能在税前扣除。

葛大侠：

提供吃饭照片不光是为了应对税务检查，还能够进行内控管理。有一家企业，为了控制招待费，提出按接待的人数来决定招待费标准，比如对方来一人就派一人接待，每人额度 100 元。这钱肯定不够，倒逼得实际招待人在填申报单的时候谎报人数。所以，企业制定制度的时候就要预先堵死漏洞，要求提供照片是一个解决方案，但大家肯定不是都愿意配合。那企业就要考虑将费用和个人利益关联在一起，比如前文提到的全员持股，员工以企业为家，花自己的钱自然会想着节约。

2. 销售费用花得值不值？

牛老板：

现在企业做宣传的方式有很多，比如植入广告、赞助赛事活动、公益捐赠等，我们要多利用一些创新渠道，宣传企业的品牌形象。

刘小白：

牛老板要算计好，虽然很多行为都能潜移默化地达到宣传企业的目的，但同样是付出一笔钱，符合条件的公益捐赠可以全额税前扣除，打广告可以限额扣除（创办期不受限制），而赞助活动可不一定能享受税前扣除。从节税筹划的角度，有的钱花得冤枉了。请看图 1-27。

马会计：

会计做账要区分"广告支出"和"业务宣传费"，但实际上这两个很类似，很难把握啊！

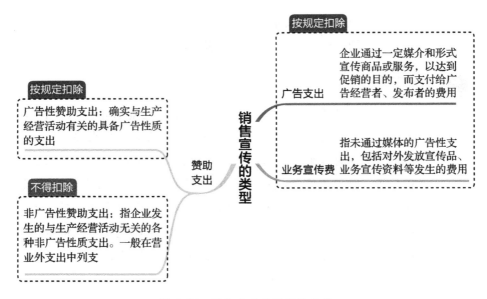

图 1-27 销售宣传类型思维导图

王小红：

判断是不是广告支出，要依据一些标准，请看 政策链接 1-15。

📖 **政策链接 1-15**

判断是不是广告支出，可以参照三个条件：

（1）要通过工商部门批准的专门机构制作；

（2）已经支付费用并且取得相应发票（比如按现代服务业开具的增值税专用发票）；

（3）通过一定的媒体传播。

对于广告性质的赞助支出，可以遵循实质重于形式的原则，按广告支出或业务宣传费处理，但要提供佐证的凭证、支出依据，比如具有广告性质的双务合同、取得合法的发票、通过一定媒介进行了广告宣传等。

葛大侠：

网络时代，广告的形式更加多样。比如通过搜索引擎竞价排名，可能拿到的是"技术服务费"发票，但性质上还是属于打广告，还得按广告支出处理。

马会计：

逢年过节，为了促销商品，我们下属商场会给消费者赠送代金券。请问，这该如何做账务处理？

刘小白：

一般情况下，向消费者营销赠送的代金券，在性质上应属于商业折扣，是一种应付而未付的折扣，可以如此处理，请看👉教你一招 1-13。

👍 教你一招 1-13

企业在发放代金券或优惠券时并没有发生实际的现金流入流出，而且只有在顾客下次购买商品或服务时才有效。所以根据《企业会计准则第 14 号——收入》的确认原则，在发放代金券或优惠券时不确认收入。

在税务处理方面，代金券在实际发放时，只是给消费者赠送的具有优惠性质的权利，消费者可以行使该权利也可以放弃。代金券不属于实物，也不是服务。企业赠送代金券，不属于视同销售行为。财政部、税务总局公告 2019 年第 74 号文也指出代金券无须缴纳个人所得税。综上，企业在发放代金券和优惠券时可以不进行会计处理。

（1）消费者持代金券实际使用时，按抵扣后金额计算收入：

借：银行存款/应收账款（抵扣后金额）
　　贷：主营业务收入
　　　　应交税费——应交增值税（销项税额）

（2）结转成本：

借：主营业务成本
　　贷：库存商品

马会计：

为了宣传、扩大企业的影响力，企业经常举行"扫码、转发、集赞送礼品"的活动，此时的会计处理和税务处理有何不同？

刘小白：

这种行为一般属于售前赠与，并不符合销售收入确认的条件，企业也不会因为赠送礼品增加现金流入，所以不做销售处理。而这种行为的目的是宣传企业形象，可记入"销售费用——业务宣传费"科目。请看👉教你一招1-14。

👍 **教你一招1-14**

（1）礼品购进时：

借：库存商品
　　应交税费——应交增值税（进项税额）
　　贷：银行存款

（2）实际赠送时：

借：销售费用——业务宣传费
　　贷：库存商品
　　　　应交税费——应交增值税（销项税额）

王小红：

再提醒一下，上述分录中要缴销项税，是因为企业对外赠送物品用于广告、赞助等目的,要视同销售,计征增值税销项税。至于个税,企业要为获赠对象代扣代缴个税。

葛大侠:

实务操作中,对于外购的商品赠送,企业可以直接将购进成本和税费记入"销售费用"或"管理费用",不抵扣进项税额。赠送时不再视同销售,只需缴纳应代扣代缴的个人所得税,这样可以简化账务处理。

3. 研发费用的处理很麻烦吗?

马会计:

会计处理中,所有与研发相关的费用都归属于研发费用吗?税法与会计准则认可的范围一致吗?

刘小白:

研发费用的归集有三个口径,分别是:会计核算口径,可参考财企〔2007〕194号文;高新技术企业认定口径,可参考国科发火〔2016〕195号文;税收规定口径,可参考财税〔2015〕119号文、国家税务总局公告2015年第97号文、国家税务总局公告2017年第40号文;财税〔2018〕99号文;财政部 税务总局公告2021年第13号文等。

马会计:

我们是不是可以依据政策的研发费用归集口径来设计明细科目?

刘小白:

可以。会计处理时,设置"研发支出"科目,结合实际情况可以设置3~6级明细科目核算。示例请看图1-28。而且结合具体的研发方式,要设置好"研发支出"辅助账。一来可以做好费用归集、归类、分摊;二来也为研发费用的税前扣除提供依据。整体的核算要求见图1-29。

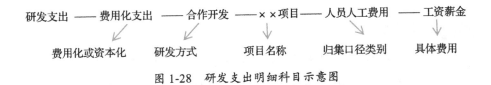

图1-28 研发支出明细科目示意图

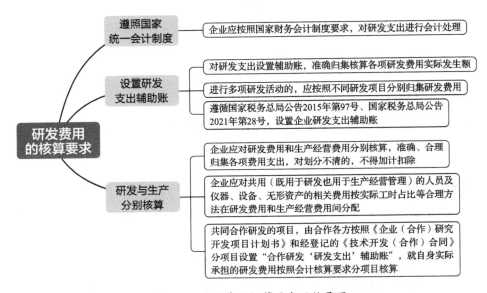

图1-29 研发费用核算要求思维导图

马会计：

研发的项目从立项开始我们就要单独做好核算和资料管理，否则影响后续税前扣除，是吗？

王小红：

是的，研发项目要想享受优惠政策就必须按要求严格管理，具体管理流程请看图1-30。具体的税前扣除政策可以阅读后文税务部分。

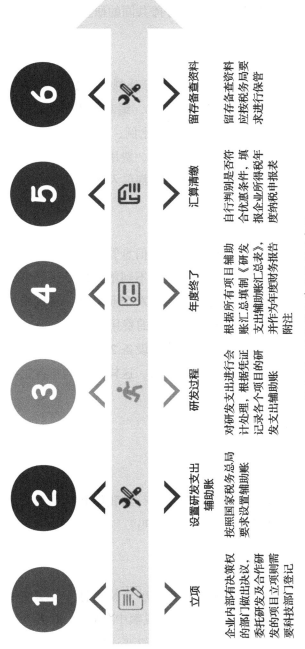

图 1-30 研发项目管理流程示意图

马会计：

合作研发、集体研发如何分摊共同的研发费用？

刘小白：

一般编制研发费用分割单进行分割。比如A企业垫付费用，取得发票等原始凭证（只有一份），编制费用分割单一式多份（每个承受企业各一份），按约定的比例、工作量标准等对费用进行分摊。A企业依据原始凭证原件、费用分割单入账，其他承受企业依据原始凭证复印件、费用分割单入账。

王小红：

再提醒一下：在以票管税、以信息管税的背景下，这种费用分割的情形，可能导致企业因"拿不到增值税专用发票"而无法全额抵扣进项税。所以建议合作研发企业可以在协议中约定按费用类别分别支付，比如采购设备1的费用由A企业支出，A企业便能获得设备1的全额专票；采购设备2的费用由B企业支出，B企业便能获得设备2的全额专票。这样，有利于各企业实现设备进项税额的足额抵扣。

4. 利息都得算财务费用吗？

杨出纳：

我们向银行贷了一笔款项，银行给我们开具了利息结算单据，请问，这个单据能作为入账依据吗？

王小红：

营改增以后，我们可以让银行就贷款利息开具增值税发票，由于"购进的贷款服务不得从销项税额中抵扣"，对方开具的也只能是增值税普通发票。建议将增值税普通发票作为入账依据，确保能够在企业所得税税前扣除。

刘小白：

说说财务费用税前扣除的凭证。比如，如果向自然人借款，凭证是对方到税务部门代开的增值税普通发票；如果发生汇兑损失，凭证是企业产生损失的资料；发生现金折扣，凭证是开给对方的发票和收据。

马会计：

按期计提利息，计提的利息都可以税前扣除吗？

刘小白：

利息计提是会计按照权责发生制来做的，但并不代表实际已经付息了。所得税汇算清缴前，实际已经支付的利息才可凭票扣除。

葛大侠：

现在很多企业的贷款利息是按季度来支付的，银行扣息也按季度来扣，一般扣到年底的12月21日。按照权责发生制，那意味着企业要补计提12月22日～31日这10天的利息，但在实际工作中一般没人这么做。

牛老板：

除了向银行借款，我们企业之间经常也会拆借，这个借款利息支出，政策上是认可的吧？

刘小白：

向非金融企业借款，要想利息支出顺利在税前扣除，要遵循的规矩还不少，而且还要区分是关联企业（概念界定请看知识链接1-6）还是非关联企业。请看图1-31。

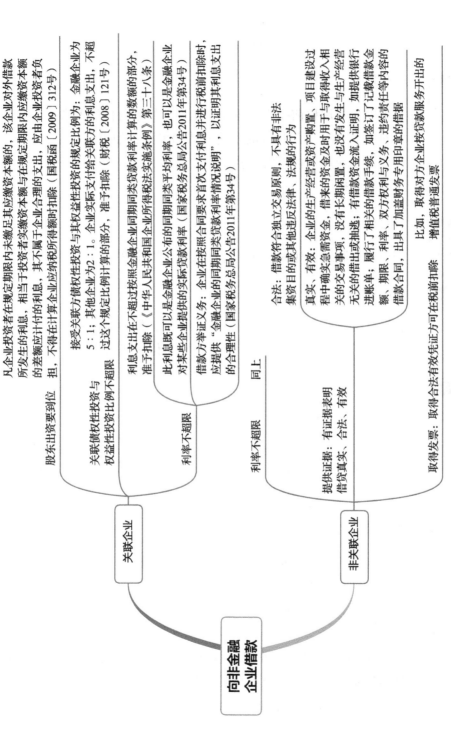

图 1-31　向非金融企业借款相关成本思维导图

知识链接 1-6

什么样的企业算是关联企业

与其他企业具有下列关系之一的，构成关联关系：

（1）一方直接或者间接持有另一方的股份总和达到25%以上；双方直接或者间接同为第三方所持有的股份达到25%以上。

（2）双方存在持股关系或者同为第三方持股，双方之间借贷资金总额占任一方实收资本比例达到50%以上，或者一方全部借贷资金总额的10%以上由另一方担保（与独立金融机构之间的借贷或者担保除外）。

（3）双方存在持股关系或者同为第三方持股，一方的生产经营活动必须由另一方提供专利权、非专利技术、商标权、著作权等特许权才能正常进行。

（4）双方存在持股关系或者同为第三方持股，一方的购买、销售、接受劳务、提供劳务等经营活动由另一方控制。

（5）一方半数以上董事或者半数以上高级管理人员由另一方任命或者委派，或者同时担任另一方的董事或者高级管理人员；或者双方各自半数以上董事或者半数以上高级管理人员同为第三方任命或者委派。

（6）具有夫妻、直系血亲、兄弟姐妹以及其他抚养、赡养关系的两个自然人分别与双方具有上述关系之一。

（7）双方在实质上具有其他共同利益。

马会计：

关联企业的"债权性投资与权益性投资比例不超限"有点难理解，请老师做进一步解释。

葛大侠：

说白了，债权性投资是指借出钱，权益性投资是指投出钱。规定它们两者的比例是为了预防权益性投资被稀释。因为不少股东从自身利益出发，认为借钱给企业的风险远远小于给企业投钱，他们更愿意将钱借给企业而不是投给企业，但如果任其这么做，企业的资本如何保障啊？我们用 案例分享1-15来解释这个比例要求。

案例分享1-15

20×0年1月1日，A公司（非金融企业）向关联方B企业借入1年期经营性资金8 000 000元用于生产经营，关联借款的利息支出为600 000元，B企业对A公司的权益性投资为3 000 000元，银行同期同类借款利率为8%。

在税务处理上，非金融企业接受关联方债券性投资与其权益性投资的比例是2∶1，不超过此比例的借款利息可税前扣除。因此A公司向B企业合理的借款总量是6 000 000（=3 000 000×2）元，可以税前扣除的利息费用是480 000（=6 000 000×8%）元，需要调增应纳税所得额120 000（=600 000–480 000）元。

王小红：

再提醒一下：凡是超限支付的利息，支付方不得税前抵扣，也不能作为资产的计税基础。

马会计：

是不是意味着，在会计处理中，有的利息支出可以不计入财务费用，而直接进入资产价值，实现资本化？

刘小白：

对的，不能资本化的利息支出计入财务费用。符合资本化条件的利息支出可在"在建工程""制造费用""生产成本"等科目确认。

马会计：

那什么情况下可以记入财务费用，什么情况下得资本化呢？

刘小白：

费用资本化，有一个大原则，就是这笔借款费用是用来购买或生产达到"资本化条件"的资产的。这个"资本化条件"是指：需要经过 1 年或 1 年以上的生产、购建过程才能达到可用或可销售的状态。那这个资本化时间从什么时候开始，又在什么时候结束呢？请看图 1-32。

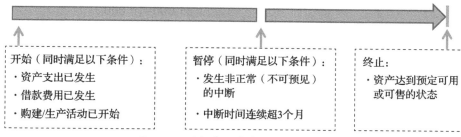

图 1-32　借款费用资本化时点示意图

葛大侠：

通常这些能够资本化的项目涉及的都是大型资产，企业也一般会借入专门借款，比如在签合同的时候约定这笔借款用于××项目。其实专门借款的资本化处理过程会更简便一些，但要注意刨去将闲置的资金投资产生的收益。请看案例分享 1-16。

案例分享 1-16

20×8 年 1 月 1 日，A 公司向银行借入专门用于兴建厂房的借款 6 000 000 元。借款期限为 2 年，年利率为 5%，借款利息按年支付。该厂房于 20×8 年 3 月 1 日正式动工，20×9 年 6 月 1 日竣工并验收合格。20×8 年期间，A 公司将此笔贷款中闲置的部分共计 2 000 000 元用于购买固定收益的短期债券，月收益率为 0.5%。

20×8 年 1 月 1 日，A 公司收到贷款时，根据贷款凭单、银行收款凭单等原始凭证，在记账凭证上做会计分录：

借：银行存款　　　　　　　　　　6 000 000
　　贷：长期借款　　　　　　　　　　　　6 000 000

每月计提利息为 6 000 000×5%÷12=25 000（元）。闲置资金每月收益为 2 000 000×0.5%=10 000（元）。

20×8 年 3 月 1 日之前不属于资本化时间段，因此 1 月与 2 月，根据利息费用计算单、利息收入通知单等原始凭证，在记账凭证上做会计分录：

借：财务费用　　　　　　　　　　15 000
　　　（25 000-10 000）
　　银行存款　　　　　　　　　　10 000
　贷：应付利息　　　　　　　　　　　　25 000

20×8 年 3 月 1 日～12 月 31 日期间属于资本化时间段。

每月根据利息费用计算单、利息收入通知单等原始凭证，做如下分录：

借：在建工程——××厂房　　　　25 000
　　银行存款　　　　　　　　　　10 000
　贷：应付利息　　　　　　　　　　　　25 000
　　　财务费用　　　　　　　　　　　　10 000

年末支付利息时，根据利息费用计算单、银行付款凭单等原始凭证，做如下分录：

借：应付利息　　　　　　　　　　300 000
　　　（6 000 000×5%）
　贷：银行存款　　　　　　　　　　　　300 000

同理，20×9 年 1 月 1 日～5 月 31 日，仍处于资本化阶段，计入在建工程成本。而 5 月 31 日之后至还款前发生的利息支出，应计入财务费用。

马会计：
公司还通过借款进行长期股权投资，此时利息支出是计入股权投资成本资本化，还是计入当期损益，从税前扣除？

刘小白：

一般因投资而发生的贷款利息支出直接费用化，发生的利息支出也准予在当期税前扣除。

杨出纳：

公司存银行的钱会获得利息收入，利息收入直接冲减企业的财务费用，这样的会计处理没问题吧？

刘小白：

在会计实践中，取得银行存款利息等，会用"借：银行存款，借：财务费用（红字/负数）"的会计分录进行处理。这背后的原理与红字冲销的原理一样。

王小红：

再提醒一下：并不是所有的利息收入都冲减财务费用，比如放贷利息收入可能记入"其他业务收入"，债券利息收入一般记入"投资收益"。

支出方向四：经营外的开销

1. 经营外开销包括哪些？

牛老板：

企业家也要承担一定的社会责任。这次新冠疫情，医疗物资告急，我从个人账户支出一笔不菲的资金采购医疗物资捐赠给红十字会。这笔开销可以算在公司的账上吗？

王小红：

那是您的个人捐赠，可不能算在企业账上。不过您的捐赠可以为您减免一些个人所得税，也就是在个税汇算清缴时，根据情况将您的捐赠额度在应纳税额中限额或全额扣除。请看图1-33。

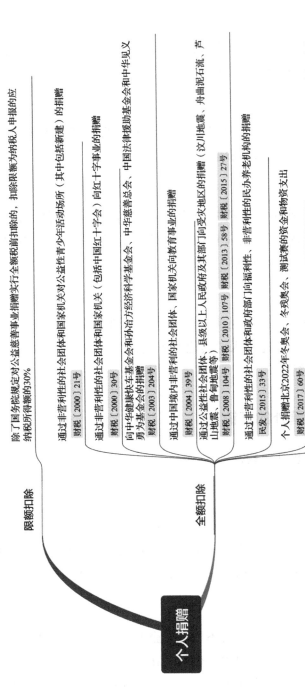

图1-33 个人捐赠税前扣除思维导图

刘小白：

如果是企业捐赠，在"营业外支出"核算。其实，和企业日常经营活动无直接关系的各项损失都在该科目核算，比如，固定资产报废损失、盘亏损失、非正常损失、罚款支出、合同违约金支出、债务重组损失等。通俗地说，这类支出具有偶发性。

杨出纳：

前阵子有一笔银行贷款逾期了，向银行交了一笔罚息，这个罚息作为营业外支出，可以在所得税前扣除吗？

王小红：

罚款一般分为行政罚款和经营性罚款，行政罚款是不能在税前扣除的。但与经营相关的，比如银行罚息、企业违约金等，可以税前扣除。

葛大侠：

提到银行贷款，如果快到期了，手头上的资金又不够还，可以申请贷款展期。通常，在经营正常、临时性现金短缺，而且未发生利息拖欠的情况下可以申请贷款展期。从银行的角度，一般情况下，银行贷款分为短期（≤1年）、中期（>1年，≤5年）与长期（>5年）。申请的基本原则是：短期贷款展期不超原期限、中长期不超过原期限一半。由银行风控部门审批，审批通过后，利率不低于原利率。

马会计：

展期又得签合同，还需要贴花，缴纳印花税吗？

王小红：

依据国税发〔1991〕155号文的规定，签订的展期合同，如果只载明还款事项，就不需要贴花了。

马会计：

展期的会计处理上有需要注意的地方吗？

刘小白：

第一，如果1年以内（含1年）的贷款展期了，会涉及短期贷款结转至长期借款；第二，对于在资产负债表日起1年内到期的负债，要在流动负债列示。但在资产负债表日前实现展期的，应当归类为非流动负债。

杨出纳：

前阵子发生合同纠纷，我们给供应商支付了一笔违约金，如果税前扣除，需要拿到供应商开的发票吗？

刘小白：

供应商能不能开出发票，取决于这笔违约金缴不缴增值税。如果供应商视为价外费用随着销售额缴了增值税，可以开普票或专票，那我们可以凭票进项抵扣或税前扣除。如果支付的违约金是不涉及增值税缴纳的，就不存在发票的问题，那这笔营业外支出就要依据双方签订的合同协议、生效的法律文书、支付凭证、收款方收款凭证等在企业所得税税前扣除。

马会计：

我们开发了某楼盘项目，因竣工验收滞后导致交房延期，支付给客户一笔违约金。请问，支付给个人的违约金需要代扣代缴个税吗？

王小红：

对因合同销货方或劳务提供方单方面违约而支付给个人的违约金，应区分情况进行处理。对于合同已经履行，但因产品、服务质量问题支付给个人的违约金可以视为对个人损失的赔偿，暂不缴纳个人所得税。对于合同未履行到位而支付给个人的违约金应按"偶然所得"项目缴纳个人所得税。所以你们这个楼盘交付的违约金就要交个税了。

2. 老板可以从企业拿钱花吗?

牛老板:

我想从企业账上"走"一部分资金,用于一套房产的购置。但马会计不太建议我这么做。我挺想不明白的,公司都是我辛苦创办的,为什么钱我就使唤不动呢?

刘小白:

马会计的做法是对的,企业和老板之间的款项往来要慎重。企业作为独立的会计主体,老板不能随意从其账上拿钱花。

牛老板:

那我借,这样总可以吧?

刘小白:

私人从企业借款,无论是企业层面,还是老板的角度,都要进行规范的财税处理。请看图1-34。

王小红:

再提醒一下:老板从企业借款如果不是用于经营目的,那得在限定的时间内归还,否则视同给了老板一笔收入或福利,就涉及缴个税了。

葛大侠:

为了降低"被视同收入"的风险,在公司制度层面,要有对与个人往来的规范性制度文件,比如借款的流程说明等。最重要的是,要签订借款合同来辅证,证明借款往来是真实的、合理的。关于借款合同签订的相关建议,参考教你一招1-15。

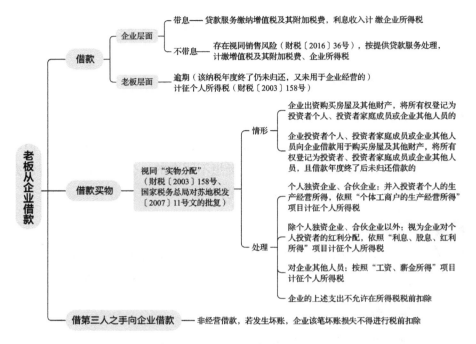

图 1-34 "老板从企业借款"相关财税处理思维导图

教你一招 1-15

- 签订模式：采用签订总框架合同的方式，在这个总框架合同内，公司与老板的日常资金往来就不需要另签合同；超出往来总额或单笔较大的往来再单签合同。比如，每年公司与老板资金往来额在 300 万元以下不另签合同，单笔交易额在 100 万元以下不另签合同；超过此金额的需另签合同。

- 合同内容：约定借款的用途，可以体现借款是否用于公司经营。约定借款时间，如果老板的借款与企业经营无关，建议要在纳税年度结束之前还款。约定利率，如果是长期的借款，建议商定合理的利息，按税收规定缴纳相关税费。由此体现借贷的真实性、合法性。

3. 企业的投资行为要注意哪些?

牛老板：

我们有个重要供应商，合作了很多年，对方经营总体不错。我们想，反正一直从他们家进货，还不如投点钱，成为他们的股东，这样能保障我们的货源。

葛大侠：

牛老板还是有眼光的，投资供应商的确有利于建立战略合作伙伴关系，但伙伴关系亲密了，有时候也会遇到一些棘手的事情。比如因为你的入股，供应商变成自家人了，那自家人之间该如何定价？如果出现性价比更高的货源，能不能不从自家人这里拿货了？这些问题也不是那么好回答的。所以入股供应商，要注意以下问题，请看👍教你一招 1-16。

👍 **教你一招 1-16**

- 入股的持股比例以不构成关联关系为宜，入股价格与市场价格相近。
- 入股前后的产品供应价格、服务方式等不宜发生重大变化，供应价格仍应与市场价格相近，该招投标的还是要招投标，保证市场公平。
- 避免公司控股股东、5% 以上股东、董事会监事会成员在供应商处持有权益，尽量杜绝人为操纵的情形。
- 即便入股，和供应商之间的交易也应当独立，不对其存在重大业务依赖。

如果后期双方涉及上市，那入股供应商更应谨慎。

牛老板：

股权投资，如果用实物去投，这个作价能由自己约定吗？

刘小白：

这是投资的初始入账成本问题，一要看双方的商定，二要看准则要求。请扫描二维码观看 图1-35。

葛大侠：

不过要注意，在同一控制下，企业以存货投资，在会计处理上不计入收入。举例：A与B在合并之前被C控制，A以存货投资B，如果计入收入，对于C而言，也只是将钱从左口袋转移至右口袋，意义不大，所以会计上不核算收入，但在税务处理上还是要缴增值税，进行纳税调整缴所得税。

图1-35 长期股权投资初始成本确认思维导图

杨出纳：

我们将账上的部分闲钱购买银行理财产品，我记到了"交易性金融资产"上，可以吗？

葛大侠：

目前准则对该类投资没有强制性的规定，不同的企业入账方式存在差异。有的企业一股脑儿将银行理财产品都通过"交易性金融资产"科目核算，建议根据理财产品的性质计入合适的账户，请看 教你一招1-17。

👍 **教你一招1-17**

- 记入"其他货币资金——理财产品"：保本保收益型理财产品，这类产品在活跃市场中没有报价、回收金额固定，具有债权特点。收到的利息贷记财务费用科目。
- 记入"交易性金融资产"：浮动收益理财产品，拥有活跃市场报价，具有一定理财风险，取得的收益或者亏损记入投资收益科目等。

三、支付环节关键要注意什么？

> 信息化时代，微信、支付宝等支付方式层出不穷。如何进行规范的账务处理？如果拿不到发票怎么办？收到"白条"可以放心地入账吗？如何正确地使用"旁证"？支付过程存在哪些潜在风险？对公、对私转账分别要注意什么？如何审核支出凭证把好支出关口？关键要注重支付的控制点：一是据实——要有业务事实；二是据事——要分清是哪个部门的业务事项；三是控制流程要点——相关人员要签章，形成完整的支出凭证。

1. 最新的支付方式有哪些？

刘小白：

按支付的时间节点，支付可以分为预付、现付和后付，请看图1-36。

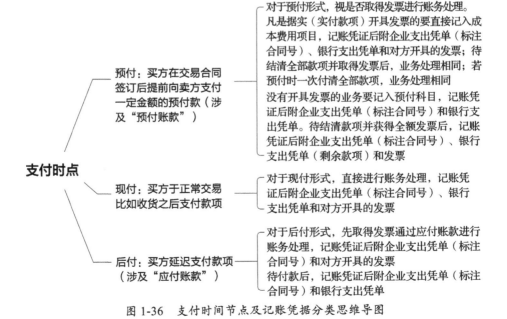

图1-36 支付时间节点及记账凭据分类思维导图

杨出纳：

我是和"支付"直接打交道的，接触最多的是"银行转账"，直接付现金的形式已经很少了。而且现在第三方支付平台发达了，我们都很少用现金了，哪怕是路边的水果摊，都有个收款二维码。

刘小白：

谈到企业具体支付的方式，主要可以划分为以下几类，请看图1-37。其中，第三方支付平台收支可通过"其他货币资金——第三方支付平台——微信/支付宝"科目核算。

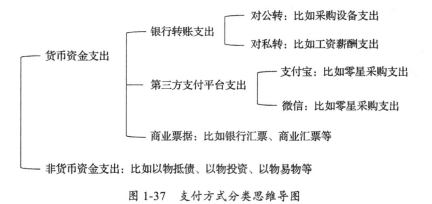

图1-37　支付方式分类思维导图

葛大侠：

未来，我们见到纸质版钞票的机会越来越少，估计很多形式都电子化了。就拿商业票据来说吧，以前纸质商业汇票，通过背书转让，但存在不背书直接转手的情形，这私底下的交易很难通过汇票在纸面上反映出来。所以现在推行电子商业汇票，可以提升票据流转效率，也降低了监管成本。而且，不出几年，随着数字货币（见知识链接1-7）的推广，未来企业支付也可能绕过第三方支付平台。

📖 **知识链接 1-7**

2020年8月商务部发布《商务部关于印发全面深化服务贸易创新发展试点总体方案的通知》，提出在京津冀、长三角、粤港澳大湾区及中西部具备条件的试点地区开展数字人民币试点。关于数字人民币，与第三方支付平台的区别，可以通俗地来说：数字人民币是钱、法定货币，而第三方支付平台是钱包。这种数字化的"钱"也需要有数字化的钱包来储存和使用，目前有软硬之分。软钱包包括专属的数字人民币App、银行卡、第三方支付平台等；硬钱包则有卡片等多种形态，支持收付款双方在无网络或信号不佳的地方，通过"碰一碰"方式完成双离线支付。

刘小白：

财会人员"一手管钱、一手管票"的模式会发生革命性的变化。随着电子发票、数字货币的推行，最终将形成更有益于存储的会计电子档案，推动企业全业务流程信息化、自动化。

2. 付款都会"雁过留痕"吗？

杨出纳：

单位为员工提供免费食堂，经常和小商贩发生小额的零星开支，拿回了不少食堂白条。我们能据此入账吗？

刘小白：

为了保证支出的真实性，所有的支付都要留下痕迹。这个痕迹可能是正式的单据，比如税务部门监制的发票；也可能是非正式的单据，比如往来方出具的收据。"白条"也就成了非正式单据的一种，涉及与个人往来（比如给员工的慰问费）、零星支出（比如有些地方规定支付500元以下的费用可以"白条"入账）、企业内部行为（内部食堂用于业务招待）等，都可能拿到"白条"。合法的、反映真实业务的"白条"也是可以入账的。

王小红：

一般符合"支出合法、真实、合理、与企业经营相关"等条件，"白条"也可以按规定进行税前扣除。依据国家税务总局公告2018年第28号文件，交易对方为依法无需办理税务登记的单位或者从事小额零星（应税销售额不超过增值税起征点）经营业务的个人，企业可以将税务机关"代开的发票"或者"收款凭证及内部凭证"作为税前扣除凭证，收款凭证应载明收款单位名称、个人姓名及身份证号、支出项目、收款金额等相关信息。

葛大侠：

不过收"白条"实属无奈之举。凡是与企业经营相关的业务往来，能拿到正式单据的情况下就得拿正式单据入账，否则税法上可能不认。实务中，还应看当地税务机关的口径要求。另外，"食堂无票"是个老大难的问题，解决这个问题，请看👉教你一招1-18。

👍 教你一招 1-18

（1）食堂外包。将食堂整体外包给承包商，企业按期支付承包费用并向承包商全额索取发票入账。

（2）选择农产品生产企业购买食堂物品。企业可选择以下供应商，如农场、农村专业合作社等，取得发票直接入账，这些农产品生产企业销售自产农产品可以免税。

（3）选择农产品贸易公司。可以取得发票，而且农产品贸易公司也可以免增值税。

（4）找农业个体户。农民以个体户身份从事农业产品生产，免增值税，也免个人所得税，他们也可以开具发票。

（5）发放伙食补贴，无票照样入账。财务人员根据每月预算伙食支出计提员工伙食补贴至"工资薪金"；将上述计提的工资扣缴作为购买食材支出，拨给食堂；食堂用收到的款项购买食品材料。这些费用已经计入职工薪酬，无须另外取得发票。不过此时要考虑个税的问题。

 刘小白：

所以，我们建议大家，在支付环节，相关凭证可以从"原始凭证＋旁证"两方面着手，常见的原始凭证类型见图 1-38，相关旁证类型见图 1-39。

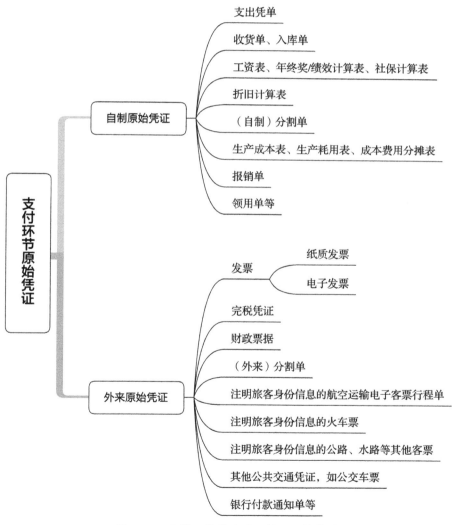

图 1-38 支付环节常见原始凭证思维导图

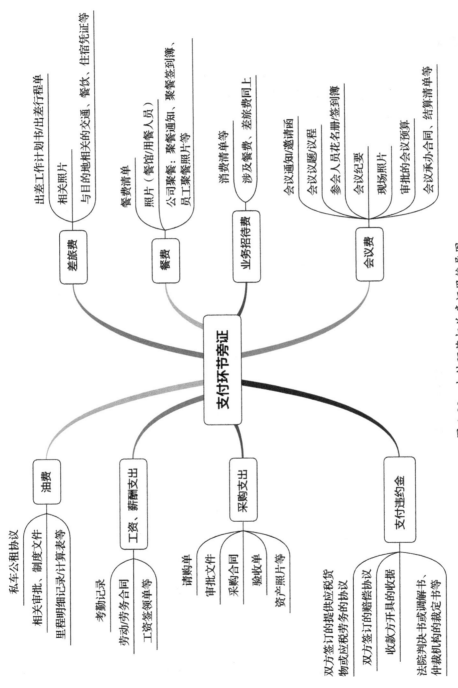

图 1-39 支付环节相关旁证思维导图

葛大侠：

原始凭证入账，相关旁证进资料库做备查，这样做好处多多，请看爱心提示 1-6。

🔷 **爱心提示 1-6**

- 辅助账务处理。依据原始凭证入账，但入的什么账要看具体的业务和辅助的旁证。比如，公司年终聚餐，如果该餐费的发票没有"旁证"，那如何证明这笔开支花在了员工身上？依据税务监管惯例，很有可能将这笔开支调整到业务招待费里去。
- 辅助税务处理。通过留存完备的凭证和资料，证明业务是真实发生的，只要合理、合法，便可以按规定进行所得税税前扣除。同样，拥有符合要求的凭证，也能实现增值税的"凭票抵扣"。同时，也可以说明业务的真实性，洗脱"虚开发票"嫌疑，并可以正大光明地面对税务部门的稽查。

杨出纳：

相对而言，现金支付就很难"雁过留痕"啦？毕竟现金支付这种方式很难去证明支付的时点、金额等信息。

王小红：

表面看是的，但银行取款机能记住每一张钞票的号码。从哪儿取的，存到哪儿去的，要查都能查到。很多贪官把钱藏在床底下，不敢存银行，就是怕查到。所以，"雁过留痕"在我们这个信息管控社会是一句至理名言。

刘小白：

虽然现金支付也能有迹可循，但还是不鼓励现金支付，因为存在涉税问题。付现可能面临着多缴企业所得税。比如下面的情形。

情形一：除委托个人代理外，企业以现金等非转账方式支付的手续费及佣金不得在税前扣除（财税〔2009〕29号）。

情形二：用现金支付了残疾员工工资。支付工资如果使用现金，可以税前扣除，却无法享受100%的加计扣除优惠政策（财税〔2009〕70号）。

情形三：因对方企业注销等原因无法开票，我方通过付现方式的支出不能税前扣除（国家税务总局公告2018年第28号）。

马会计：

所以，还是非现金支付比较靠谱。不过，如果用支付宝、微信支付，会不会被认定为"现金支付"？

刘小白：

依据国税总局《企业所得税税前扣除凭证管理办法》基本概念解析：采用非现金方式支付的付款凭证是一个相对宽泛的概念，既包括银行等金融机构的各类支付凭证，也包括支付宝、微信支付等第三方支付账单或支付凭证等。由此可以推出，第三方支付平台的支付方式不属于"现金支付"。

3. 支付环节都有哪些潜在风险？

牛老板：

听说现在付款超过一定额度，会受到监管，是这么一回事吗？

刘小白：

是的。对于款项支付，企业自己要内查。放到社会大环境里，也得接受外审，毕竟如果不受监管，洗钱等犯罪行为岂不更猖狂？无论是对私还是对公，无论是通过银行支付，还是第三方平台支付，大额支付和可疑交易都会被监控。至于金额多少才是"大额"呢？根据《金融机构大额交易和可疑交易报告管理办法》，请看图 1-40。

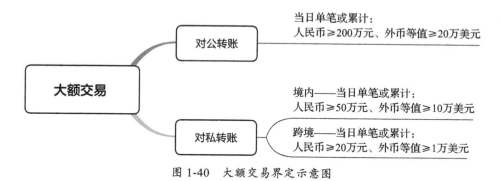

图 1-40　大额交易界定示意图

王小红：

除了上述支出额度外，一些"规模小但流水巨大、频繁转账、流向与经营无关、闲置突然启用、分批转入集中转出或者集中转入分批转出"等情形也会面临监控。

杨出纳：

我们明白，很多交易都最好走对公交易，但也难免会遇到打钱给私户的情形，政策上有没有规定哪些情形可以公对私转账？

葛大侠：

总的来说，支付给个人的劳务、工资薪金、收益所得等，可以公对私。请看政策链接 1-16。

📖 政策链接 1-16

依据《人民币银行结算账户管理办法》，下列款项可以转入个人银行结算账户：工资、奖金收入；稿费、演出费等劳务收入；债券、期货、信托等投资的本金和收益；个人债权或产权转让收益；个人贷款转存；证券交易结算资金和期货交易保证金；

继承、赠与款项；保险理赔、保费退还等款项；纳税退还；农、副、矿产品销售收入；其他合法款项。

马会计：

除了外审，更重要的还是内查。企业内部对于支出环节的审核要注意哪些方面？

刘小白：

在支出环节的开篇介绍中，我们提出了支出流程再造，在流程中提出了几个控制点。针对支出环节的具体审核，我们再提出几点建议，请看教你一招1-19。

👍 **教你一招1-19**

- 审核支付方式：企业控制现金支出行为，即便针对零星支付，也鼓励通过第三方平台，比如微信、支付宝等，因为能够留下支付痕迹。
- 审核收款对象：审核收款对象与交易性质是否匹配，只有在特定情形下可以对私转账。比如原材料采购的支付，审核对方账户是否为公户。
- 审核入账凭证：在适当照顾员工情绪的基础上，鼓励员工获取原始凭证与旁证。审核凭证是否完整，可以遵循交易"是否申请""是否获批""3W1H"（What，即交易内容；Who，即涉及对象；Why即发生原因；How，即地点、时间、方式等）的思路。

  举例：审核一笔会议费凭证，先看是否有支出申请单，是否有领导签字同意；再看（What）会议议程、纪要等，（Who）参会签到簿等，（Why）会议邀请函、通知等，判断会议性质并记入合适的会计科目；然后看（How）时间、地点、方式等是否与报销的交通票、会议费发票、承办合同等一致。针对凭证的内容，要从真实性、合法性、合理性、完整性、正确性、时效性等角度进行审核。

刘小白：

报销单据的审核比较费时费力，可以借鉴国内某知名企业的做法，建立员工信誉档案。财务对报销单据审核以抽查为准，依据抽查结果记录员工信誉情况，根据信誉情况确定未来的抽查概率。

葛大侠：

审核环节也要控制成本，制定适宜的审核程序。比如对于大额开支，实行二审制度；小额的开支，实行一审制度。而且要遵循责权统一的原则，将费用预算与责任捆绑，由前端业务部门的主管领导来控制本部门费用预算，把关费用发生的真实性、合理性，因为他们才真正知情。

王小红：

信息管理建设比较完备的企业，可以实行电子审批流程。为提高报销审批的效率，可以借鉴某知名企业的做法：限定领导电子审批的时间。如果超过一定时间没有审批，系统将自动循环进入下一个环节，默认本环节审批人已经同意。后期如果出了问题，该环节的审批人需要承担责任。

葛大侠：

内审环节不能松懈，在明确责任的基础上要确保业务发生是真实、合法、合理的。毕竟，金税四期背景下，企业的小动作可逃不过稽查的眼睛。

听君一席话 1-3

从 2016 年 10 月开启"五证合一、一照一码"，在更大范围、更深层次实现信息共享和业务协同，到 2019 年 6 月，中国人民银行、工业和信息化部、国家税务总局、国家市场监督管理总局四部门联合召开企业信息联网核查系统启动会,一方面为企业的经营发展提供了便捷通道,另一方面也降低了对于违法行为的监管成本。随着社保入税,税务、工商、社保合并接口,电子发票、电子营业执照、电子印章、电子签名等的普及,以及金税四期的发力,企业相关信息实现多平台互联。这也就意味着,从企业的角度,要保证各方数据信息一致,如下图1-41"四流合一"。

图1-41 "四流合一"示意图

第二模块

收入岗位财税问题面对面

一、收入就是进账吗?

> 在企业经营中,很多管理者的意识里都认为,凡是钱进账了就是"收入"。其实不是,进账里也有借款。对于收入、利得和利润,很多老板都分不清。本节用一幅思维导图先将这些概念说清楚,再教你如何优化销售业务流程。取得收入的关键是"中标",那么"投标"又该注意什么?为什么说"懂你"就中标了,评标专家组的关键人物是谁?中标之后的"销售合同"又该如何签订?你听说过"1号原则"吗?本节将为你娓娓道来……

1. 牛老板的收入概念错在哪儿?

牛老板:

企业经营是个良性循环的过程,产品卖得好,销售利润高,企业发展就有动力。发展有前景了,又能吸引更多的"收入",比如投资商投资等。

刘小白:

牛老板说得在理。但"收入"界定要搞清楚。从广义上来说,"收入"是企业一切经济利益流入。但会计准则中的"收入"却是狭义的,不能将进账都当作收入。请看 政策链接 2-1。

📖 **政策链接 2-1**

依据会计准则,收入是企业在日常活动中形成的、会导致所有者权益增加的、与所有者投入资本无关的经济利益的总流入。

葛大侠:

会计准则对收入的界定,局限在企业为完成其经营目标所从事的经营性活动或与之相关的活动。企业收入增加→利润增加→留存收益增加→所有者权益增加，而牛老板所说的投资商投资虽然也带来资金流入，增加了所有者权益，但不能算企业"收入"。

王小红：

另外，还有些与企业日常经营活动不相关的经济利益流入，比如获得一笔违约金收入，称之为"利得"。这和支出环节提到的"损失"倒是类似，它们都具有偶发性。

刘小白：

可以明确，流入企业的资金包括收入，但也有收入之外的进账。具体分类见图 2-1。

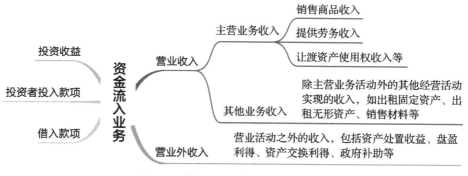

图 2-1　资金流入业务分类思维导图

2. 如何优化销售业务流程？

马会计：

作为会计，我们两眼只盯着票，来票了就记账。但要让我们融入业务流程，我们还真有点两眼一抹黑。其实，在未来"业财融合"的背景下，财会人才也得是复合型人才。

刘小白：

的确是这样的。比如收入环节，会计人员要参与销售合同的制定，真正融入销售业务流程（见图2-2）。而且在新收入准则下，只有融入了本企业业务流程、合同特点，才能更准确地核算收入。

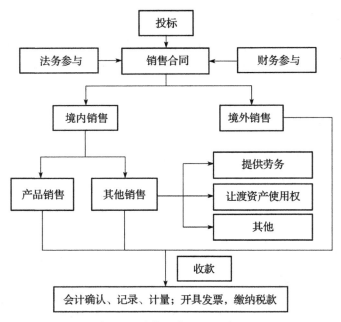

图 2-2　销售业务流程示意图

 王小红：

另外，企业要结合自身业务发展对销售流程进行优化，相关建议请看教你一招2-1。

教你一招 2-1

销售业务流程不是一成不变的，要结合具体业务去优化流程，此处提几点建议：

（1）让财务提前介入。在销售业务流程的前端，比如"销售合同的签订"环节，既要让法务把关，更要让财务参与进去。在新收入准则下，收入的确认和合同密切相关，签订的合同达到准则要求条件的,才能在"客户取得商品控制权"时确认收入。所以,合同该如何约定,需要财务帮忙拿主意。

(2)唯一不变的是"改变"。市场是不断变化的,销售模式是不断更迭的。网络、物流拉近了买卖双方的距离,直播销售、直供模式、"七天无理由退换货"、售后回购等销售模式层出不穷,销售业务流程也需要跟着市场、政策、环境的变化而变化。

(3)着眼于外部,着手于内部。企业优化销售业务流程,可以借鉴同行业的先进做法,但更要结合自身实际情况去借鉴"他山之石"。小企业模仿不了大企业,大企业也无法直接套用小企业的模式,均需要根据自身内部情况来优化。

刘小白:

和采购环节的"招标"类似,销售环节从"投标"开始。请看 知识链接 2-1。

知识链接 2-1

投标是指投标人(卖方)应招标人(买方)的邀请,根据招标通告或招标单规定的条件,在规定期限内,向招标人递盘的行为。通俗地说,就是卖方报价,推介自己,等待备选的过程。投标人一般进行以下活动:

参加现场踏勘、标前会议 ⇨ 编制、递交投标文件 ⇨ 参加开标 ⇨ 讲标

牛老板:

公司业务覆盖广,我们参加了不少投标活动,但让我们为难的是:整体中标率不高。该怎么提高中标率呢?

葛大侠:

我们根据招投标项目咨询的经历,给牛老板分享。请看 案例分享 2-1。

案例分享 2-1

案例一："懂你"就中标

一家知名的银行招标采购"IT审计"服务，四大会计师事务所纷纷参与投标。在现场讲标环节，各投标团队依次面对五名评标专家，由专家分项评分，从中选优。各投标团队讲业绩、"秀肌肉"，介绍了自己设计的项目，不分伯仲。但其中一个事务所在讲标时，描述了"银行为什么要做IT审计"，从银行的发展格局方面，对银行发展的战略和战术进行分析。虽不够深入，但这段"懂你"的表述使该事务所区别于其他竞争对手，令评标专家印象深刻，打动了现场的评标专家组长和招标方代表——甲方财务负责人，于是这个事务所将该标收入囊中。

案例二：某国有企业的投标之道

某国有企业主营精密机床制造，属于国家的高新技术企业。企业规模不小，产品销路不愁。不过为了进一步提高市场占有率、提高中标率，该企业成立了一个专门的分公司负责售前咨询服务，提前介入客户的项目工程并推介自己的产品，大大提高了中标率。分公司的成立，不仅提升了售前服务的专业性，还降低了纳税成本。一方面，分公司可以随着总公司享受高新技术企业15%的所得税优惠税率；另一方面，单独的咨询服务项目可以按6%而非13%缴纳增值税。

案例三：某民营企业的投标之路

某民营企业规模不大，主营的是建筑大楼配套项目。之前投标都是等到招标信息公开了才去组织，因为企业小，中标率很低。后来，该企业采用"提前接触甲方"的方式。比如在建委公示某单位大楼立项信息的时候，就主动联系甲方，提前提供免费的咨询服务，帮助甲方做盖楼的规划。因为提前介入，这家小企业的中标率得到极大提高。

刘小白：

投标环节"不打无准备之仗"。要触及业务的源头，争取提前接触，通过提供前期的咨询服务来推介自己。同时，在写标书或讲标时说清三个问题：一是甲方为什么要上这个项目，讲明项目对甲方的重要性，这就叫"懂你"；二是我们怎么为甲方做好这个项目，讲好项目方案；三是我们凭什么能做好这个项目，也就是"秀肌肉"。

王小红：

评标组一般由五（单数）个专家组成，其中一个是招标人的代表，比如财务负责人。评标现场选拔一名组长，一般是外来的专家。现场通常是先评议后打分，在评议的过程中，组长和招标人代表的观点很重要，他们在现场的话语具有一定的导向性。所以，如果投标人的标书以及讲标能打动他们，中标的概率会大些。

葛大侠：

最近几年还兴起了网络销售模式——比如苹果从果园直接卖到消费者手中，这是"直取业务源头"的一种新型销售模式，可以屏蔽"中间商赚差价"，也能惠及消费者。而且人情要素在经营中是非常重要的，现在网络销售模式需要企业做"网红"，利用网络这张"大网"聚集消费者，核心也是产品质量——好产品，顾客会翻越"千山万水"去买。

牛老板：

零售适合利用"网红"，但上规模的销售还得走投标。中标了就会涉及销售合同的签订，站在卖方的角度，请老师们讲一讲销售合同还能签得更完善一些吗？

刘小白：

关于法律层面的风险，牛老板可以让公司的法务把把关。我们给您从财税的角度提几点注意事项,请看教你一招2-2。

教你一招2-2

合同的定价

(1)注明销售额和折扣额,以便后期会计开票时在"金额"栏分别注明销售额和折扣额,增值税可以按折扣后的销售额征收。

(2)注明含税价和不含税价。如果合同中只标明含增值税总价,那只能针对该总价计算印花税,势必多缴了一笔税。

(3)注意价外费用也会涉及增值税。增值税缴纳不仅包括价款,还有价外费用(如向买方收取的手续费、违约金、滞纳金、延期付款利息、赔偿金、代收款项、代垫款项、包装费、包装物租金、储备费、运输装卸费等)。

收款的时间点

(1)收入1号原则。在签订收入合同时,合同上的收款日期一定要签在某月的1日,以此来获取货币的时间价值。比如,10亿元的销售合同,假设银行贷款年息为6%,每天利息约16.44万元。提前30天收款,就是近500万元的收益。

(2)大额销售利用分期收款。依据《企业所得税法实施条例》,以分期收款方式销售货物的,按照合同约定的收款日期确认收入的实现。比如,签订一个1 000万元(成本400万元)的普通销售合同。未注明分期收款时间的,第一年缴纳增值税(1 000–400)×13%=78(万元),附加税78×12%=9.36(万元),所得税(600–9.36)×25%=147.66(万元),合计235.02万元。注明分期收款时间的,而且先收款后开票的,可以按照第一期收款金额计算税费,虽然各期合计税费仍为235.02万元,但现金流出压力明显减小。

合同的销售项目

注意分签不同性质的销售项目,以降低纳税成本。

（1）涉及多项销售行为要分签。比如兼营，既涉及高税率也有低税率，如果不分开，将按高税率纳税。

（2）涉及不同的资产要分签。比如设备与厂房整体出租，设备被视为房屋整体的一部分，设备租金也并入房产税计税基数。

（3）自产自安的项目要分签。在自产货物的同时提供安装服务的，应分别核算货物和安装服务的销售额。

二、如何获得资金流入？

> 企业获得资金流入的关键是拿到订单，之后就是对资金流入进行管理。企业资金流入的大头在于营业收入，新收入准则下收入该如何确认？收入开票和实际收款不一致该怎么处理？如何处理"视同销售"？如何处理"同类捆绑"和"异类捆绑"这些特殊的销售方式？七天无理由退货、积分奖励、延保服务、售后回购、储值卡销售等新的销售方式，又该如何进行财税处理？其他收入该如何据实处理？企业向私人借钱如何防范风险？技术股股东在增资时是否要跟其他股东一起交钱？本节将绝技一并传授给你……

资金来源一：营业收入

1. 收入如何确认才是对的？

刘小白：

资金流入企业的渠道很多，但重要的是靠经营活动，也就是营业收入。对营业收入的确认、计量与管理涉及多方面财税处理，请扫描二维码观看 图2-3。

图2-3 营业收入相关财税处理思维导图

马会计：

企业经营范围广，又包含线上线下经营模式，会计处理没法一刀切。新收入准则变化大，我们有点跟不上趟儿，确认收入的节点该怎么找？

刘小白：

在新收入准则下，收入和合同不分家，收入的确认节点从合同找。签订的合同满足准则规定的5项条件（见图2-3）的，在"客户取得商品控制权"时确认；不满足5项条件的，应在合同全部完成，而且确保不发生退回时，确认为收入。

马会计：

在收入的会计处理过程中，新收入准则多了两个科目：合同负债和合同资产。而且"合同负债与预收账款""合同资产与应收账款"这两组对比让我们很纠结。

刘小白：

"合同负债"和"合同资产"都是基于合同履行的角度。两组对比该如何区分，请看教你一招2-3。

教你一招2-3

"合同负债与预收账款"——预收账款针对的是提前收款，而且是实实在在收到了钱。这种提前收款一般发生在合同签订之后，也可能合同还没签，对方就先将订金打来了。反正，只要收了钱但没构成交付商品或提供劳务的履约义务的，就可以在"预收账款"账户入账。但如果在合同已签订的前提下，预收了钱，或者就算没预收钱，但产生了无条件收款的权利，与此同时，企业构成了要交付商品或提供劳务的履约义务，应该在"合同负债"入账。

例如：某公司销售的商品非常紧俏，有客户为提前抢占资源，还没签合同，就先打了 5 万元的订金。这 5 万元可以入"预收账款"。待合同签订之后，合同中强调应提前支付 50% 的货款即 20 万元。此时，该公司拿了人家的 20 万元，就负有要发货的义务，这时可以入账"合同负债"。

"合同资产与应收账款"——其实这两者都是"收款"的权利，但区别在于是不是"无条件"的权利。"应收账款"是在享有无条件收款的权利时予以确认的，这种无条件收款的权利仅仅随着时间的流逝即可实现，也就是其他啥也不用干，干等着就行。而"合同资产"非也。

例如：某公司向客户销售设备一台，售价 500 万元，约定在设备安装调试验收之后付款。此时，如果已完成发货，这 500 万元为"合同资产"。如果设备验收之后，该公司享有无条件收款权利，但对方还未付款，这 500 万元为"应收账款"。

王小红：

所以，不少上市公司的财报都发生了变化，曾经高额的应收账款与预收账款，后来按新收入准则，该挪进合同资产或者合同负债的，都挪了。

牛老板：

作为一个会计外行，财报我还是会关注的。的确，这两年一调整，眼看着应收账款少了一大截，我还以为账款回来了呢。

葛大侠：

牛老板的关注点还是正确的，赚的钱≠收的钱。需要关注"收入变现的能力"，账龄分析还是要做的，应收账款周转率还是要算的。但不光要算"财务指标"，还要想到"企业管理和内控"。比如，将回款能力、坏账率等设计进销售代表的业绩考核指标当中。

马会计：

实务中，和一些小企业打交道，经常出现"收款和开票数差异"问题。比如开票 100 万元，实际收到 90 万元，还有 10 万元一直是应收账款。也偶尔遇到，货紧俏的时候，客户为了抢货，打的钱比开的票还多。还有最可恶的，票开去了，钱却迟迟回不了账。

刘小白：

那就得分情况处理了。开票额＜收款额，差额应该增加营业收入；开票额＞收款额，差额可以进应收账款。不定期催款，该计提坏账准备的要计提，确认无法收回了，要作为坏账损失。

王小红：

涉税方面，先开具发票的，增值税纳税义务发生时间为开具发票的当天。开票额＜收款额，应该就差额部分补开发票；开票额＞收款额，如果差额部分包含了已缴纳的增值税，那么一旦发生坏账，就不能抵减销项税，但可以作为坏账损失税前扣除，请看政策链接 2-2。

政策链接 2-2

"坏账损失"的会计处理与税务处理

会计处理： 采用备抵法计提坏账准备，选择计提坏账准备的方法（余额百分比法、销货百分比法、账龄分析法、个别认定法等），方法一经确定，不得随意变更。此外，计提的范围、提取的方法等，报经董事会或者经理（厂长）办公会审定批准。一般情况下，逾期 3 年的应收款项，具有企业依法催收磋商记录，并且能够确认 3 年内没有任何业务往来的，在扣除应付该债务人的各种款项和有关责任人员的赔偿后的余额，作为坏账损失。应收账款的管理要求遵循财企〔2002〕513 号文件。

税务处理：遵循实际发生原则，不认可会计上对坏账损失预提的坏账准备，原则上不得将其列入税前扣除的项目，必须按照税法规定的实际发生原则确认坏账损失，要符合国家税务总局公告 2011 年第 25 号文所规定的确认情形，而且要提供相关证据资料。企业逾期一年以上，单笔数额不超过五万元或者不超过企业年度收入总额万分之一的应收款项，会计上已经作为损失处理的，可以作为坏账损失，但应说明情况，并出具专项报告。企业逾期三年以上的，在会计上已作为损失处理的，可以作为坏账损失，但应说明情况并出具专项报告。

葛大侠：

实务中针对开票与收款的纠纷很常见。建议企业在签订合同的时候就将潜在的问题"屏蔽"掉。如果企业拥有谈判先导权，那尽量避免"先开票后付款"之类的条款。

2. 只有销售行为才确认收入吗？

牛老板：

作为企业家，生产经营是一方面，还要为社会的发展进步做出我们的贡献，尽管我们的贡献可能是微薄的。我经常让人盘点存货，一些存货与其积压在仓库，放坏了，不如捐赠给需要的人，创造社会收益。

刘小白：

牛老板的这份用心是值得鼓励的。在会计处理上，捐赠视为"营业外支出"，而且非公益捐赠在税法上要"视同销售"。

马会计：

增值税、所得税都会涉及视同销售，而且有的会计处理中也得视同销售，增加营业收入。政策条款我们也读了，但思路有些乱，老师们能否帮我们总结视同销售行为的情形。

王小红：

大体的思路是，会计确认收入的，一般涉及企业所得税的计算缴纳；不确认收入的，分为要做纳税调整和不做纳税调整，要做纳税调整是指在所得税上得视同销售。若资产权属没有发生改变，一般不需所得税视同销售，自然也不用纳税调整啦。而这些情形当中，还要考虑增值税的视同销售。请看表 2-1，配套案例请看案例分享 2-2。

表 2-1 会计确认、增值税、所得税视角的视同销售

会计确认收入		将自产、委托加工或购进的货物作为投资，提供给其他单位或个体经营者	—
		将自产、委托加工或购进的货物分配给股东或投资者	
		将自产、委托加工的货物用于个人消费	
会计不确认收入	要做纳税调整	将自产、委托加工或购进的货物无偿赠送其他单位或者个人（用于公益事业的，增值税不视同销售）	增值税视同销售
		向其他单位或者个人无偿赠送无形资产、不动产或金融商品（用于公益事业的，增值税不视同销售）	
	不做纳税调整	将自产、委托加工的货物用于集体福利（比如职工宿舍、食堂等）	

注：本表的"增值税视同销售"按《中华人民共和国增值税法（征求意见稿）》的口径整理。

案例分享 2-2

情形一：会计确认收入 + 增值税视同销售

某食品企业（一般纳税人）用自产的面粉作为福利分配给企业职工。该批面粉的生产成本为 20 000 元，市场不含税售价为 40 000 元，外加 13% 销项税额 5 200 元。

该批面粉发放后，要依据面粉出库单、员工领取面粉的签收证明等原始凭证做如下分录：

借：应付职工薪酬——职工福利　　45 200
　　贷：主营业务收入　　　　　　　　　　　40 000
　　　　应交税费——应交增值税（销项税额）　5 200

同时依据出库单结转面粉的生产成本：

借：主营业务成本　　　　　　　20 000
　　贷：库存商品——面粉　　　　　　　　　20 000

情形二：会计不确认收入 + 要做纳税调整 + 增值税视同销售

某公司（一般纳税人）将购买的 50 吨钢材直接捐赠给某在建的学校，该批钢材单位成本为 3 000 元/吨，市场不含税售价为 4 000 元/吨，增值税税率为 13%。由于该捐赠未通过公益性社会组织或者县级以上人民政府及其部门，不属于税法上认可的公益捐赠，所以增值税方面要视同销售。

依据钢材出库单、学校签收证明等原始凭证做如下分录：

借：营业外支出——捐赠支出　　176 000
　　贷：库存商品——钢材　　　　　　　　　150 000
　　　　　　　　　　　　　　　（50×3 000）
　　　　应交税费——应交增值税（销项税额）　26 000
　　　　　　　　　　　　　　　（4 000×50×13%）

另外，根据国家税务总局公告 2016 年第 80 号、国税函〔2008〕828 号文件，企业视同销售行为，除另有规定外，应按照被移送资产的公允价值确定销售收入。因此，该企业在年终汇算清缴时，应纳税调增视同销售收入 200 000（=50×4 000）元；同时，根据配比原则，纳税调减视同销售成本 150 000（=50×3 000）元。

情形三：会计不确认收入 + 不做纳税调整 + 增值税视同销售

某生产企业（一般纳税人）用自产的钢材维修内部职工食堂，

该批钢材的生产成本为 40 000 元，市场不含税售价为 50 000 元，增值税税率为 13%。

依据钢材出库单、维修部门材料签收证明等原始凭证做如下分录：

借：应付职工薪酬——职工福利　　　　　46 500
　贷：库存商品——钢材　　　　　　　　40 000
　　　应交税费——应交增值税（销项税额）　6 500
　　　　　　　　　　　　　　　（50 000×13%）

同时依据维修完工单等将维修支出计入长期待摊费用：

借：长期待摊费用——食堂维修费　　　　46 500
　贷：应付职工薪酬——职工福利　　　　46 500

注：长期待摊费用后续摊销时，计入职工福利费，税前扣除额度受限制。

马会计：

实务中，买一赠一、捆绑销售等促销方式中，被赠送或者捆绑的产品也得视同销售，缴纳销项税或者所得税吗？

葛大侠：

这类促销方式在所得税处理上比较明确，国税函〔2008〕875 号文明确提出"组合销售本企业商品的，不属于捐赠，应将总的销售金额按各项商品的公允价值的比例来分摊确认各项的销售收入"。因为在实务中，这类促销赠送并非"无偿"，而是基于有偿买卖，也就是"买赠"，而且赠品的价格基本上都包含在了消费者支付的价格中。

但增值税是否视同销售，各地的政策文件要求不同，但对于"不视同销售、无须单独针对赠品另缴增值税"的地区，要证明"买赠"的性质，企业还是要留存备查发票、买赠协议、广告宣传文案等入账凭证或旁证，以证明入账处理的真实性。

王小红：

实务中，在增值税的处理上，要看赠品是否与商品开在一张发票上，如果赠品跟商品开在同一张发票上，应将总销售金额按各项商品公允价值的比例来分摊确认各项的销售收入；没有开在同一张发票上，赠品要视同销售处理。

刘小白：

如果这类买赠是异类捆绑销售，所售商品与赠品不属同类商品，比如买皮鞋赠袜子，这种有偿赠送方式，会计上将赠品作为"销售费用——促销费"处理。请看案例分享 2-3。

案例分享 2-3

在十周年庆期间，某商场（一般纳税人）向个人开展"买一赠一"活动，买一个 A 产品赠一个 B 产品。该活动共销售 A 产品 50 个，单个不含税价为 6 000 元，购进成本为 4 500 元/个；赠出 B 产品 50 个，购进成本为 600 元/个。

该活动属于异类捆绑销售，赠品在会计上应做销售费用处理。

情形一： 若赠品跟商品开在同一张发票上，按比例分摊，假设 A 产品公允价值是 220 000 元，B 产品公允价值是 80 000 元，公司根据开具的普通发票、银行收款凭单等原始凭证，在记账凭证上做会计分录：

借：银行存款　　　　　　　　　　　　　　339 000
　　贷：主营业务收入——A 产品　　　　　　220 000
　　　　　　　　　　　——B 产品　　　　　　 80 000
　　　　应交税费——应交增值税（销项税额）　39 000
　　　　　　　　　　　　　　　　（300 000×13%）

结转 A 产品的成本，根据出库单等原始凭证：

借：主营业务成本　　　　　　　　　225 000
　　　　　　　　　　　　　（4 500×50）
　　贷：库存商品——A产品　　　　　　　　225 000

结转B产品的成本，根据出库单等原始凭证：

借：销售费用——促销费　　　　　　30 000
　　　　　　　　　　　　　　（600×50）
　　贷：库存商品——B产品　　　　　　　　30 000

情形二：若所售商品和赠品没有开在同一张发票上，那么B产品要按照视同销售进行账务处理。公司根据开具的普通发票、银行收款凭单等原始凭证做如下分录：

借：银行存款　　　　　　　　　　　339 000
　　贷：主营业务收入——A产品　　　　　　300 000
　　　　　　　　　　　　　　（6 000×50）
　　　　应交税费——应交增值税（销项税额）　39 000
　　　　　　　　　　　　　　（300 000×13%）

结转A产品的成本，根据出库单等原始凭证：

借：主营业务成本　　　　　　　　　225 000
　　　　　　　　　　　　　（4 500×50）
　　贷：库存商品——A产品　　　　　　　　225 000

结转B产品的成本，根据出库单等原始凭证：

借：销售费用——促销费　　　　　　33 900
　　贷：库存商品——B产品　　　　　　　　30 000
　　　　　　　　　　　　　　（600×50）
　　　　应交税费——应交增值税（销项税额）　3 900
　　　　　　　　　　　　　　（30 000×13%）

葛大侠：

如果不直接销售商品，而是带有一定促销和增进联系之功利目的，向客户赠送一些纪念品、宣传品、样品，在企业实务中，所赠商品无论是购入取得，还是自制取得，领用时均按成本价记入"销售费用"或"管理费用"。

杨出纳：

我们赠送消费者的代金券需要视同销售处理吗？

刘小白：

代金券在实际发放时，只是赠送消费者具有优惠性质的权利，消费者可以行使也可以放弃。代金券不属于实物，也不是服务。企业赠送代金券，不属于视同销售行为，不需要缴纳增值税和企业所得税。

3. 特殊的销售行为如何处理？

牛老板：

电商兴起，竞争激烈甭说了，市场也越来越透明了，买方市场的话语权完全大于卖方市场。

葛大侠：

以前的"一手交钱，一手交货"模式已经行不通了，现在的买卖有附条件的，有附承诺的，还有可以多少天之内无理由退货的。你不创新销售方式，大鱼也迟早被更大的鱼乃至联盟的小鱼群消灭。

刘小白：

还要应对跨界竞争，比如这共享单车兴起竟能影响外卖的送货量。光盯着眼前这一池鱼，一不小心就被"鹬蚌相争，渔翁得利"了。所以，牛老板也可以考虑合作共赢、跨界联盟。

马会计：

营销团队管"创新"，但我们财会人员还得按照准则中规中矩。比如，"七天无理由退货"的情形，在准则中属于什么类型的销售？会计处理应注意什么？

刘小白：

这属于"附有销售退回条款的销售"，企业按预期有权收取的对价金额确认为收入，按照预期要退还客户的金额确认为负债（预计负债），同时将预期要退回的商品确认为资产（应收退货成本）。每到资产负债表日，还要重新估计未来销售退回情况。请看案例分享2-4。

📚 案例分享2-4

20×6年11月1日，A公司（一般纳税人）向M公司销售设备10台，单位售价为10 000元，单位成本为6 000元。开出的增值税专用发票上注明销售价格100 000元，税额为13 000元。设备于11月2日发出，M公司于当日取得控制权，设备无须调试安装，相应款项尚未支付。按照双方合同约定，M公司应于12月10日之前付款，而且半年之内不满意可以退货。

A公司账务处理如下。

（1）20×6年11月2日发出设备，A公司根据以往交易历史，预估发生的退货率是30%。依据出货单、验收单、合同复印件、历史退货记录等凭证做如下分录：

借：应收账款　　　　　　　　　　　　113 000
　　贷：主营业务收入　　　　　　　　　　70 000
　　　　预计负债——应付退货款　　　　　30 000
　　　　　　　　　　　　　　（10×10 000×30%）
　　　　应交税费——应交增值税（销项税额）　13 000

同时结转设备成本：

借：主营业务成本　　　　　　　42 000
　　应收退货成本　　　　　　　18 000
　　　　　　　　　　（10×30%×6 000）
　　贷：库存商品　　　　　　　　　　　　60 000

（2）20×6 年 12 月 10 日前收到货款，依据银行入账单等凭证做如下分录：

借：银行存款　　　　　　　　113 000
　　贷：应收账款　　　　　　　　　　　113 000

（3）资产负债表日，20×6 年 12 月 31 日，A 公司对退货率重新评估，退货率降低到 15%。依据历史退货记录等凭证做如下分录：

借：预计负债——应付退货款　　15 000
　　　　　　　　　（100 000×30%/2）
　　贷：主营业务收入　　　　　　　　　15 000

同时结转设备成本：

借：主营业务成本　　　　　　　 9 000
　　　　　　　　　　　　　（18 000/2）
　　贷：应收退货成本　　　　　　　　　 9 000

（4）20×7 年 5 月 2 日发生销售退回，实际退货 1 台，退货款项已支付，A 公司已开具红字增值税专用发票。依据验货单、红字发票等凭证做如下分录：

借：库存商品　　　　　　　　　 6 000
　　主营业务成本　　　　　　　 3 000
　　　　　　　　　　　（9 000-6 000）
　　预计负债——应付退货款　　15 000
　　　　　　　　　　（30 000-15 000）

贷：应收退货成本	9 000
	（18 000-9 000）
主营业务收入	5 000
	（15 000-10 000）
银行存款	11 300
	[10 000×（1+13%）]
应交税费——应交增值税（销项税额）	（1 300）
	（红字）

注：针对已经确认收入而又发生的退回，在次年的所得税汇算清缴前退货，并开具红字增值税专用发票，不能抵减上年度的应纳税所得额，只能在发生当期冲减当期销售商品收入。

马会计：

我们和批发商打交道的时候，给的优惠条件是：如果购货数量累计达到1万件，我们给打8折，之前的交易也按折扣来计价。这种情况应该怎么处理？

刘小白：

如果在初始交易合同中约定了类似的条款，这种情形也可以按"附有销售退回条款的销售"处理，需要根据以往经验合理估计对方会享受商业折扣的可能性。

王小红：

实际享受折扣时，按前期交易折扣额开具红字发票，但只能冲减当期同类货物销售收入，扣减当期的销项税额，当期不够冲减的，结转到下期冲减。如果不给现金上的折扣，而是将自产、委托加工和购买的货物用于"实物折扣"，那这批实物的款项不能从货物销售额中减除，还要按视同销售处理。

杨出纳：

我们有个商场，实行积分奖励计划，会员客户每消费 1 元获得 1 积分，累计积分可以兑换实物礼品，或者 1 积分抵 0.1 元购买产品。这个积分按新准则怎么处理？

王小红：

这属于"附有客户额外购买选择权的销售"，要先评估给客户提供的这项权益是否构成了重大权利：如果客户享受的权益超出了市场同类客户所享受的折扣，比如同类客户 9 折购买，而你的客户用累计积分可直接免费兑换，可视为重大权利。这个时候就得作为单项履约义务，分摊交易价格，等到客户行使该权益或该权益失效时，再来确认收入。请看案例分享 2-5。

案例分享 2-5

20×8 年 1 月 1 日，某商场（一般纳税人）开展会员积分奖励计划，每消费 1 元获得 1 积分，每 1 积分可抵 0.1 元，未使用积分于第二年年末清零。截至 1 月底，客户累计消费 200 000 元（不含税），可获得 200 000 积分。依据历史数据，客户的积分兑换率为 90%。

本例中，假设商场授予的积分属于一项重大权利，视为单项履约义务。

分摊交易价格：

商品的单独售价为 200 000 元，积分的单独售价为 18 000（=200 000×0.1×90%）元。

商品分摊的交易价格 =200 000/（200 000+18 000）×200 000
=183 486（元）

积分分摊的交易价格 =18 000/（200 000+18 000）×200 000
=16 514（元）

公司账务处理如下：

（1）20×8 年，公司在客户取得商品控制权时确认收入。依据出货单、历史积分兑换记录等凭证做如下分录：

借：银行存款　　　　　　　　　　　　　　226 000
　　贷：主营业务收入　　　　　　　　　　　　183 486
　　　　合同负债　　　　　　　　　　　　　　16 514
　　　　应交税费——应交增值税（销项税额）　26 000

（2）20×8年12月31日，假设客户共兑换了100 000积分，公司重新估计兑换率为95%。

积分应确认的收入（比例 × 合同负债）=100 000/200 000×95%×16 514=7 844（元）

借：合同负债　　　　　　　　　　　　　　7 844
　　贷：主营业务收入　　　　　　　　　　　　7 844

（3）20×9年12月31日，不管客户实际兑换了多少，由于积分清零，客户享有的权益失效：

借：合同负债　　　　　　　　　　　　　　8 670
　　　　　　　　　　　　　　　（16 514-7 844）
　　贷：主营业务收入　　　　　　　　　　　　8 670

马会计：

除了法定的保修期，我们还给客户提供延保服务，不过延保是要单独收费的。这两种保修服务，会计处理一致吗？

刘小白：

对于"附有质量保证条款的销售"，如果是法定的质保期，企业对客户负有保修义务，但客户可能来维修，也可能不来维修。企业要估计发生的概率，计算"预计负债"的金额。一般借记"销售费用"，贷记"预计负债"。而延保服务单独收费，相当于单独提供了维修服务，要作为"单项履约义务"，分配交易价格，在该义务履行时确认收入。

牛老板：

我们还有一个公司向部分客户销售设备，对方要求我们以一定价格回购这个设备。现在这种基于不同目的的售后回购现象还真不少。

葛大侠：

售后回购的情形的确不少，有的是出于融资目的，有的是出于销售目的。前者就类似于租赁了，是带有融资目的的租赁；而后者就类似于附有销售退回条款的销售。请看政策链接 2-3。

📖 政策链接 2-3

依据《企业会计准则第 14 号——收入》第三十八条：

- 出于远期安排的，回购价＜原售价，视为租赁交易。比如 A 卖设备给 B，后续以更低的价格买回来了，相当于这段时间 A 租设备给 B，差价的部分相当于租金。回购价≥原售价，视为融资交易。比如 A 卖设备给 B，后续 A 以更高的价格买回来了，那么收到款项时确认为金融负债，相当于这段时间 B 借钱给了 A，差价的部分意味着付利息了。

- 出于应客户要求回购的，企业要评估客户是否具有行使该要求权的重大经济动因。如果具有重大经济动因，同上，视为租赁或融资处理。如果不具有重大经济动因，按附有销售退回条款的销售处理。比如，A 销售给 B 一台设备，双方约定五年后 B 有权要求 A 回购设备，回购价低于售价。A 预计回购时该设备市场价值远远低于回购价，此时可以判断 B 有重大经济动因（设备被回购对自己更有利）要求 A 回购设备。由于回购价低于售价，此笔设备销售视为租赁交易。

王小红：

针对售后回购，税务处理与会计处理基本一致。

有证据表明不符合销售收入确认条件的，比如出于融资目的的，收到的款项应确认为负债，回购价格高于原售价的，差额在回购期间确认为利息费用。

符合销售收入确认条件的，按售价确认收入，回购的商品作为购进商品处理，进行进项抵扣。

马会计：

某单位向我们下属商场集中采购了500张储值卡用来发放员工福利，每张卡不含税售价是190元，面值是200元。对于储值卡的销售，会计处理要注意什么？

刘小白：

企业向客户预收销售商品款项的，应当先将其确认为负债，待履行了相关履约义务再转为收入。当客户可能放弃其合同权利时，企业按照客户行使合同权利的模式（即按实际消费的进度）按比例将客户可能放弃的金额确认为收入。当明确客户放弃其合同权利，可将剩余余额转为收入。请看案例分享2-6。

案例分享2-6

20×7年1月1日，某连锁蛋糕店（一般纳税人）销售储值卡500张，每张卡不含税售价是190元，面值是200元，储值卡有效期为2年。由于卡面值与售价不一样，可以将其视为按九五折销售。

销售储值卡时，依据发票、入账凭单等，做会计分录如下：

借：银行存款　　　　　　　　　　　107 350
　贷：合同负债　　　　　　　　　　　95 000
　　　　　　　　　　　　　　　　（190×500）
　　　应交税费——待转销项税额　　　12 350
　　　　　　　　　　　　　　　（190×500×13%）

截至20×7年12月31日，假设储值卡已消费的面值为60 000元，而且依据历史经验，公司估计储值卡2%的面值（即2 000

元）不被消费。会计处理如下。

已消费的面值 60 000 元按九五折确认收入：60 000×0.95=57 000（元）。

预期未消费的面值 2 000 元按九五折以及实际消费进度的比例确认收入：2 000×0.95×[57 000/（95 000×98%）]=1 163（元）。

借：合同负债　　　　　　　　　　　　58 163
　　　（57 000+1 163）
　　应交税费——待转销项税额　　　　 7 410
　　　（57 000×13%）
　贷：主营业务收入　　　　　　　　　58 163
　　　应交税费——应交增值税（销项税额）　7 410

20×8 年 12 月 31 日，储值卡到期，客户无法要求履行剩余履约义务，公司结转剩余合同负债金额：

借：合同负债　　　　　　　　　　　　36 837
　　　（95 000-58 163）
　　应交税费——待转销项税额　　　　 4 940
　　　（12 350-7 410）
　贷：主营业务收入　　　　　　　　　36 837
　　　应交税费——应交增值税（销项税额）　4 940

马会计：

客户注册会员办理会员卡，需要支付 50 元入会费，用于补偿会员登记、制卡等初始活动的开销。这笔入会费无须返还，是一次性计入收入吗？

刘小白：

这类入会费是企业向客户收取的无须退回的初始费，并未向客户提供什么承诺的服务，一般先作为一项预收款，后期在服务年限内按直线法摊销确认为收入。如果会员费与提供承诺的服务有关,那这笔会员费就要计入该服务交易价格,等到服务履行完毕后再确认收入。

葛大侠:

现在会员制还是比较普遍的,一方面,通过会员制可以锁定客源,提高客户的忠诚度;另一方面,也起到节税筹划的作用。比如一般纳税人实物销售100元,缴纳13(=100×13%)元的增值税;引入会员制,会费(服务费)20元,实物按八折即80元销售,缴纳11.6(=20×6%+80×13%)元的增值税。这就降低了纳税成本。

杨出纳:

一些电商企业,比如京东,可以"以旧换新"。我们的电商部门也推行部分设备"以旧换新"活动,那我们可以直接以销售收入抵减回收旧货之后的"差价"来缴纳销项税吗?

王小红:

除了金银首饰可按"差价"确定销售额,其他的"以旧换新"情形,按新产品的同期销售价格,确认销售额和销项税额。收回的旧商品,按其抵价金额记入"原材料"或"库存商品"中,取得的增值税专用发票可按注明的进项税额进行抵扣。

马会计:

采购环节,我们涉及分期支付。现在销售环节,我们也允许客户分期支付。对于长期的分期,是不是也得考虑"融资"的性质?

刘小白:

对的。现在换位思考,站在卖方的角度,采用递延方式分期收款、具有融资性质的销售,按照协议价款,借记"长期应收款"科目,按价款的折现值,贷记"主营业务收入"科目,两者之间的差额,贷记"未实现融资收益"科目。

王小红:

同样地,税法上不要求对收入进行折现处理,依旧按协议价确认收入,这势必导致纳税调整。

牛老板:

账上趴着那么多"应收款",挺让人头疼的,回款慢,手头资金不够怎么办?

葛大侠:

如果有合同、发票而且销项税已缴,牛老板可以尝试将"应收账款"进行质押贷款或保理。请看👉教你一招2-4。

👍 **教你一招2-4**

应收账款质押贷款:2007年,全国人大通过了《中华人民共和国物权法》,首次将应收账款纳入担保物范围。为满足流动资金的需求,企业可以将对债务人的应收账款进行质押,从银行等金融机构获得一定金额的信贷资金。授信期限一般最长为1年,授信金额根据企业资信状况、经营情况、应收账款票面金额等综合确定,一般不超过应收账款金额的70%,特别批准后不得超过80%。

保理(factoring):企业将应收账款转让给保理商(提供保理服务的金融机构),由保理商向其提供资金融通、买方资信评估、信用风险担保、销售账户管理、账款催收等一系列服务的综合金融服务方式,当事人可以约定有追索权或无追索权的保理服务。随着保理服务的兴起,《中华人民共和国民法典》中增加了对保理合同的规范性要求,企业要注意遵守法律相关规定。

资金来源二：其他收入

1. 卖"破烂"算收入吗？

杨出纳：

我们不定期将残次品、边角材料等作为废品变卖，这一般作为"其他业务收入"入账，需要缴增值税吗？税率是多少？

王小红：

要注意区分是报废的固定资产还是其他废旧物资，它们的税务处理可不一样，请看爱心提示 2-1 中的表 2-2。

◆ 爱心提示 2-1

表 2-2 废旧物资税务处理

纳税人	废旧物资类别		税率
一般纳税人	使用过的固定资产	2008 年 12 月 31 日前购进或自制的（未抵扣进项）	简易征收：按征收率 3% 减按 2%
		2009 年 1 月 1 日后购进或自制的不得抵扣且未抵扣进项（比如，专用于集体福利的）	简易征收：按征收率 3% 减按 2%
		2009 年 1 月 1 日后购进或自制的（抵扣进项）	按正常货物销售的税率（一般 13%）处理
		纳税人购进或自制时为小规模纳税人，登记为一般纳税人后销售该固定资产	简易征收：按征收率 3% 减按 2%
	其他废旧物资		按正常货物销售的税率（一般 13%）处理
小规模纳税人	使用过的固定资产		简易征收：按征收率 3% 减按 2%
	其他废旧物资		按 3% 征收率

杨出纳：

处置废料废品，适用简易征收的得开普票，但按正常货物销售的税率处理的可以开专票吗？我们遇到过收购方要求开专票的情形。

王小红：

可以向对方开具增值税专用发票。但如果是简易征收的情形，开专用发票就享受不到2%的减征。还要注意，如果是废品收购站销售废旧物资，就不得开具增值税专用发票。

葛大侠：

以前，国家鼓励回收利用，对废品收购站销售废旧物资免征增值税，可以开具左上角印有"废旧物资"字样的专票，下游购进环节允许抵扣。这种上游免税、下游抵扣的做法却给一些不法分子提供了可乘之机，诱发部分企业虚增进项税额抵扣，造成国家税款大量流失，这也导致了国家修订增值税条例时没有将废旧物资发票纳入合法抵扣凭证范畴。

听君一席话 2-1

感慨颇深！国家的优惠政策是为民谋利的，却被唯利是图的不法分子钻了空子、非法牟利，这势必会引发一些优惠政策的退市。这也是对企业的警示！作为众多企业中的一分子，我们应合法经营、守法遵纪，合理享受国家的优惠政策。

马会计：

处置废料废品的会计处理要注意什么？

刘小白：

要注意固定资产清理与其他废旧物资处置的区别，请看爱心提示 2-2。

爱心提示 2-2

| 固定资产清理 | 其他废旧物资处置 |

固定资产清理

转入固定资产清理：

借：固定资产清理
　　累计折旧
　　固定资产减值准备
　贷：固定资产

出售环节：

借：银行存款
　贷：固定资产清理
　　　应交税费——应交增值税
　　　　（销项税额）

结转固定资产清理：

- 清理亏损：

借：资产处置损益
　贷：固定资产清理

- 清理盈余：

借：固定资产清理
　贷：资产处置损益

其他废旧物资处置

出售环节：

借：银行存款
　贷：其他业务收入
　　　应交税费——应交增值税
　　　　（销项税额）

结转成本：

借：其他业务成本
　贷：库存商品等

2. 意外收获的资金流入有哪些？

马会计：

除了清理固定资产会产生营业外收入，我们还会收获其他意外的收入，有一次，客户给了我们一笔违约金，但是问我们要专票回去抵扣进项,我们能就这笔违约金开出专票吗?

王小红:

一般,基于增值税应税行为的违约金会涉及增值税的缴纳,能开出专票。比如,卖方销售产品的同时因买方违约而收入一笔违约金,这时违约金属于价外费用,按销售货物或服务类别确定税率,在发票备注栏注明违约金。而非增值税应税行为(相关情形见爱心提示2-3)不涉及增值税,也就无法开专票了。

爱心提示 2-3

不属于增值税应税行为的情形:

- 情形一,销售行为未发生。比如,购销双方签订买卖合同,后来因为买方原因,合同被撤销,卖方收到一笔违约金,此时,交易未成功,违约金收入就不属于增值税的应税行为。
- 情形二,与个人纠纷的违约金收入。比如,企业解决员工户口,签订协议约定最低服务年限,但员工提前离职,向企业缴纳一笔违约金。此时不属于增值税应税行为。

刘小白:

另外还要注意,会计核算中,违约金收入一般记入"营业外收入"。在所得税纳税申报时,违约金收入属于《中华人民共和国企业所得税法》第六条第(九)项所称其他收入,应按照规定并入收入总额计算缴纳企业所得税。

3. 投资创造的收益怎么处理?

牛老板:

公司在上海某核心CBD投资了一栋楼,前些年这栋楼给公司也创造了一些收益,想问问老师们对楼市的看法。

刘小白：

国家控制房地产是雷打不动的，我们只能从账务上提一些建议。如果采用公允价值对投资性房地产进行计量，每年的资产负债表日要以其公允价值为基础调整其账面价值，公允价值与原账面价值之间的差异记入"公允价值变动损益"。比如牛老板投资的楼涨了，年底这栋楼的公允价值高于原来的账面价值，这种差额借记"投资性房地产——公允价值变动"，贷记"公允价值变动损益"，看上去的确增加了公司的利润。

葛大侠：

其实这种利润的增长是让人不踏实的。虽然新准则允许采用"公允价值"对投资性房地产进行计量，但前提条件是非常苛刻的，比如得满足在活跃的房产交易市场等，企业要拿到确凿的证据支持公允价值的存在，否则连审计这一关都可能过不了。

王小红：

要注意，税法不承认公允价值变动带来的损益，还得按照成本模式计提折旧或摊销进行纳税调整。

马会计：

采用成本模式，按购进成本或者自建成本，增加"投资性房地产"资产科目，后续该怎么核算呢？

刘小白：

后续的处理如下：既然是资产，遵循谨慎性原则，发生减值迹象了，借记"资产减值损失"，贷记"投资性房地产减值准备"；按月计提折旧或摊销，借记"其他业务成本"，贷记"投资性房地产累计折旧（摊销）"。该房产为我们创造租金收入，或者我们将其变卖了，都在"其他业务收入"核算，相应地结转"其他业务成本"。

杨出纳：

投资股票的分红需要缴纳增值税吗？购买银行保本保息理财产品的利息收入，需要缴纳增值税吗？

王小红：

购买保本理财产品取得的利息需要按照贷款服务缴纳增值税，而购买非保本理财产品取得的利息不需要缴纳增值税。投资股票的分红不属于保本收益，不缴纳增值税。

牛老板：

公司将购买的一家非上市公司的股权进行转让，需要缴税吗？如果公司将买入的上市公司股票抛售，需要缴税吗？

王小红：

企业所得税、印花税是要缴的。不过，如果转让上市公司股票，不光要缴企业所得税，还要按照金融商品转让，按卖出价扣除买入价后的余额作为销售额缴纳增值税。转让非上市公司股权，一般不属于增值税征收范围。

4. 缺钱问题如何解决？

牛老板：

供应商催款，企业现金流周转不过来的时候，我不得不动用个人存款，缓解燃眉之急。有时还会问亲朋好友借，或者问兄弟单位拆借。

葛大侠：

这是民营企业的常见现象，尤其是一些中小企业，资金周转出现问题的时候，向银行借钱手续太烦琐，老板们会考虑凑凑钱，先帮企业将钱垫上。但如果往来太频繁，还是会存在一些风险和注意事项，请看图 2-4。

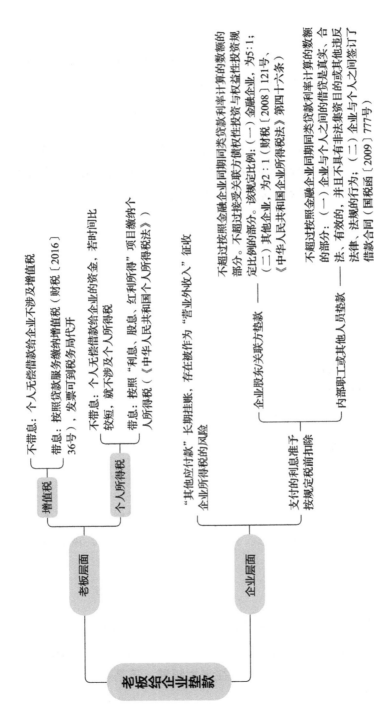

图 2-4 "老板给企业垫款"财税处理思维导图

刘小白：

实务中，还要注意不要触碰"非法集资"这条红线。向个人借入款项，要签订借款合同，频繁的款项借入，可以签订总框架合同（相关合同范本可参照🔖拿来就用2-1）。针对长期借款，建议约定合理的利息。虽然法律上允许民间借贷双方约定的利率不超过合同成立时一年期贷款市场报价利率的4倍，但企业支付的利息要想享受税前扣除，利息水平不能超过金融企业同期同类的贷款利率。

🅞 拿来就用2-1

资金往来协议

合同编号：

甲方：老板

乙方：公司

根据《中华人民共和国民法典》等有关法律法规，甲、乙双方经平等协商一致，订立本合同。

第一条　往来款金额

本合同项下往来款金额每年为××（大写）元人民币：××（小写）。单笔往来款项在××元以下不另签合同。

第二条　往来款期限

本合同项下往来款期限为××月，自20××年××月××日至20××年××月××日，甲方可提前××日通知乙方提前还款。

第三条　往来款用途

乙方将本合同项下往来款用于×××。

第四条　往来款利率和费用

往来款年利率为××，发生的费用按范围分别由甲、乙双方各自承担。

第五条 还款方式

乙方于往来款到期之日，一次性偿还全部往来款。无论乙方作为一方当事人的其他任何合同，对乙方的还款资金来源有任何约定，其约定均不能影响乙方在本合同项下还款义务的履行。

第六条 甲方的权利与义务

1. 依本合同约定按期向乙方提供往来款。

2. 有权对乙方的经营情况及往来款的使用情况进行检查和了解，并在往来款安全受到威胁时，行使债权人所能行使的一切权利。

3. 对乙方提供的有关资料、文件信息保密，但本合同另有约定和法律、法规另有规定的除外。

第七条 乙方的权利与义务

1. 按本合同约定期限和用途，提取和使用往来款。

2. 按本合同的约定，清偿往来款。

3. 定期或随时应甲方要求向甲方提供真实反映其经营和财务状况的报表与其他文件，并对其合法性、真实性、准确性、完整性负责。

第八条 违约责任

等合同生效后，甲、乙双方均应履行本合同约定的义务。任何一方不履行或不完全履行本合同约定义务的，应当承担相应的违约责任。

第九条 合同的生效、变更与解除

1. 本合同自甲、乙双方签字并盖章之日起生效。

2. 本合同生效后，除本合同已有规定外，甲、乙任何一方均不得擅自变更或解除本合同。如需变更或解除本合同，应经甲、乙双方协商一致。

第十条 争议的解决

凡因本合同发生的以及与本合同有关的任何争议，甲、乙双方应协商解决，协商不成的，由乙方所在地人民法院管辖。

第十一条　其他约定事项

第十二条　附则

1. 本合同未尽事宜，甲、乙双方可另行达成书面协议，并作为本合同附件。本合同的任何修改或补充附件均构成本合同不可分割的一部分，与本合同具有同等法律效力。

2. 凡乙方就本合同给予甲方的和甲方就本合同给予乙方的，任何通知、要求或其他通信包括但不限于电传、电报、传真等函件，一旦发出即被视为已送。送达甲方邮政信函，于挂号邮寄之日起，第三日即被视为已递交给甲方。

3. 本合同一式两份，甲方一份，乙方一份。

甲方（签字盖章）：　　　　　　乙方（签字盖章）：

　　　年　月　日　　　　　　　　　年　月　日

马会计：

假如老板和法人是同一人，这甲、乙双方签字岂不是自己和自己签字？

葛大侠：

老板这方当然自己签字。但公司这方，最好委托个总经理等其他公司高管签字，然后加盖公司章。还要注意一点，企业向老板借钱一般都不约定利息，一因经常要借，周转频繁；二因借款时间一般都短；三因老板不把自己当外人，很少考虑借款利息这事儿。

王小红：

我再提个醒：向个人借入款项，借款周期不宜过长。一般在"其他应付款"科目核算，应付未付超三年的，转为"营业外收入"，到那时企业就得缴所得税啦。

马会计：
我知道企业之间的拆借，即便是无偿的，也要视同提供贷款服务缴纳增值税。请问，我们收到来自集团内部企业的一笔无偿借款，需要缴纳增值税吗？

王小红：
依据财税〔2019〕20号文，对企业集团内单位（含企业集团）之间的资金无偿借贷行为，免征增值税。

刘小白：
但实务中要注意：与其他关联企业之间的业务往来，应当按照独立企业之间的业务往来收取或支付价款、费用，否则减少其应纳税收入或所得额的，税务机关有权合理调整。现实中，有家民营企业因年末申报的其他应收款余额较大，引起风险预警。最后按同期贷款利率计算了利息收入，补缴了增值税。

葛大侠：
从1996年《中国人民银行贷款通则》规定企事业单位不得经营存贷款等金融业务，到2020年《关于修改〈关于审理民间借贷案件适用法律若干问题的规定〉的决定》修正，法人之间、非法人组织之间以及它们相互之间为生产、经营需要订立的民间借贷合同，除存在规定情形外，借贷合同有效。法人或者非法人组织在本单位内部通过借款形式向职工筹集资金，用于本单位生产、经营，且不存在禁止情形，民间借贷合同有效。虽然法律上是支持了，但企业之间的拆借行为不宜太频繁。生产经营企业如果以放贷为主业，"异变"为未经金融监管部门批准的"金融机构"，势必不利于形成整个社会的良好金融秩序。

牛老板：

我看不少央企成立了独立的财务公司，内部成员单位可以向财务公司借款。而且截至 2020 年年底，19 家企业的财务公司加入了全国银行间同业拆借系统。

葛大侠：

是的。这些财务公司的成立主要是为了加强集团资金集中管理，但限制也很严格，具体可参照《企业集团财务公司管理办法》。直白地说，财务公司就像企业的钱袋子，除了不能吸收公众存款和对社会发放贷款，其他的业务功能和银行基本类似。不少央企的财务公司加入了全国银行间同业拆借系统（见 知识链接 2-2），极大地方便了企业的资金头寸管理，有利于拓宽集团财务公司的融资渠道。

知识链接 2-2

中国外汇交易中心暨全国银行间同业拆借中心为中国人民银行直属事业单位，主要职能：提供银行间外汇交易、人民币同业拆借、债券交易系统并组织市场交易；办理外汇交易的资金清算、交割，提供人民币同业拆借及债券交易的清算提示服务；提供网上票据报价系统；提供外汇市场、债券市场和货币市场的信息服务；开展经人民银行批准的其他业务。

头寸（position）：一个金融术语，指的是个人或实体持有或拥有的特定商品、证券、货币等的数量。银行头寸则是银行系统对于可用资金调度的一个专业叫法，每个银行都有自己的资金头寸。

同业拆借：金融机构之间进行短期、临时性头寸调剂的市场，即指具有法人资格的金融机构及经法人授权的金融分支机构之间进行短期资金融通的行为。

马会计：

我们知道，在银行存钱获得的利息是不用缴增值税的，向银行贷款产生的利息也是享受税前扣除的。但假如集团成立财务公司，我们和集团财务公司之间的款项往来，比如向财务公司贷款，或者将钱存于财务公司，税法上对于涉及的利息有没有特殊规定？

 王小红：

具有吸收公众存款业务的金融机构支付的存款利息属于不征收增值税项目，财务公司不属于此类。与财务公司之间的往来，要区分是统借统还，还是将自有闲置资金进行往来。请扫描二维码观看🔗图 2-5。

图 2-5 "与集团财务公司往来"财税处理思维导图

 刘小白：

要注意，资金的分拨只限于第一层企业，若第一层企业又将借款分拨给自己的下层公司，是不能享受统借统还政策的。同样，需要凭证或旁证证明统借统还业务，建议下属单位与集团公司签署一份"委托借款书"。

 马会计：

公司决定发行"永续债"来募集资金，但后续支付的利息应作为利息支出还是股利分配？会计处理与税务处理一致吗？

 葛大侠：

"永续债"是"债"还是"股"决定了后期支付的利息是"利息支出"还是"股利分配"。根据《企业会计准则第 37 号——金融工具列报》第七条，企业要根据合同条款及其反映的经济实质而非仅以法律形式，将永续债分类为金融负债（债）或权益工具（股）。

 王小红：

但要注意，会计上的分类不能决定税务上的分类。财政部、税务总局公告 2019 年第 64 号文对永续债进行了界定，一般将其利息视为股息、红利，但符合一定条件（见🔗政策链接 2-4）的，也可选择视为债券利息处理。

视为股息、红利的，发行方和投资方均为居民企业的，永续债利息收入可以免征企业所得税，发行方的利息支出不得在税前扣除；视为债券利息处理的，发行方的利息支出准予税前扣除，投资方取得的利息收入应当纳税。

📖 **政策链接 2-4**

符合下列条件中 5 条（含）以上可做债券利息处理：
（一）被投资企业对该项投资具有还本义务；
（二）有明确约定的利率和付息频率；
（三）有一定的投资期限；
（四）投资方对被投资企业净资产不拥有所有权；
（五）投资方不参与被投资企业日常生产经营活动；
（六）被投资企业可以赎回，或满足特定条件后可以赎回；
（七）被投资企业将该项投资计入负债；
（八）该项投资不承担被投资企业股东同等的经营风险；
（九）该项投资的清偿顺序位于被投资企业股东持有的股份之前。

葛大侠：

所以，税务处理办法与会计核算方式不一致时，需要做出相应的纳税调整。另外，永续债发行方与投资方对其利息的税务属性认定应保持一致。但 64 号文要求企业发行永续债，应当将其适用的税务处理方法在证券交易所、银行间债券市场等发行市场的发行文件中向投资方予以披露，这也就意味着，税务属性的认定是发行方说了算。

5. 企业接受投资要注意哪些问题？

牛老板：

我们的经营规模不断扩大，销售网点覆盖了全国省会城市。我们现在考虑"增资扩股"的事。

葛大侠：

可以啊，这是好事！不过要考虑好增资扩股的方式。方式一：各股东按原出资比例增加出资额，这种方式不会稀释现有股东的股权。方式二：邀请出资，可以邀请原股东或新股东，这种方式势必会改变现有的分蛋糕模式。另外，该执行的程序也不能落下，比如召开股东大会做出增资扩股决议、变更公司章程、到工商登记机关申请变更登记等。

刘小白：

具体用什么形式增加股本，可以考虑增发股份，比如以收入"货币或非货币资产"的形式；也可以考虑以公积金转增股本、用可供分配的利润送红股等形式。不同形式涉及的会计核算是不一样的，请看爱心提示2-4。

🌑 爱心提示 2-4

增发股份	公积金转增股本	利润送红股
收入"货币" 借：银行存款/其他应收款 　贷：实收资本/股本 　　　资本公积 收入"非货币" 借：原材料/库存商品/ 　　固定资产/无形资产 　　应交税费——应交 　　增值税（进项税额） 　贷：实收资本/股本 　　　资本公积	借：盈余公积/资本公积 　贷：实收资本/股本 注：法定的公积金转为资本时，所留存的该项公积金不得少于注册资本的25%。	宣告发放股票股利时： 借：利润分配——转 　　作股本的股利 　贷：应付股利—— 　　　应付股票股利 实际派发股票股利时： 借：应付股利——应 　　付股票股利 　贷：股本 注：实务中，也可以宣告时不做账，派发后做一笔分录。

王小红：

还要注意，非货币资产投资会涉及视同销售，作为接受投入方，应以双方合同、协议约定的价值或评估的价值入账，在投资合同或协议约定价值不公允的情况下，应按公允价值入账。

接受固定资产投入的，在办理了固定资产移交手续之后，应支付的相关税费也可以作为固定资产的入账价值。涉税方面，如果取得投资方开具的增值税专用发票，进项税额允许扣除。

接受土地、房屋权属入股的，视同土地使用权转让、房屋买卖征税，应按照房屋的评估价格乘以税率计算缴纳契税，还会涉及产权转移书据和记载资金账簿等项目的印花税。

刘小白：

增资扩股之后，营业账簿需要按"实收资本"和"资本公积"两项合计增加的金额，缴纳印花税，税率为万分之二点五。

杨出纳：

企业增资会涉及个人所得税吗？

王小红：

依据国税发〔2010〕54号文，以未分配利润、盈余公积和除股票溢价发行外的其他资本公积转增注册资本和股本的，要按照"利息、股息、红利所得"项目，依据现行政策规定计征个人所得税。

葛大侠：

企业增发新股涉及个税方面，宁波地税（甬政发〔2018〕6号）指出，以大于或等于公司每股净资产公允价值的价格增资行为，不属于股权转让行为，对原自然人股东不征个人所得税。高于每股净资产账面价值部分应计入资本公积，对于股份制企业，该部分资本公积在以后转增资本时不征收个人所得税；对于其他所有制企业,该部分资本公积转增资本时应按照"利息、股息、红利所得"项目征收个人所得税。

牛老板:
我还有个特头疼的问题!增资扩股过程中,以无形资产入股的怎么办?我们下属公司有个股东是持技术入股的,增资扩股是不是也得让对方掏点钱?

葛大侠:
要看企业对这个技术的重视程度。如果这个技术很关键,那就让它跟着增资股份自然增值。如果不打算增值,增发新股的情况下,就得考虑让技术入股的股东掏钱了。对方能掏那就好办,万一掏不出,那还有一种办法:用以后的分红来抵补。

牛老板:
我将个人股权进行转让,要缴哪些税?

刘小白:
个人转让非上市公司股权,以股权转让收入减除股权原值和合理费用后的余额为应纳税所得额,按"财产转让所得"缴纳个人所得税,涉及的产权转移书据要贴花。

王小红:
至于增值税,个人转让上市公司股票,按照财税〔2016〕36号文,个人从事金融商品转让业务,免征增值税。个人转让新三板股票,有的地方视为金融商品转让,有的地方视为一般企业股权转让,无论如何,结局都是不用缴纳增值税。

杨出纳:
牛老板将股权转让,如何进行会计处理?

刘小白：

一般情况下，股权转让是股东之间发生的资产转让业务，对大牛公司而言，只涉及股东变更的账务处理，公司的资产、负债、所有者权益的账面价值保持不变。但如果是非同一控制下的企业合并，收购股权方可按照公允价值调整账面价值。

牛老板：

我们和某一供应商关系比较铁，之前采购了一批原材料，欠了对方500万元的货款。对方知道最近我们现金流紧张，也是看到了我们的前景，决定将这500万元的债权转为股权，入股我们企业。

马会计：

债权转股权，应付账款转实收资本，这中间如果存在差价怎么处理啊？比如供应商500万元的应付账款，转为400万股股权，中间差价100万元。

刘小白：

将这部分债权的账面价值与所转股份的公允价值之间的差额确认为其他收益。具体账务处理：借记"应付账款"，贷记"实收资本/股本""资本公积""其他收益——债务重组收益"。

葛大侠：

这就像一场零和博弈，一方受益，另一方就遭受损失。所以，你们赚了这中间的100万元差价，供应商那边就要损失100万元，对方一般视为"投资收益"的减少。另外，债转股不能随意，企业要遵循法定条件，参照《公司注册资本登记管理规定》执行，还要依照程序召开股东会决议、签订《债权转股权协议》等。

马会计：

债转股涉税该怎么处理呢？

王小红：

依据财税〔2009〕59号文：一般性税务处理时，债务人应当按照支付的债务清偿额低于债务计税基础的差额，确认债务重组所得；债权人应当按照收到的债务清偿额低于债权计税基础的差额，确认债务重组损失。适用特殊性税务处理时，对债务清偿和股权投资两项业务暂不确认有关债务清偿所得或损失，股权投资的计税基础以原债权的计税基础确定。请看案例分享2-7。

案例分享 2-7

上市公司A公司对Y公司负有2 000万元的债务，两公司协商：A公司增发500万股股票，用以偿还Y公司的欠款。股票票面价值为1元，市价为每股2元，按市价增发。

A公司依据债权转股权协议等凭证，做会计处理如下：

借：应付账款/其他应付款　　　20 000 000
　　贷：股本　　　　　　　　　　　5 000 000
　　　　资本公积　　　　　　　　　5 000 000
　　　　其他收益——债务重组收益　10 000 000

一般性税务处理： A公司应确认1 000万元的债务重组所得，债权人Y公司应确认1 000万元的债务重组损失，Y公司取得A公司股票的计税基础为1 000万元。Y公司可依据投资的原始凭证、债权转股权协议等申报资产损失进行税前扣除，相关资料由企业留存备查。

特殊性税务处理： A公司暂不确认债务重组所得，Y公司也不确认债务重组损失，Y公司取得A公司股票的计税基础仍为2 000万元（原债权的额度）。此时会存在税会差异，双方需要进行纳税调整。

三、收款环节关键要注意什么?

> 收款是企业财税管理最重要的环节,但收款没有想象的那么简单。大到"'一带一路'背景下,如何保障收款安全",小到"零星收款如何预防跑冒滴漏",都是企业在不同的发展阶段必须考虑的问题。尤其是对无票收入,如何进行正确的财税处理?私户收款要注意哪些原则性问题?对方委托付款又该如何处理?本节将管用方法一并传授给你……

1. 收款是个简单的问题吗?

刘小白:

收款和付款是对应的,收款方式也包括现金、银行转账、第三方支付平台等。

牛老板:

我们参加了"一带一路",涉及贸易出口的业务,什么样的收款方式比较合适?

葛大侠:

没有哪种收款方式是绝对的好与不好,主要看交易双方条件,比如商业信用如何等。目前外贸出口普遍用的是托收(D/P)、电汇(T/T)、信用证(L/C)等。一般大公司容易获得银行的担保,用信用证方式多一些,而中小企业用电汇方式多一些。三种方式的区别请看知识链接 2-3。

📖 **知识链接 2-3**

- 托收(D/P):基于商业信用,出口商通过本地银行委托进口地银行代为收款的一种方式。

优点：风险较"货到付款"的汇付方式低，因为银行会在进口商付款或承兑后才将代表货物所有权的货运单据交给进口商；费用较低。缺点：银行办理托收业务时，既没有检查货运单据正确或完整与否的义务，也不必承担付款人必须付款的责任。

- 电汇（T/T）：基于商业信用，进口商即汇款人提交电汇申请书并交款给汇出行→汇出行电汇给汇入行→汇入行电汇通知书给收款人→收款人去银行兑付→银行解付完毕后发出借记通知书给汇出行→汇出行给汇款人电汇回执。

  优点：汇款速度较快，对于金额较大的汇款多采用电汇方式。缺点：电汇费用较高；取决于进口商即汇款人的商业信用。

- 信用证（L/C）：基于银行信用，进口方向进口方银行提交开证申请→进口方银行向出口方银行开出信用证→出口方银行通知出口方→出口方发货并向出口方银行交单→出口方银行议付或付款→出口方银行向开证行（进口方银行）寄单索汇→开证行先行偿付→进口方从开证行赎单并付款。

  优点：是一种银行的有条件的付款承诺，风险较低。
  缺点：手续烦琐，银行手续费高。

王小红：

不同的收款方式可能是独立行使的，也可能是组合运用的。比如约定定金的部分采用 T/T，而尾款的部分采用 L/C。如果涉及跨境电商，不少企业是通过第三方支付平台收款的，比如支付宝国际账户、PayPal 等。

葛大侠：

跨境收款涉及收结汇，企业要遵守国家外汇管理局的相关政策要求。如果自行收款，企业依法取得对外贸易经营权后，要在外汇管理部门办理"贸易外汇收支企业名录"登记手续，然后到银行开立经常项目外汇账户，如需通过境外账户或者离岸账户，得事先取得国家外汇管理局的批准。为了保证资金流与货物流匹配，汇发〔2012〕38号文提出"谁出口谁收汇、谁进口谁付汇"原则，这与目前的会计稽查理念是不谋而合的。

杨出纳：

我们有些维修业务需要技术员现场作业，作业完成后现场收款。针对一些小额的收款，技术员往往收到现金，或者用个人微信收款，请问这种收款方式要注意什么？

刘小白：

小额的收款可以由技术员代收，但企业整个收款环节的内控很关键，否则这种小额收款很可能就"跑冒滴漏"了。提到内控，那就得在设计企业内部收款流程时下功夫，请看图2-6。

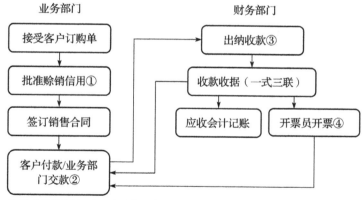

控制点①：信用政策的制定要上升到企业决策层，设立独立于业务、财务部门的信用部门，健全客户信用档案，完善赊销期的批准、款项催收等制度，降低坏账风险。

控制点②：小额款项由业务部门代收的，业务部门要向客户开立收据。款项上交时要编制交款单，款项送交人和部门负责人应在交款单上签字。

控制点③：出纳查看收款依据是否齐全、资金来源是否合法，根据审核的凭证（如订单、合同等）核对、清点并收取款项，在原始凭证上签字并加盖"收讫"章。

控制点④：销售订单、提货单和发票三单核对，发票上的金额等信息要准确，避免低卖高开问题。异常交易必须经过审批，比如超过预定比例的折扣，要查看业务部门负责人的批准签名后才开具发票。

财务部门：加强对销售、发货、收款业务的会计系统控制，定期核对会计记录、销售记录与仓储物流记录，确保三流合一。

图2-6 收款流程及控制点示意图

葛大侠：

实务中也好办，借助第三方支付平台，比如申请企业支付宝收款二维码，尽量避免私户直接收现金的情形。不过，企业也要注意，依据中国人民银行公告〔2020〕第18号，任何单位和个人存在拒收现金或者采取歧视性措施排斥现金支付等违法违规行为的，由中国人民银行分支机构会同当地有关部门依法予以查处。所以，如遇到可以收现金的情形，不能拒收。

2.收款环节有哪些潜在风险？

马会计：

在实际销售中，有的销售金额很小，有的销售对象是自然人，开发票没有实际意义。

刘小白：

针对无票收入，单次交易金额虽小，但合并计算也是笔不小的收入，即便不开票，同样要计入应税收入，要依法申报纳税。会计分录的贷方仍要记"应交税费——应交增值税（销项税额）"。

王小红：

确实存在取得收入而未开具发票的，增值税纳税义务已发生的，应当按照未开具发票收入申报纳税。企业应主动报税。无票收入的报税在税控系统中有专门的录入窗口。不过，无票收入入账前，如果确认客户日后会索要发票，那可以留到开票后再确认收入，避免会计调整。如果无票收入已入账，之后又需要开票，可以先冲销入账时的记账凭证，开票重新确认收入，成本不用处理。

葛大侠：

无票收入还会涉及一个问题，就是税率的选择。比如既卖货物又提供服务，两者涉及不同的增值税税率，有的企业往往会有投机的做法：反正不开票，不如按低税率去申报。在这里我们得提个建议，没有票流，不代表没有信息流、资金流，这么做风险很大。

杨出纳：

我们下属企业有的款项直接打老板账上了，会不会有风险？

王小红：

那是必然的，老板账户收款当然藏着涉税风险。在国家税务总局及各省税务局网站的公开信息上，经常有企业因为收款不合规而被稽查。比如某市税务稽查局发现某科技公司通过法人代表个人账户和财务人员个人支付宝账户取得高额收入，属于账外收入，未申报缴纳增值税、城建税和企业所得税。于是乎，该公司被要求补缴相关税款，对当年申请的减免增值税也取消享受减免，另处以 1 倍罚款。

刘小白：

目前，大家比较认可微信、支付宝等新兴支付方式的便捷性，它们也为企业使用个人微信、支付宝而藏匿收入提供可能性，这将逐渐成为税务局稽查收入的重点。所以为了规避风险，企业要避免以私户收款，要以公司的名义开通第三方支付平台的账号，这属于对公账户。如果是零星的收款进入了个人账户，要求收款人提供收款截图、填制交款单及时汇入公司账户。

马会计：

如果是通过第三方支付的，不像银行那样有入账单，我们就凭发票记账可以吗？另外，在提现环节会涉及手续费，拿不到凭证怎么处理？

刘小白：

你们可以打印第三方支付平台的收付款截图作为补充的原始凭证。另外，在提现环节，超过一定额度需要支付手续费，手续费通常记入"财务费用"，由于无法取得外部凭证，也只能打印收费截图，再谨慎一点，可以让领导签批一下。

杨出纳：

我还遇到过比较棘手的情况，对方是个小公司，采购员个人直接将采购款转我们企业支付宝账户上了，然后向我们索要专票。请问，这种情形能开出专票吗？

王小红：

如果是个人采购当然无法开专票，但对方代表的是企业，这种情况让对方公司出具"付款委托说明书"——证明对方公司委托采购员个人付款。其实会计记账要反映出业务的真实性，我们所有的凭证以及旁证，都要确保资金流、合同流、物流、发票流"四流合一"，保证"付款人＝采购方""收款人＝开票方"。

🔵 听君一席话 2-2

现在恍然大悟：不论是收入还是支出，管理细节太重要了！新技术、新方法的应用尤为重要。一个私营公司还要做到公私分明，如果不分清楚，一笔糊涂账自己都算不清，整的那些个"内外账"，更不敢暴露在阳光之下。所以，在国家相关部门的监管调控下，要想发展壮大，老板们就得走正路，规范企业经营行为，为社会发展的井然有序贡献自己的力量。社会也越来越认可服务老百姓的企业家，而不是唯利是图的资本家，这也是大趋势。

第三模块

税收岗位财税问题面对面

一、你了解中国税收的来龙去脉吗？

> 中华历史上下五千年，在历史的漫漫长河中，税收可以说是古来有之。你可能根本想不到，第一个收税的人是谁？那就是五帝之首，有"人文初祖"之称的轩辕黄帝。那么古代税收历史是如何发展演变的？大禹、周武王、雍正皇帝等赫赫有名的历史帝王和税收有着怎样的联系？令人憎恶的"人头税"是谁发明的，又是在什么时候终结的？到现在，"营改增"后18大税种都有哪些？哪些已经立法了？不妨来了解一下……

1. 中国税收史能用一张图说清吗？

牛老板：
听完老师们的介绍，我已"大彻大悟"。但是国有企业缴税我能理解，为什么私有企业也要跟国有企业一样缴税呢？请老师们给我一个能服人的解释。

王小红：
这也是很多私人企业和民营企业老板困惑的地方，要解这个"心锁"，就得从头说起。公有制一出现，税收就产生了，并融入华夏民族的文化中。经过几千年的演进，税收随着社会历史的变迁，不断地完善，这个过程也折射出我国不同时期的经济发展历史。请先看☞图3-1。

杨出纳：
原来税收历史这么悠久呀，能不能说得更细一点，我们也学习学习。

王小红：
可以。我国税收一开始就是按土地和人口征收的，尽管有差别，但随着历史演变，不论是公有制还是私有制都属于税收的征收范围。不同时代的税收有不同的"名称"，这些名称作为专业知识大家应该了解一下。

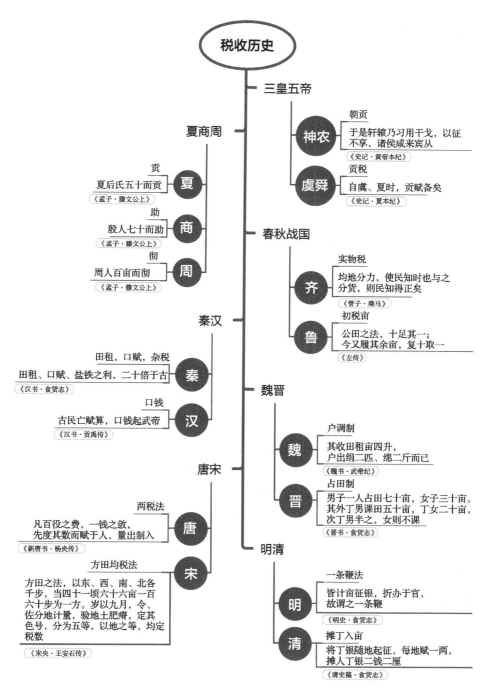

图 3-1 中国税收历史示意图

葛大侠：

从某种角度来理解，我国第一个收税的人是轩辕黄帝。那是上古时期的神农时代，部落混战，轩辕黄帝动用武力征服其他部落的首领，让他们顺从并前来朝贡，"朝贡"就是纳税的最早名词，也是我国税收的雏形。当时武力是支撑"朝贡"的主要手段。

刘小白：

大禹是我国税收制度的创建者。大家都知道"大禹治水"，但很多人不知道"大禹治税"。舜帝时期，大禹将天下分为九州，让各州根据土地肥瘠和特产前来上贡，称为"任土作贡"，说明我国在舜帝时期就已形成了相对完整的税收体制。收税要挑各地的土特产，即最好的东西，现在很多地方还打着"朝廷贡品"的牌子卖东西，也是一种文化传承吧。

王小红：

在税收历史上，周武王也是一个关键人物，他完善和普及了起源于夏的"井田制"——先耕公田，再耕私田。西周时期（公元前1046～公元前771年），周武王施行井田制，即把土地化成方块，形似"井"字，正中间的一块是公田，收成归国家，旁边的八块是私田，收成归农户，农户耕种完公田后才能种私田。"井田制"既是国家制度最早的"顶层设计"，也是税收"先公后私"的理念起源。它的根本宗旨"先公后私"确保了公田，即国家税收的优先性。

马会计：

我知道历史上有个初税亩。但是详细的不太清楚，能否讲一讲？

王小红：

好的，初税亩是鲁宣公开始推行的。春秋时期，公元前594年鲁宣公一改井田制下私田不收税的规定，实行"初税亩"，无论公田、私田都按田亩收税。这是我国首次按土地数量且不分公田、私田征税。牛老板的疑惑，2 600多年前的鲁宣公就已解答了。

葛大侠：

在我国税收历史上还有一个"口钱"的概念，其实是"口赋"的意思，也就是人头税。秦汉时期，在秦孝公商鞅变法期间（公元前356～公元前350年），开始有了"赋"。"赋"是按照人口征收的，所以，口赋（即口钱）也就是人头税。自此，田赋（农业税）和口赋（人头税）成为国家财政的主要收入，辅之其他名目繁多的苛捐杂税，人们生活苦不堪言。

刘小白：

由此可见，封建社会的政府会根据开支增加税赋，但税赋太重时，政府也会调节。比如，清朝康熙皇帝自觉民间疾苦，推行"滋生人丁永不加赋"，废除了新生人口的人头税；到雍正皇帝时就彻底取消了人头税，改为"摊丁入亩"，完成了人头税并入财产税的过程。

王小红：

国家政治制度与税收有很大的关系，越是腐败的政府税负越重。到了中华民国时期，国民党政府巧立名目，征收各种苛捐杂税，数量远超历代，导致民不聊生！四川文人刘师亮看到军阀门口的对联"民国万岁，天下太平"，回家后也写了对联"民国万税，天下太贫"。这副对联正是对当时税收的真实写照。

葛大侠：

当然，我国税收历史上发挥重要作用的税收改革大家也要了解了解，请看税收发展如是说3-1。

税收发展如是说 3-1

我国历史上有三次重要的税收改革。

一是两税法改革。唐朝为缓解社会矛盾，公元780年实行宰相杨炎建议的两税法，把所有税合并成户税和地税：户税是按户等高低征钱，户等高的出钱多，户等低的出钱少，户等的划分是依据财产的多寡；而地税是按亩征收谷物。户税和地税都是一年春秋两次征收。

二是方田均税法。公元1072年，宋朝王安石建议对所有土地重新丈量收税，史称"方田均税法"。但是这次改革触动了大地主的利益，导致很多地方都无法推行。

三是一条鞭法。公元1581年明朝为便于征收，把实物税都改为货币征收，史称"一条鞭法"，并延续至今。

王小红：

我国现行的税收体系是很完善的，而且税负也越来越轻，特别是新冠疫情期间国家对中小企业减负力度很大，你们要关注这些优惠政策，希望能及时享受到。

2. 现在都收哪些税？

杨出纳：

对现行的国家税收制度，各位老师能给个整体描述吗？

牛老板：

是啊，我也很想知道目前我国税收的整体框架。

王小红：

好的，请看 税收发展如是说3-2。

> 🏛 **税收发展如是说3-2**
>
> 中华人民共和国成立后，随着社会形态的变化和经济的快速发展，我国进行了一系列税制改革，如1958年的工商税改革，1994年的分税制改革，2006年废除农业税，彻底取消了几千年

的"皇粮",2016年进行全面"营改增"。这些改革代表着我国的税收制度在不断进步和完善。目前我国共有18个税收种类,按征税对象分类,请看图3-2。

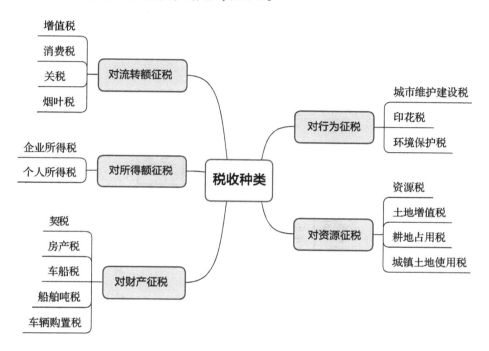

图 3-2 税收种类示意图

3. 哪些税种已经立法?

 刘小白:

这18个税种中立法的已经有12个了,请看税收发展如是说3-3。

🌟 **税收发展如是说 3-3**

目前我国的18个税种中,已陆续立法的有12个,其余6个税种也已逐步进入立法过程,我国还会根据时代的发展调整税种。请看图3-3。

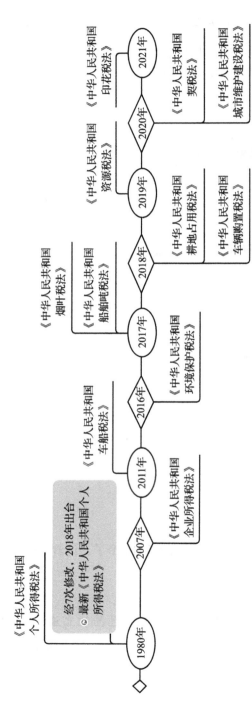

图 3-3 已立法税种示意图

听君一席话 3-1

税法的出台落实了税收法定原则，要求无论公有企业还是私有企业都必须按照税法的规定计算和缴纳税款。

税收的基本特征：强制性、无偿性、固定性。

二、企业为什么要设税务会计岗？

如果你是老板，你对公司会计有什么要求和期望？尤其是在税收的数字监管时代，只会算账行不行？在很重视会计准则的中央企业，目前都专门设置了税务会计岗；那么在广大的民营企业，这个岗位实质上早就存在，因为很多会计的主要精力都放在税收上。所以，目前无论是在央企还是在民企，税务会计岗都是一个重要的岗位。在这个岗位上，不仅要紧跟动态的税收政策，还要掌握管用的减负方法。当抠门的老板让你减轻点税负时，你能在合法的条件下满足他的要求。

1. 税务会计岗到底有啥用？

牛老板：

原来这税已收了几千年了，那您说的这 18 种税，我公司都要缴纳吗？

王小红：

这要根据您公司的经营范围和实际发生的经营活动确定应纳税种。企业通常都会涉及增值税、企业所得税、城市维护建设税和印花税，还需代扣代缴个人所得税。但也有减免政策，比如一些农业企业免征增值税、企业所得税等。您公司有没有税务会计岗位呢？这个岗位能把公司的纳税事宜搞定。

牛老板：

没有，我们公司的税务工作都是会计兼职的。税务会计是个新职业吧？

刘小白：

也算是吧。尽管这个岗位在很多企业已设立多年，但税务会计还属于一个崭新的职业，这也是由目前的税收政策及其在企业中的重要作用决定的。税务会计对企业的涉税事项进行核算和筹划，可以有效提高企业的经济效益。民营企业更要重视这个岗位，因为有立竿见影的效益。

2. 税务会计岗能做哪些事？

牛老板：

我们非常重视税收！这个税务会计岗位具体都做些什么工作呢？请老师们把管用的方法传授给马会计她们。

王小红：

好。总体来说，税务会计这个岗位既要保证企业及时足额地缴纳税款，也要在守法的前提下为企业进行节税筹划，以降低企业的税收成本。具体岗位职责请看图3-4。

葛大侠：

当然，税务会计的基础性工作不局限于图3-4所列示的内容。因为企业的税收实践是复杂多变的，不同地区不同企业都会有特殊的纳税情况发生，为企业降低税收成本的行为都属于税务会计的工作范畴。一个优秀的税务会计要修炼两个硬功夫，即"掌握国家税收政策"和"提升涉税问题处理技能"，这些无疑都需要通过学习来掌握。

牛老板：

税务会计的岗位设置要提上议程啦！但眼前还得马会计先兼兼职。

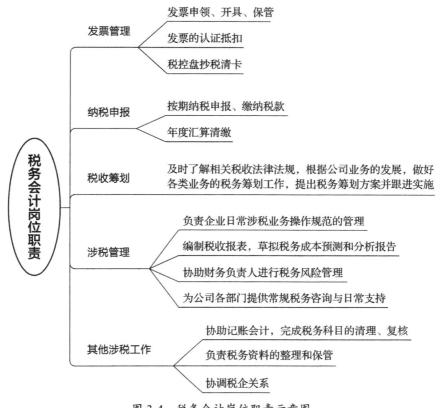

图 3-4 税务会计岗位职责示意图

马会计：

老板，我可以搞定，但需要多加班，也需要领导和业务部门配合我们的工作。我们要解决的实际问题不少呢。

王小红：

的确，落实到具体的工作层面，就是要把握住税务工作要点、熟悉业务，业财税融合才能切实解决实际问题。

💬 听君一席话 3-2

终于明白了，企业的收支业务基本都涉及税收，在企业会计实践中，"财税一体化"已经成为一种常态。

规模企业要设置税务会计岗。税务会计在我国是一个"年轻"的职业，随着我国市场经济的快速发展，多种所有制经济呈现"百花争艳"的局面。日趋复杂的经济环境，加上不断变化的会计准则和税收政策，导致财务会计与税务会计在目标、依据、对象等方面"渐行渐远"，专职的税务会计已成为一种趋势。

更重要的是，日常工作中财务会计和税务会计要各司其职且相互配合工作，每周要定期召开交流会，业务部门也要派人参加，各部门共同提出问题、分析问题、解决问题。这样业财税才能更好地融合。

三、发票都有哪些事儿？

在"以票管税"的现行税收法规中，发票管理是所有企业都头疼的一个问题。名目繁多不说，种类还十分复杂。企业要经营发展，必须和发票打交道，钱给了，对方不开专票只开普票，甚至根本开不来票，这些让人头疼的问题其实可以解决，主要看你有没有用对方法。当然，大家都希望"以数管税"的时代尽快到来，"以票管税"的社会运行成本太高啦！

1. 供应商拖着不开票怎么办？

马会计：

刚好我们有个问题急需解决。我们之前购入一批原材料，款已付，但因在合同上没有明确发票的开票时间，对方一直拖着不给我们开票，急死个人。

王小红：

这个问题确实让人头疼，最好是给对方讲清税收法规，对方有开票的法定义务，不开就涉嫌逃避税收责任。请看图3-5。

能不能只收款不开票?

□《中华人民共和国发票管理办法》（2019年修订）

第十九条 销售商品、提供服务以及从事其他经营活动的单位和个人，对外发生经营业务收取款项，收款方应当向付款方开具发票；特殊情况下①，由付款方向收款方开具发票。

第二十条 所有单位和从事生产、经营活动的个人在购买商品，接受服务以及从事其他经营活动支付款项，应当向收款方取得发票。取得发票时，不得要求变更品名和金额。

□《中华人民共和国税收征收管理法》（2015年修订）

第二十一条第二款 单位、个人在购销商品、提供或者接受经营服务以及从事其他经营活动中，应当按照规定开具、使用、取得发票。

□《中华人民共和国民法典》

第五百九十条 出卖人应当按照约定或者交易习惯向买受人交付提取标的物单证以外的有关单证和资料。

什么时候开票?

□《中华人民共和国发票管理办法实施细则》（2019年修订）

第二十六条 填开发票的单位和个人必须在发生经营业务确认营业收入时开具发票。未发生经营业务一律不准开具发票。

什么时候产生增值税纳税义务?

□《中华人民共和国增值税暂行条例》（国务院令第691号）

第十九条第一款 增值税纳税义务发生时间：发生应税销售行为，为收讫销售款项或者取得索取销售款项凭据的当天；先开具发票的，为开具发票的当天。

未开票的行政处罚是什么?

□《中华人民共和国发票管理办法》（2019年修订）

第三十五条 违反本办法的规定，有下列情形之一的，由税务机关责令改正，可以处1万元以下的罚款；有违法所得的予以没收：

（一）应当开具而未开具发票，或者未按照规定的时限、顺序、栏目，全部联次一次性开具发票，或者未加盖发票专用章的……

图3-5 开票相关政策思维导图

① 收购单位和扣缴义务人支付个人款项时，国家税务总局认为其他需要由付款方向收款方开具发票的。

马会计：

可是有些供应商说了好多次，就是不给我们开票，一拖再拖，早知道就不给他们打款了。

刘小白：

可以警告他们一句"再不开票我们就请税务局协调了"。这种企业一般都怕税务局介入，税务机关有责令对方开票的法定职责；再不行就依法向法院提起诉讼。一听要上法院，对方怕事闹大了，一般就会开票了。

葛大侠：

不管采取哪种措施都会耗费我们的时间成本。所以，在日常交易中就要提前防范发票风险，尽量减少发票纠纷。以后签订合同要注意以下事项，请看 教你一招3-1。

👍 教你一招3-1

合同签订注意事项：

（1）在合同上明确发票的开具时间等具体事项，包括收款方的开票义务、提供发票的类型、税率、时间以及违约赔偿责任等。

（2）若能争取"先开票后付款"，应将其作为条款写入合同中，且在合同实际履行过程中，严格按合同执行，以防对方以交易习惯为抗辩理由改变合同约定。

（3）流程方面，可在付款索要凭据（如收据）环节让对方注明尚未开票；索要发票交回收据后，仍然保留其他相关凭证，如合同、银行回单、入库单等，以证实支出发生的真实性。

2. 无票支出的难题如何解决？

杨出纳：

还有一个问题，我们有些支出对方开不了发票。比如从个人手里收购石子，对方是自然人，石子又不属于农产品，不知道怎么开发票？

刘小白：

您提的这个问题属于无票支出问题，也是很多企业普遍存在的难题。从自然人手里采购材料价格可能会便宜一点，但就是没有发票。很多企业老板算不过账，贪图便宜，就不考虑发票记账的问题了，其实风险更大。

牛老板：

这确实是个问题，我们做生意嘛，买东西首先考虑成本，但对其中的税收风险知道得不多，请老师们多加指教。

王小红：

税收的风险主要来自企业的不知情或蛮干，要解决票据的这个风险，基本方法有两个：一是到税务局代开发票；二是费用外包。

马会计：

到税务局代开发票这事儿我清楚，能否讲一下如何费用外包呢？

王小红：

那我给你们讲一个费用外包的案例吧，看看别的企业是怎么做的，供你们参考。请看 教你一招3-2。

👍 **教你一招3-2**

A公司市场部门的营销费用开支巨大，而且很多支出拿不回发票，造成一定财税损失。为此A公司采取了"市场营销费用外包"的财税处理模式，具体有两种方式。

方式一：将市场营销费用整体外包给专业的营销公司，这样可以取得专用发票。但缺点是专业的营销公司收费较高。

方式二：把市场部门独立出来，单独成立一家企业，具体操作步骤如下。

（1）新成立的企业可以注册在低税区，形式为核定征收的个人独资企业，因为核定征收的个人独资企业税收成本较低，目前税收政策（财政部税务总局公告 2021 年第 41 号）限制股权投资的核定征收，但对股权之外的核定征收尚未明确。

（2）根据 A 公司的销售额核定一个市场营销费用比例，让新成立的企业依据合同承包这笔营销费用，但要注意国家相关成本费用的限制政策。一方面，A 公司可以取得专用发票，也可以就这笔费用进行所得税税前扣除；另一方面，这笔费用在新成立的企业作为收入享受核定征收，纳税成本较低。

3. 增值税专用发票能增加多少利润？

葛大侠：

这个费用外包模式不仅解决了企业所得税的税前扣除问题，还解决了增值税的抵扣问题。但目前税务部门在整顿核定征收企业，新注册较难，可以考虑在低税区收购一家，同时要关注税收洼地的风险。

马会计：

明白了，这真是一个妙招！增值税的抵扣确实是个令人头疼的事。现在发票监管很严，前两天又有一个业务员拿回了普通发票，我们又不能抵扣，损失了 3 万元呢。

王小红：

除了损失这 3 万元，还得再加个 12%。因为进项没能抵扣，应缴的增值税跟着增加了，附加税也就跟着增加了。7% 的城建税 +3% 的教育费附加 +2% 的地方教育费附加，这些附加的税费加起来就是 12%。

马会计：

这么说增值税专用发票 1 元能抵掉 1.12 元。那损失的 3 万元还有 3 600 元没有算进去，以后一定要在合同上注明索取增值税专用发票。

牛老板：

可是有时候我们出去买材料一说要专用发票对方就要涨价，尤其是一些企业。前几天我就碰到一个厂商在报价时明确跟我说不要发票的话就便宜一两万块呢，我听着就心动了。

葛大侠：

牛老板，如果不要发票，表面上你是占了便宜，实际上你可能损失更大。一来，没票无法入账，不知会添多少麻烦；二来，要不到发票无法进行所得税税前扣除，要不到专用发票无法抵扣进项税额。比如 100 万元（不含税）的材料款，没票直接损失 25 万元的所得税税前扣除和 13 万元的进项税额；三来，如果后期和供应商发生合同纠纷，交易证据也不足。所以"买的没有卖的精"，在做生意时不要贪图这些小便宜，以防惹上大麻烦。

牛老板：

懂了！听您这么一说，宁愿买贵点也必须要发票，这账得算清楚。

刘小白：

不光要发票，还得要专用发票。因为这两种票据会对企业利润产生不同的影响。我们用数字来说话，假设企业购进 100 元（含税）货物，以 140 元（含税）售出，增值税税率为 13%，再假设期间费用为售出价的 20%。取得增值税专用发票和普通发票对利润表各项目的影响请看 表 3-1。

表 3-1 取得增值税专用发票和普通发票在进销差价 40 元情形下的利润结构 （单位：元）

利润表项目	专用发票	普通发票
主营业务收入	140÷（1+13%）≈123.89	140÷（1+13%）≈123.89
减：主营业务成本	• 购进的 100 元货物中含进项税额为 100÷（1+13%）×13%≈11.50 • 计入成本的为：100−11.50=88.50	不能抵扣进项税，全额计入成本：100
减：税金及附加（12%）	• 销项税=140÷（1+13%）×13%≈16.11 • 进项税≈11.50 • 附加税=（16.11−11.50）×12%≈0.55	• 销项税=140÷（1+13%）×13%≈16.11 • 附加税=16.11×12%≈1.93
减：期间费用	140×20%=28	140×20%=28
利润总额	利润总额 = 收入 − 成本 − 附加税 − 期间费用 =123.89−88.50−0.55−28=6.84	利润总额 = 收入 − 成本 − 附加税 − 期间费用 =123.89−100−1.93−28=−6.04

王小红：

从计算结果来看，取得专用发票利润总额为 6.84 元，取得普通发票利润总额为 −6.04 元，两者差距 12.88 元。

马会计：

我们还真没这么算过，更没想到同一笔买卖，就因为取得发票的类型不同，导致利润出现差异。那会不会售价越高，利润差距越大呢？

王小红：

这个也得用数据来说话。按照刚才的方法，通过计算得出无论卖价是多少，利润总额都差 12.88 元。计算过程请看表 3-2。

表 3-2 取得增值税专用发票和普通发票在不同销售价格下的利润结构 （单位：元）

利润表项目	专用发票	普通发票	差额	专用发票	普通发票	差额	专用发票	普通发票	差额
售价	140.00	140.00		150.00	150.00		160.00	160.00	
主营业务收入	123.89	123.89		132.74	132.74		141.59	141.59	
减：主营业务成本	88.50	100.00	−11.50	88.50	100.00	−11.50	88.50	100.00	−11.50
减：税金及附加（12%）	0.55	1.93	−1.38	0.69	2.07	−1.38	0.83	2.21	−1.38
减：期间费用	28.00	28.00	0.00	30.00	30.00	0.00	32.00	32.00	0.00
利润总额	6.84	−6.04	12.88	13.55	0.67	12.88	20.26	7.38	12.88

马会计：

懂了。既然购买 100 元的货物取得普通发票会损失 12.88 元的利润总额，那是不是意味着购买 100 元的货物只要优惠超过 12.88 元，要普通发票就会更划算一些呢？

葛大侠：

可以这么理解。但这样的买卖在现实中没几个人能算明白。

马会计：

从优惠比例来看，以后买货时只要对方给的优惠超过 12.88%，我们就可以接受普通发票吧？

刘小白：

这个优惠比例还和增值税税率有关系，所以不能一概而论。我们可以推导出价格优惠比例的通用公式，大家可以根据不同的增值税税率代入计算。请看👉教你一招 3-3。

👍 教你一招 3-3

价格优惠比例 =1÷(1+ 增值税税率)× 增值税税率 ×(1+12%)×100%

验证如下：设定销售价格为 x（含税），购进价格为 y（含税），z 表示期间费用，以增值税税率 13% 为例进行计算。请看👉表 3-3。

表 3-3　取得增值税专用发票和普通发票对利润结构的影响差异

利润表项目	专用发票	普通发票	专用发票 – 普通发票
主营业务收入	$x÷1.13$	$x÷1.13$	① =0.00
减：主营业务成本	$y÷1.13$	y	② =–y（1–1÷1.13）
减：税金及附加（12%）	$(x-y)÷1.13×13%×12\%$	$x÷1.13×13%×12\%$	③ =–（$y÷1.13×13\%×12\%$）
减：期间费用	z	z	④ =0.00
利润总额之差	—	—	⑤ = ① – ② – ③ – ④ =$y÷1.13×13\%×$（1+12%）
价格优惠比例	—	—	⑥ = ⑤ ÷y× 100%=1÷1.13×13%×（1+12%）×100%

王小红：

其实这个优惠结果本质上就是没抵扣的进项税额和多缴的附加税。

葛大侠：

买卖东西的价格谈判其实就是一场博弈，除了要把自己的账算清楚，还要充分掌握对方的信息，这样谈判的筹码才会更大。比如小规模纳税人为什么不愿意开专用发票，因为开出的专用发票不能享受"季度销售额 30 万元以内免增值税"的优惠政策；还有一些免增值税的企业，只要开专用发票就必须放弃免税政策，并且放弃减免税后，36 个月内不得再申请减免税。所以，这些企业宁愿价格让步多一点也不愿开专用发票。了解了对方的顾虑，谈判才会有更大的主动性。

4. 电子发票怎么用？

牛老板：

发票有专用发票、普通发票，现在出差，人家还给我开电子发票，这电子发票和纸质发票是一回事儿吗？

王小红：

是的，电子发票和纸质发票具有同等的法律效力，并且电子发票收发存还更方便。

杨出纳：

我发现取得的电子发票上没有发票专用章，这会不会有问题呀？

王小红：

电子发票上的电子签名代替了发票专用章，所以电子发票不需要销售方盖章了。不过为保险起见，你们最好用"全国增值税发票查验平台"查一下电子发票的真伪。

杨出纳：

我们需要把电子发票打印出来附在记账凭证后面吗？

王小红：

不用。你们可以仅使用电子发票进行报销入账归档。不过有的公司也会要求把电子发票打印出来作为报销依据，记得同时保存好对应的电子发票就行。

杨出纳：

要是不小心开错票了，电子发票可以作废吗？

刘小白：

电子发票不可以作废，如果开错了，先开具红字电子发票进行冲销，再重新开具正确的电子发票。开具红字电子发票时除无须追回已经开具的电子发票及其纸质打印件外，其他程序与开具纸质红字发票相同。

杨出纳：

电子发票虽然使用方便，但总怕自己漏看邮件或者少下载了，造成发票遗漏。

王小红：

您这个担忧好解决，只要登录增值税发票综合服务平台就可以查询下载企业收到和开出的所有发票信息，包括纸质发票和电子发票。并且发票的信息非常齐全，包括开票方、收票方的名称，税号，开票日期，发票的代码、号码、状态、金额、税额等。

刘小白：

使用电子发票时还需注意：电子发票因其可以重复自行打印，企业应采取有效措施避免重复列支等税收风险。

> 💬 **听君一席话 3-3**
>
> 企业的日常生产经营离不开发票，尤其在我国"以票管税"的监管方式下，发票的重要程度不言而喻，发票不仅是企业合法经营的重要凭据，也是保障企业利益的重要证据。
>
> 无票支出存在很大的风险，企业应当尽量取得发票，一般纳税人更要尽量取得增值税专用发票，这不光影响增值税的抵扣，还会影响企业的利润表数据。所以企业在日常签订合同时就要把发票的相关条款写入合同，以保护自己的合法权益；如果从个人手里购入商品，实在无法取得发票，企业可以考虑费用外包模式以规避风险。
>
> 近几年，国家推行电子发票，这既能更好地对发票进行监管，也能为企业的发票管理带来便利，企业应尽快熟悉使用电子发票。

四、增值税的财税处理技巧有哪些？

> "一税独大"的增值税是企业重要的税种之一，但也不是钢板一块。在现行的税收政策法规中，有很多优惠导向。这就存在减轻税负的可能，比如"分签租赁合同""租赁加人工变成服务"等，都可以降低税率；"买设备的一揽子工程"和"公司＋农户"的经营模式也能达到节税的目的；而公司的会议费、交通费、快递费等也存在扣除规定和技巧。本章将为你一一道来……

1. 签署合同时为啥要价税分离？

牛老板：

我们企业的增值税每年可不少缴，去年一年总公司就缴了将近 6 000 万元，我想问一下几位专家有没有一些降低税负的办法呢？

王小红：

有。但您作为管理者，首先得了解什么是增值税。增值税是价外税，应税交易的计税价格不包括增值税税额。所以企业在日常行为中，从签署合同开始就要关注合同价到底含不含增值税，这也是最基本的降低税负的方法。

牛老板：

合同总价含不含增值税有什么区别呢？

刘小白：

当然有区别。比如 100 万元的交易额，税率为 13%，如果签署合同价税不分开，那 100 万元就是相关税种的计税基数；如果价税分开列明，货款 88.5 万元、增值税 11.5 万元，那 88.5 万元就是计税基数。基数越大，缴的税越多。

牛老板：

哦，我明白了。在签署合同时要搞清楚到底含不含税，这也是企业的利益，利益面前我们要锱铢必较。

葛大侠：

合同是企业交易的起点，合同怎么签署不仅仅要依据合同法，还要充分考虑税法，比如税法规定按合同上的交易价缴纳印花税，但是很多企业依据常年养成的工作习性，在签订合同时往往就签订一个交易总额，未明确分离货款和税款，那么就得按交易总额缴纳印花税，导致企业该减的税负没有减掉。如果涉及契税，也是相同的道理。所以，凡是在合同上没有分签税款的，都增加了一笔看不见的成本，即纳税成本。请看 案例分享 3-1。

案例分享 3-1

情形一：以合同金额 100 亿元为例，印花税按 3‰、双方贴花、进销两头贴花计 1.2‰ 计算，合同中如未明确分离税款和货款，那么合同就得按照 100 亿元缴纳印花税 1 200 万（=100 亿 ×1.2‰）元。如果将这 100 亿元按 13% 的增值税税率，分离为 88.5 亿元的不含税价和 11.5 亿元的增值税款，纳税基数就是不含税价 88.5 亿元，缴纳印花税 1 062 万（=88.5 亿 ×1.2‰）元。所以分离税款签订合同可以节约印花税 138 万（=1 200 万 –1 062 万）元。

情形二：契税实行 3% ～ 5% 的幅度税率。实行幅度税率是国家考虑到中国经济发展的不平衡，各地经济差别较大这一实际情况。按 100 亿元交易额及 3% 的契税税率计算，含税价要缴税 3 亿（=100 亿 ×3%）元，不含税价只缴税 26 550 万（=88.5 亿 × 3%）元，分离税款签订合同可以节约契税 3 450 万元。

2. 分签租赁合同能省下多少增值税？

牛老板：

说到合同，我有个工厂出租，签了 3 年合同，每年租金 500 万元。去年光增值税和房产税就缴了 100 多万元，这税也太高了吧！

葛大侠：

你们是不是厂房和机器设备一起打包出租的？就签了一个租赁合同？

牛老板：

是啊，工厂不都这么租的吗？

葛大侠：

牛老板，你们这样签合同可亏大了。这份租赁合同没有区分房屋和设备,也没区分新旧资产,而税法的征收是有具体对象和范围的。

比如房产税,是针对房产征收的税种,对机器设备不征收,但如果把房产和机器设备混在一起,依据"沾着就算"的原则,机器设备就裹在里头缴纳房产税了。

再比如增值税,没有抵扣过进项税的老设备适用 3% 的简易征收率,抵扣过进项税的新设备适用 13% 的税率,混在一起,就高不就低,一律适用 13% 的税率。此外,老房子适用 5% 的税率,新房子适用 9% 的税率,如果跟机器设备混淆在一起,沾着就算,一律按最高税率 13% 来计算缴纳增值税。

所以,按照你们签订合同的方式需要缴纳房产税 53.10〔=500÷(1+13%)×12%〕万元,销项税 57.52〔=500÷(1+13%)×13%〕万元,仅这两项税款就是 110.62 万元。除此之外还有 25% 的企业所得税。

牛老板:

您算得比我还清楚。这要是加上企业所得税就更多了,200 多万元呢。我那工厂可都是老房子和老设备啊!

葛大侠:

其实只需在合同上把不同的交易物分别签清楚,就可以防止"缴了不该缴的税"。像您这个老工厂出租,可以在合同上分别签署老房子租赁 200 万元,旧设备出租 300 万元,这样就能在房产税和增值税上节税 69.50 万元,节税幅度高达 62.83%。具体计算请看表 3-4。

表 3-4 混签方式和分签方式对比 (单位:万元)

合同模式	租金		房产税	增值税	房产税+增值税	节税
混签方式	500		500÷(1+13%)×12%=53.10	500÷(1+13%)×13%=57.52	110.62	
分签方式	房屋	200	200÷(1+5%)×12%=22.86	200÷(1+5%)×5%=9.52	41.12	69.50
	设备	300	—	300÷(1+3%)×3%=8.74		

3.出租厂房的增值税税率如何由9%降为3%？

牛老板：

我还有一个新厂房也是闲置的，怎么出租能少缴点税呢？

王小红：

如果只出租厂房的话，要按照不动产租赁业务缴纳增值税，税率为9%。要是对方用来存储货物，最好签成仓储合同，再配个管理员，就可以按照仓储服务缴纳增值税，税率为6%，能节约3%的税款。100万元的租金大约能节约3万元的增值税。

葛大侠：

不止这样，仓储服务还可以选择简易计税，享受3%的征收率。这样算来每月100万元的租金只需要缴纳约3万元的增值税。另外房产税也可以按1.2%计算，不按出租收入的12%计算，也是很大的一笔节约。

牛老板：

这操作也太厉害了，能省下这么多税！那是不是出租业务都可以这样操作，只要配备人员，增值税税率就能降低？

王小红：

当然不是所有的出租业务都适用这种方法，依据财税〔2016〕140号第十六条：纳税人将建筑施工设备出租给他人使用并配备操作人员的，按照"建筑服务"缴纳增值税。其他行业可参照执行，请看☞表3-5。

表3-5 不同租赁服务节税筹划

序号	出租类型	税目	税率
1	建筑设备	有形动产租赁	13%
	建筑设备+操作人员	建筑服务	9%

（续）

序号	出租类型	税目	税率
2	仓库	不动产租赁	9%
	仓库+管理员	仓储服务	6%
3	会议场地	不动产租赁	9%
	会议场地+服务员	会议展览服务	6%
4	汽车	有形动产租赁	13%
	汽车+司机	交通运输服务	9%
5	飞机	有形动产租赁	13%
	飞机+机组人员	交通运输服务	9%
6	船舶	有形动产租赁	13%
	船舶+操作人员	交通运输服务	9%

4. 设备是买还是租？

牛老板：

我们有很多生产线都十多年了，已经不适应公司新产品的生产，我想更新生产线，能不能帮我做一下节税筹划呢？

葛大侠：

企业进行设备更新，不仅要考虑生产效益还要考虑节税效益。比如，有的企业将老设备出租或者出售，再购入或租入新设备，通过不同的组合方式既获得了新设备，又能合理节税。

牛老板：

具体该怎么组合呢？

王小红：

组合方式基本有以下 5 种：卖旧买新、租旧买新、租旧租新、卖旧租新、以旧换新。每种方式下增值税的节税效益都不同，具体分析请看表 3-6。

表 3-6 不同组合方式获得设备的增税节税效益

组合方式	案例说明	增值税	节税分析	对比优势分析
卖旧买新（卖出旧设备，购买新设备）	企业将一台旧设备卖给专业租赁公司，价值100万元，向其开具普通发票；又从另一家供应商处购进一台设备，价款合计也是100万元，取得13%税率的增值税专用发票	销售旧设备： 销项税=1 000 000÷(1+3%)×2%=19 417.48（元） 购进新设备： 进项税=1 000 000÷(1+13%)×13%=115 044.25（元）	同是100万元，企业可减少增值税95 626.77（=115 044.25-19 417.48）元，节税效果比较明显	—
租旧买新（租出旧设备，购买新设备）	企业将自己使用过的一台老设备出租，租期为4年，每年年底收到租金10万元，并向承租方开具普通发票；企业重新一次性购买了一台价值100万元的同型号设备	出租旧设备： 销项税=100 000÷(1+3%)×3%=2 912.62（元） 购进新设备： 进项税=1 000 000÷(1+13%)×13%=115 044.25（元）	当年可以减少112 131.63（=115 044.25-2 912.62）元的增值税。但后3年因无该设备的抵扣，每年需缴纳2 912.62元的增值税。总计到后3年的增税情况，共可减少增值税103 393.77（=115 044.25-2 912.62×4）元	"租旧"与"卖旧"相比，租出旧设备属于经营性有形动产租赁，虽然租金收入按3%的税率计税，比"卖旧"收入按2%的实际税率长期看，"租旧"收入大于"卖旧"收入，并且设备的价值仍然体现在企业的资产账面上；而同时购进新的设备，也会增加企业资产的价值，能扩大资产规模，也有利于吸引投资者
租旧租新（租出旧设备，租入租新的类似设备）	假设企业将自己使用过的一台老设备出租，租期为4年，每年年底收到租金10万元，并向承租方开具普通发票；另从承租方租人一台全新的同类设备，租期4年，每年租金27万元	出租旧设备： 销项税=100 000÷(1+3%)×3%=2 912.62（元） 租进新设备： 进项税=270 000÷(1+13%)×13%=31 061.95（元）	每年可以减少增值税28 149.33（=31 061.95-2 912.62）元。租旧4年共可减少增值税112 597.32（=28 149.33×4）元	"租旧租新"的好处在于：租金收入的销项税额与租赁支出的进项税额同步抵扣，有利于稳定的企业增值税税负。其贡献点是：租人的新设备不能增加企业的资产规模，企业要全盘考虑，不能为税而租

卖旧租新（卖出旧设备，租进新设备）	假设企业将一台旧设备卖给专业租赁公司，向其开具普通发票；另从租赁公司租入一台全新的更先进的设备，租期4年，每年租金27万元	销售旧设备： 销项税=1 000 000÷(1+3%)×2%=19 417.48（元） 租进新设备： 进项税=270 000÷(1+13%)×13%=31 061.95（元）	当年可以减少增值税11 644.47（=31 061.95−19 417.48）元。但后3年租进的新设备每年可抵扣31 061.95元的增值税。考虑到后3年的纳税，总共也可减少增值税104 830.32（=31 061.95×4−19 417.48）元	"卖旧租新"的好处在于：卖掉旧资产可以回笼资金，而租入新设备是按年支付租金，有利于缓解企业的资金压力。其缺点是：卖掉的旧设备从企业账面上注销了，而租入的资产不能计入企业的固定资产，从而导致企业的固定资产的账面价值减少了
以旧换新（企业用旧设备跟生产商那换取一台新设备，旧设备作价给供应商，补价取得新的设备，供应商按售价100万元开具了增值税专用发票）	假设企业用一台五成新的设备从供应商那换取一台新设备。旧设备原值为100万元，已提折旧40万元，作价50万元给供应商，补价50万元取得新的设备，供应商按售价100万元开具了增值税专用发票	旧设备视同销售： 销项税=500 000÷(1+3%)×2%=9 708.74（元） 购进新设备： 进项税=1 000 000÷(1+13%)×13%=115 044.25（元）	进销项相差105 335.51元，即减轻的增值税税负占50万元补价的21.07%（=105 335.51÷500 000）	"以旧换新"一般要根据换出设备的成新率来确定换入新设备的补价。设备较新，补价就少，设备较旧，补价就多。从企业长足发展来说，一些设备迟早要更新，所以，企业换入新设备承担的补价，可以看作设备成本的同价值带来的费用，但这笔费用可以获取较多的进项税额

注：上述方案中出售设备都选择简易计税方法，这样节税效果更明显。

葛大侠：

这些组合各有优劣，企业要综合考虑实际需求和税收利益来进行选择。购进设备也有节税技巧，请看👍教你一招 3-4。

👍 **教你一招 3-4**

购进生产设备最好采用"一揽子工程"方式签订合同，即设备买价、调试费、安装费用、培训费等一口价谈好，都开在设备款里，这样就可以获得 13% 税率的进项抵扣。

而卖东西尽量采取"兼营"方式，把不同税率的项目分开开票，以减少销项税额。当然实际操作还需要与往来各方进行谈判来确定最终交易方式。这关键要看下家对增值税抵扣的态度。小规模纳税人和自然人购买商品无须抵扣进项税，这也是节税空间。

杨出纳：

"兼营"和"混合销售"到底怎么区分呢？能否直截了当地让业务员明白？

王小红：

兼营就是企业的销售业务和服务业务不同时对着一个客户，比如销售电视机的企业，同时也在维修各种电器，意味着"你不在我这儿买东西，我也可以给你维修"，这就属于兼营行为。兼营应当分别核算适用不同税率或者征收率的销售额，未分别核算的，从高适用税率。

混合销售就是企业的销售业务和服务业务同时对着同一客户，比如销售电视的企业负责送货上门，意味着"你在我这儿买电视，我才给你送货"，这就属于混合销售。混合销售应从主适用税率或者征收率。

葛大侠：

注意国家税务总局公告 2017 年第 11 号中规定了一个特例：纳税

人销售活动板房、机器设备、钢结构件等自产货物的同时提供建筑、安装服务，不属于《营业税改征增值税试点实施办法》（财税〔2016〕36号文件印发）第四十条规定的混合销售，应分别核算货物和建筑服务的销售额，分别适用不同的税率或者征收率。也就是"自产自安"业务可以分别计税，但关键还得看下家的增值税态度，即要不要抵扣进项税？这个环节确实存在节税空间。

5. "公司＋农户"的经营模式可以省下多少增值税？

马会计：

我们最担心该缴的税款没有缴，不该缴的缴了，最终引发风险。有什么防范措施吗？

葛大侠：

有。但是不同的企业有不同的侧重点，当然也有共同点，那就是充分利用国家的减免税政策，在保证合法经营的前提下，尽量减轻企业税负。当然，享受减免税时别忘了办理相关手续，请看📖知识链接3-1。

📖 知识链接3-1

纳税人在享受减免税时需要关注是否需要办理相关减免税手续，减免税分为核准类减免税和备案类减免税。

核准类减免税是指法律、法规规定应由税务机关核准的减免税项目，纳税人享受核准类减免税，应当提交核准材料，提出申请，经依法具有批准权限的税务机关按规定核准确认后执行。

备案类减免税是指不需要税务机关核准的减免税项目。纳税人享受备案类减免税，应当具备相应的减免税资质，并履行规定的备案手续。随着税务机关行政审批制度改革的不断深化，目前大部分税收减免由核准制改为备案制。

减免税如何办理、需要提交哪些资料，纳税人可以通过国家税务总局网站中的"纳税服务"–"办税指南"–"4-优惠办理"去查询。

牛老板：

我有个养牛的涉农公司，卖牛肉享受免增值税政策。但是把牛肉加工成牛肉干就要缴13%的增值税。这部分税负太高了，有没有办法降低呢？

王小红：

税负高是因为你们没有充分获得进项抵扣。如果牛肉能按10%抵扣进项，税负自然就降下来了。

马会计：

可是牛肉是我们自产的，怎么获得进项呢？

王小红：

你们可以这么做：拆分现有公司并采取"公司+农户"的经营模式。具体操作细节请看 教你一招3-5。

教你一招3-5

把现在的公司拆分为屠宰厂和肉制品加工厂两个公司，分别进行工商税务登记，独立核算。其中，屠宰厂采取"公司+农户"的经营模式，即向农户提供小牛种、饲料、兽药及疫苗等，等养成成品牛后，统一由屠宰厂回收进行屠宰，再由屠宰厂把未经加工的牛肉卖给肉制品加工厂。

这样操作后可以产生以下节税效果：

（1）屠宰厂从农户手中收购成品牛分割成牛肉，属于农业生产者自产自销农产品，可以享受免征增值税的优惠政策（政策依据参见图3-6），税负为零。

（2）肉制品加工厂购买屠宰厂的牛肉，可以作为采购农业初级产品处理,即按收购价提取 10% 进项税额,这样就充分获得进项抵扣了。

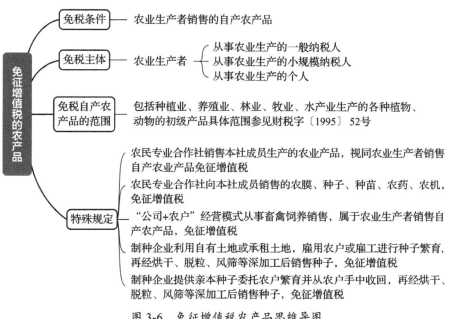

图 3-6 免征增值税农产品思维导图

 刘小白:

这样操作既能让上游免了增值税,下游还能抵扣进项税,节税效益显著。请看案例分享 3-2。

案例分享 3-2

传统的"一条龙"经营模式与拆分公司+"公司+农户"经营模式的税负对比案例分析

1."一条龙"经营模式

某公司是农业产业化龙头企业,采取"一条龙"经营模式,公司分为养牛厂和肉制品加工厂两个分部。养牛厂负责养牛,生产牛肉;肉制品加工厂负责把牛肉加工成肉制品,进行销售。该公司一年的销售收入是 30 000 万元，销项税额为 3 900 万元，进项税额为 580 万元。其应纳增值税及税负计算如下：

①增值税销项税额 =3 900（万元）

②允许抵扣的进项税额 =580（万元）

③应缴纳增值税 =3 900-580=3 320（万元）

④增值税税负 =3 320÷30 000=11.07%

所以一年的增值税为 3 320 万元，税负高达 11.07%。

分析："一条龙"的经营模式是公司税负高的主要原因。在这个"一条龙"经营模式下，公司在企业的组织形式上没有将养牛厂与肉制品加工厂分开，没有分别独立核算，所以只能算作工业生产企业，销售肉制品不能享受到增值税税法规定的农业生产者自产自销的农产品免征增值税的优惠政策。

2. 拆分公司 +"公司 + 农户"的经营模式

如果该公司打破"一条龙"经营模式，拆分为屠宰厂和肉制品加工厂两个公司，分别进行工商税务登记，独立核算。其中，屠宰厂采取"公司 + 农户"经营模式。依据企业当年的数据，可以得出以下筹划效果。

假设牛肉的收购价占肉制品总收入的 60%，那么，我们可以得出：

①增值税销项税额 =3 900（万元）

②允许抵扣的进项税额 =30 000×60%×10%=1 800（万元）

③应缴纳的增值税 =3 900-1 800=2 100（万元）

④增值税税负 =2 100÷30 000=7%

可以看出，这比以前缴纳的 3 320 万元节约了 1 220 万元，降幅为 36.75%；增值税税负从 11.07% 降到了 7%，这个节税效益是十分可观的。

杨出纳：

增值税和企业所得税对农产品都有减免税优惠政策。那这两个税种对减免税农产品的界定是一回事儿吗？

王小红：

这两个税种对减免税农产品的界定并不完全统一。增值税免税农产品的范围包括种植业、养殖业、林业、牧业、水产业生产的各种植物、动物的初级产品，具体参见财税字〔1995〕52号文；企业所得税减免税农产品的范围参见《中华人民共和国企业所得税法实施条例》，具体请看图3-7。

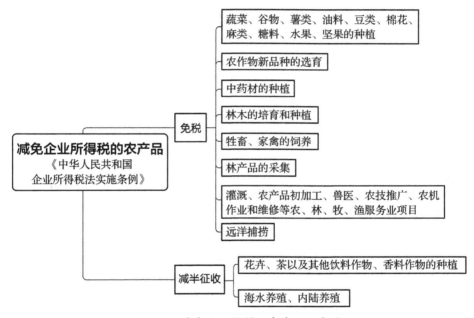

图3-7 减免企业所得税农产品示意图

杨出纳：

初加工农产品可以免征企业所得税，而我们加工的牛肉干是属于初加工还是深加工，该怎么界定，有没有具体标准呢？

王小红：

有标准，财税〔2008〕149号文和财税〔2011〕26号文规定了享受企业所得税优惠政策农产品的初加工范围，你们可以学习一下。像屠杀、分割牛肉就属于初加工，而生产牛肉干就不属于了。

马会计：

要是采取"公司＋农户"的经营模式，卖牛肉还能免企业所得税吗？

王小红：

当然可以。国家税务总局公告2010年第2号明确规定了以"公司＋农户"经营模式从事农、林、牧、渔业项目生产的企业，可以享受减免企业所得税优惠政策。

马会计：

眼前我还有个问题，我们这个涉农公司的水电费一直都是养殖和加工合在一起开的发票，进项税就按照专用发票上的金额全给抵扣了，这样做有没有涉税风险呢？

王小红：

肯定有风险，根据增值税政策（请看图3-8）：免征增值税项目对应的进项税额不得从销项税额中抵扣。养殖场卖牛肉免了增值税，对应的进项税额就不能抵扣了。建议你们根据产值进行分配，把养殖部分对应的水电费做进项税转出处理。

葛大侠：

企业在税务处理时一定要注意上面这些不能抵扣的情形，否则就会违反国家的相应法规，给企业带来大麻烦。

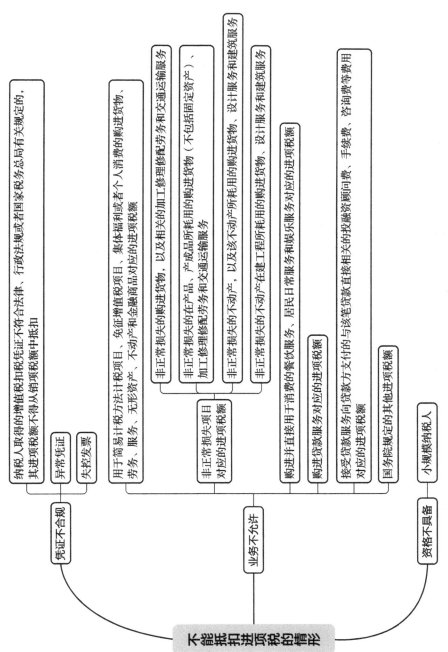

图 3-8 不能抵扣进项税的情形思维导图

6. 会议费中的餐饮支出能否抵扣进项税？

王小红：
说到这儿，顺便问一句，你们公司每年的会议费是怎么抵扣进项税的？

马会计：
我们都是根据会议费专用发票，全额抵扣了进项税，这样做没什么问题吧？

王小红：
果然是这样，很多企业都是这么操作的，只要取得专用发票就抵扣，根本不管能不能抵。如果你们的会议费发票中含有餐饮费的话，你们就违反了增值税的相关规定：购进并直接用于消费的餐饮服务对应的进项税额不得从销项税额中抵扣。建议你们就会议餐饮部分做进项税转出处理。

马会计：
可是发票中只列了会议费总额，根本看不出来餐饮费是多少，该怎么处理呢？

王小红：
那就根据费用清单分离餐饮支出，做进项转出就行了。

葛大侠：
以后再遇到这种情况，在增值税发票综合服务平台勾选发票抵扣时直接调整发票的"有效抵扣税额"，剔除餐饮费的进项税额，这样餐饮费的进项就未做抵扣了。当然，最好的方法是在签订合同时就和会议服务方约定将会议费中的餐饮支出单独开具在一张普通发票上。

王小红：
注意！各地对于会议费的开票规定有所不同，具体请看图3-9。

葛大侠：

提醒一句：会议餐饮费即使可以分项开具或者一并开具到一张专用发票上，并不意味着就可以全额抵扣进项税额。纳税人需要关注涉税风险。

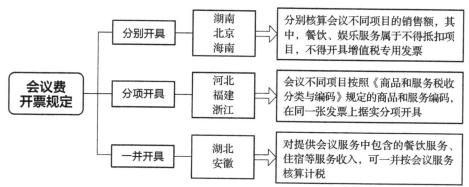

图 3-9　部分地区会议费开票规定示意图

 马会计：

好的，以后餐饮费单独开票。现在的问题是我们的会议支出凭证只有发票，其他资料恐怕很难找到，不好分离餐饮支出啊！

 刘小白：

只有发票的话还可能导致会议费不能在企业所得税税前扣除，尤其在监管较严的地方。请看 政策链接 3-1。

📖 政策链接 3-1

（1）《国家税务总局关于发布〈企业所得税税前扣除凭证管理办法〉的公告》（国家税务总局公告 2018 年第 28 号）第七条：企业应将与税前扣除凭证相关的资料，包括合同协议、支出依据、付款凭证等留存备查，以证实税前扣除凭证的真实性。

（2）《河北省地方税务局关于企业所得税若干业务问题的公告》（河北省地方税务局公告 2011 年第 1 号）规定：十四、关于会议费的扣除问题。对纳税人年度内发生的会议费，同时具备以下条件的，在计征企业所得税时准予扣除。(一)会议名称、时间、地点、目的及参加会议人员花名册；(二)会议材料（会议议程、讨论专件、领导讲话）；(三)会议召开地酒店（饭店、招待处）出具的服务业专用发票⊖。企业不能提供上述资料的，其发生的会议费一律不得扣除。

葛大侠：

企业所得税税前扣除在实践中除了要依据发票外，还要提供发票的"旁证"。"旁证"不仅是企业证明生产经营的重要凭证，也是维护自身利益的重要证据，企业应加强"旁证"的管理。比如对会议费进行账务处理时，原始凭证除了附上会议发票外，还可要求附上参会人员签到表、会议议程单、与会议承办方签订的合同等证据。

7. 交通费的小额票据如何抵扣？

马会计：

以前我只注意到报销差旅费时餐饮支出不能抵扣进项，因为它有单独的发票。对于会议费发票里面含的餐饮支出我还真没注意到。

王小红：

差旅费方面，以前餐饮费和交通费都不能抵扣，现在交通费能抵扣了，你们不要漏抵了。

杨出纳：

我就是怕漏抵，因为交通费的票据有好多种啊，而且像飞机票、高铁票只有金额没有税额，按多少抵扣，总怕自己搞错了。

刘小白：

交通费是计算抵扣，不同项目的抵扣税率不一样，有些项目还不能抵扣，所以需要掌握规定，具体请看图3-10。

⊖ 营改增后改为增值税发票。

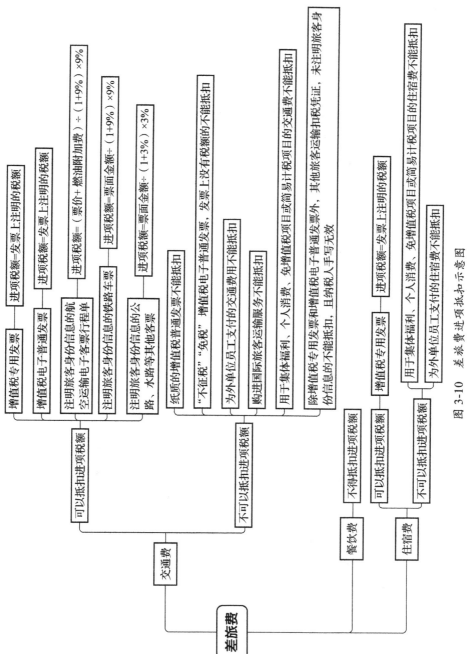

图 3-10 差旅费进项抵扣示意图

杨出纳：
增值税的计算我明白了，在企业所得税方面，差旅费是不是都能税前扣除呢？

王小红：
一般情况下企业内部人员常规出差发生的差旅费可以全额扣除，但是一些特殊情形要按照相关规定进行税前扣除。具体请看图3-11。

杨出纳：
那员工报销差旅费以及发放给员工个人的差旅费津贴、误餐补助都需要代扣代缴个人所得税吗？

王小红：
员工凭票据实报销的差旅费不需要缴纳个人所得税；企业额外给员工的差旅费津贴和误餐补助依据个人所得税法也不需要缴个人所得税。

马会计：
我还有个难题，有时候员工开车出差，回来报销时会有一些小额的通行费发票，比如过桥、过路费等票据。这些发票因为金额太小，常常就忘了抵扣进项，有什么办法可以避免这种失误吗？

刘小白：
有办法，企业可以定期检查清理记账凭证，将漏抵扣的发票汇总到抵扣台账，然后再集中进行进项税的抵扣及费用冲减，这样就可以杜绝少抵漏抵情形。冲减分录如下：
借：应交税费——增值税（进项税额）
借：管理费用等科目（红字）
具体抵扣汇总台账参见表3-7。

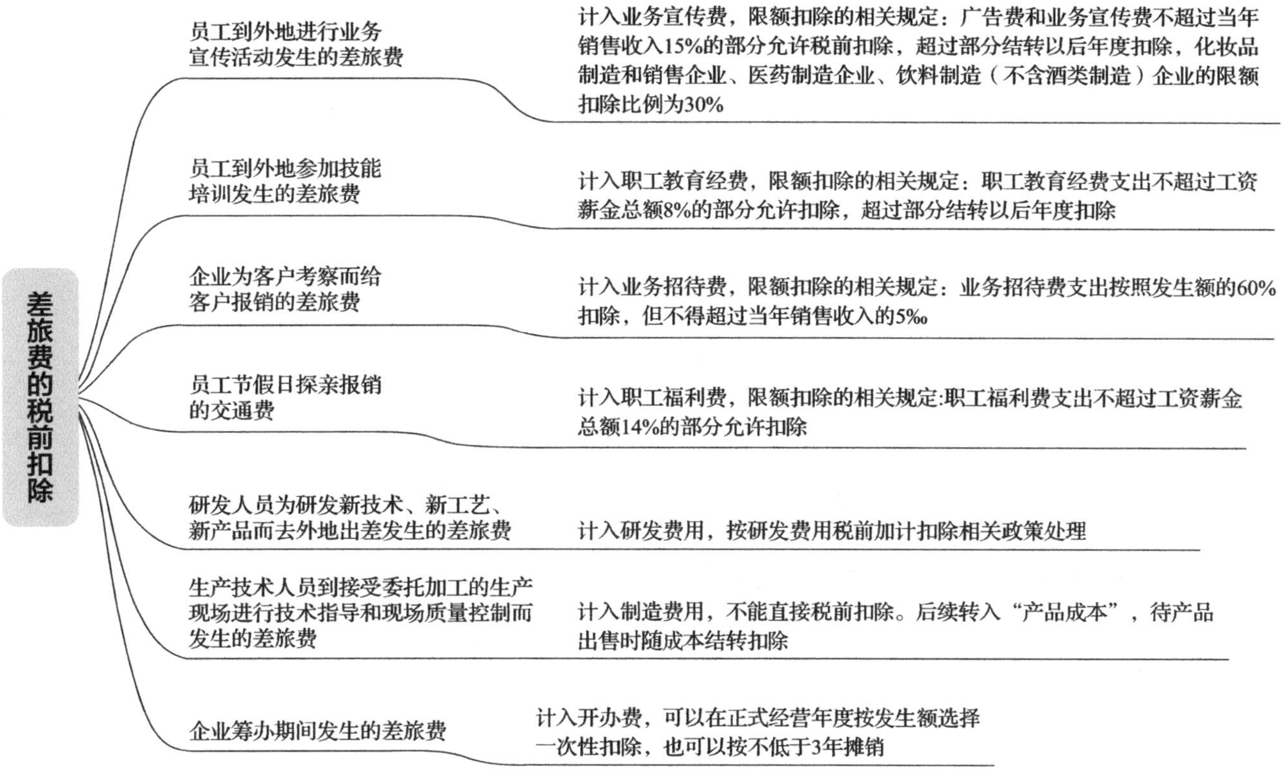

差旅费的税前扣除

- 员工到外地进行业务宣传活动发生的差旅费 → 计入业务宣传费，限额扣除的相关规定：广告费和业务宣传费不超过当年销售收入15%的部分允许税前扣除，超过部分结转以后年度扣除，化妆品制造和销售企业、医药制造企业、饮料制造（不含酒类制造）企业的限额扣除比例为30%

- 员工到外地参加技能培训发生的差旅费 → 计入职工教育经费，限额扣除的相关规定：职工教育经费支出不超过工资薪金总额8%的部分允许税前扣除，超过部分结转以后年度扣除

- 企业为客户考察而给客户报销的差旅费 → 计入业务招待费，限额扣除的相关规定：业务招待费支出按照发生额的60%扣除，但不得超过当年销售收入的5‰

- 员工节假日探亲报销的交通费 → 计入职工福利费，限额扣除的相关规定：职工福利费支出不超过工资薪金总额14%的部分允许扣除

- 研发人员为研发新技术、新工艺、新产品而去外地出差发生的差旅费 → 计入研发费用，按研发费用税前加计扣除相关政策处理

- 生产技术人员到接受委托加工的生产现场进行技术指导和现场质量控制而发生的差旅费 → 计入制造费用，不能直接税前扣除。后续转入"产品成本"，待产品出售时随成本结转扣除

- 企业筹办期间发生的差旅费 → 计入开办费，可以在正式经营年度按发生额选择一次性扣除，也可以按不低于3年摊销

图 3-11 差旅费税前扣除特殊情形思维导图

表 3-7 待抵进项税汇总表

序号	月份	发票号	抵扣额/计算公式	入账科目						二级科目	已勾选确认（√）/已认证（○）	备注
				管理费用		销售费用		生产成本/工程施工				
				入账金额	抵扣金额	入账金额	抵扣金额	入账金额	抵扣金额			
	合计											

8. 维修费、装修费、快递费的增值税税率到底是多少？

马会计：

最近总部办公楼渗水，叫了物业公司来修理，花了 2 000 元。物业公司前几天开来了 6% 的专用发票，但是我觉得办公楼维修费应该按照"建筑服务"开 9% 税率的发票。我跟物业交涉了一番，结果物业说他们按照"企业管理服务"缴税，税率本来就是 6%。这个维修费到底按哪个税率呢？

王小红：

对于物业公司提供维修服务，是属于企业管理服务还是属于建筑服务要根据不同情况区别对待：

（1）如果是物业费范围之内的修理服务，即物业管理服务合同中约定的维修项目，物业公司不再单独收费，这种情况下的维修应按照"企业管理服务"税目缴纳增值税，一般纳税人适用税率为 6%。

（2）如果是物业费范围之外的修理服务，物业公司会单独收费，维修对象如果是不动产，应当按照"建筑服务"税目缴纳增值税，一般纳税人适用税率为 9%。

所以，既然对你们单独收费了，就可以要求物业公司开具 9% 的发票。

杨出纳：

物业公司的服务项目挺多的，有点难区分呀。

刘小白：

确实是这样的，我们总结了物业公司一些常见经营项目的增值税税率表，你们可以了解一下，请看表3-8。

表3-8 物业公司的经营项目及增值税适用税率

序号	收入类型	税目	税率或征收率	
1	物业服务收入（物业费）	企业管理服务	一般纳税人	6%
			小规模纳税人	3%
2	停车租赁费	不动产经营租赁	一般纳税人	9%
			小规模纳税人或选择简易征收办法的一般纳税人	5%
3	停车服务费	企业管理服务	一般纳税人	6%
			小规模纳税人	3%
4	电梯、楼宇广告费收入	不动产经营租赁	一般纳税人	9%
			小规模纳税人或选择简易征收办法的一般纳税人	5%
5	装修服务	建筑服务	一般纳税人	9%
			小规模纳税人	3%

葛大侠：

注意了！同一应税项目，在不同的条件下，税率可能不一样。比如，同城快递按照"物流辅助服务"适用6%的税率；"异地投递"按交通运输服务，适用9%的税率。财务人员要注意这些细节，以保证企业税收利益。

马会计：

懂了，那我们发生的这2 000元维修费，可以一次性全额税前扣除吗？

王小红：

可以的。金额较小的维修、装修费可以一次性全额税前扣除；而大修理支出（修理支出达到取得固定资产计税基础50%以上，而且维修后使用年限延长2年以上）作为长期待摊费用在固定资产尚可使用年限内分期摊销。

马会计：

公司办公室还顺便装了个空调，空调费可以一次性全额税前扣除吗？

刘小白：

可以的。根据财税〔2018〕54号文的规定，企业新购进的设备、器具，单位价值不超过500万元的，允许一次性计入当期成本费用在计算应纳税所得额时扣除，不再分年度计算折旧。安装空调还需注意两点：

（1）如果安装的是中央空调，要计入房屋原值计征房产税；如果是外挂空调，则无须计入房屋原值缴纳房产税。

（2）如果购入的空调用于简易计税方法项目、免征增值税项目、集体福利或者个人消费，进项税额不得从销项税额中抵扣。比如企业食堂安装空调就属于集体福利，对应的进项税额不得抵扣。

9. 预付卡如何进行财税处理？

杨出纳：

前几天负责送货的司机提出办张加油充值卡，这样他加油方便，也不用垫支油钱了。油卡好用是事实，但是每次充值只能取得"不征税"的增值税普通发票，不能抵扣进项税呀。

王小红：

该办还得办。您的担忧也可以解决，要想取得增值税专用发票，只要充值时不开发票，等后续消费后就可以开具专用发票了。开票注意事项请看☞。爱心提示3-1。

💟 **爱心提示 3-1**

（1）办理加油充值卡，只能选择在充值或者消费的其中一个环节开具发票。

（2）如果选择在充值时开具发票，只能取得"不征税"的增值税普通发票，且消费后无法再取得发票。

（3）如果选择在消费后开具发票，可以等卡消费完再累计去开增值税专用发票。

杨出纳：

这个操作我还真不知道，可是充值不要发票的话，我们怎么入账呢？

刘小白：

可以凭借充值的证据，比如收据、支付凭证等入账。充值时先记入"预付账款——加油卡"账户，等实际消费后再凭专用发票计入企业的相关费用。

杨出纳：

那每次充值的费用可以一次性在企业所得税税前扣除吗？

王小红：

不可以。只有等实际消费后才可以据实扣除。

杨出纳：

懂了！这样看来，加油充值卡其实和单位的 ETC 卡处理差不多。

刘小白：

是的。它们的处理只有一个不同之处：ETC 充值卡的进项税抵扣必须取得征税增值税电子发票。只有通过经营性公路才能取得征税的增值税电子发票，通过政府还贷公路取得的是通行费财政电子票据。具体的财税处理请看表 3-9。

表 3-9　ETC 充值卡的财税处理

用途	充值环节				实际通行环节				
	取得发票类型	能否税前扣除	能否抵扣进项税	账务处理	获得发票类型		能否税前扣除	能否抵扣进项税	账务处理
					经营性收费公路	政府还贷性收费公路			
企业内部使用	不征税发票	不能	不能	计入预付账款	征税电子发票	不征税发票	能	征税电子发票可抵扣	计入相关费用

注：只能选择充值或消费的某一环节开具发票。

王小红：

其实单位在办理 ETC 卡时最好办成"后付费客户"或"用户卡客户"，这样就不用先充值了，等实际通行后按期结算扣费，定期在服务平台上开具发票，使用更简便。

杨出纳：

企业用卡的地方还真不少。昨天过节，公司刚买了一批超市购物卡发给职工，这种购物卡只能拿到"不征税"发票，我们可以凭票一次性在企业所得税税前扣除吗？

王小红：

不可以。发购物卡给职工过节，属于职工福利费的核算范围，不超过工资、薪金总额 14% 的部分可以据实扣除，超过部分则不允许税前扣除。

刘小白：

还需注意：将购物卡发给职工，在凭借购卡发票进行企业所得税税前扣除时还需要一些旁证，比如职工领卡签名表等证据。

杨出纳：

我们还需要代扣个人所得税吗？

刘小白：

当然需要，要按购物卡的实际购买金额（不是购物卡面值）并入职工当月工资薪金代扣代缴个税。

马会计：

如果我们把购物卡送给客户，但又不知道客户的详细信息，怎么申报个税呢？

王小红：

赠送客户购物卡要按"偶然所得"代扣代缴个人所得税。自2020年起，"偶然所得"新增"随机赠送礼品"所得项目，对于获赠人信息不全时，扣缴义务人可暂采用汇总申报方式，并注明"随机赠送礼品汇总申报"。

杨出纳：

这样的话个税只能由我们来承担了？

刘小白：

是的，企业代扣这笔个税后因无法找客户把税要回来，所以最终由企业承担了这笔税款。如果企业应扣未扣、应收而不收税款的，根据《中华人民共和国税收征收管理法》第六十九条的规定，由税务机关向纳税人追缴税款，对扣缴义务人处应扣未扣、应收未收税款百分之五十以上三倍以下的罚款，同时还会影响其纳税信用评级。

🎧 听君一席话 3-4

"一税独大"的增值税是中国流转税的主要税种，也是重点税种，收入占比一直居于中国所有税种的第一名；同时也是中央和地方五五分成的一个税种，影响广泛。目前不论是政策制定部门、执行监管机关，还是企业财务人员，对增值税的用力点，跟增值税的占比是一样的，都是第一名。

企业在日常经营活动中要注意细节，比如签署合同时要价税分离，租赁合同要分签不同标的物，买东西要"一揽子交易"，卖东西要"兼营"等，这些细节都关系到企业的增值税税负，不注意就增加了企业的纳税成本。对于增值税一般纳税人更要多取得增值税专用发票来抵扣进项税额，也要清楚哪些情形不能抵，以免错抵、漏抵。

增值税的征收成本以及社会运行成本也是第一名。从节约的角度来说，降低增值税的相关成本是当务之急，而降低的途径就是升级改造，将中国增值税征收改为"汇算清缴"制度。具体的操作方式是：企业每月按规定的计税基础（比如上年的月平均纳税额）和企业适用的税率预缴增值税，年终再依据应税收入涉及的销项税额减去准予抵扣的进项税额来进行汇算清缴，一次结算，多退少补。

五、企业所得税的财税处理技巧有哪些？

企业所得税是由多档税率组成的，也有很多特定优惠政策，比如高新技术企业的低税率就是一条普惠政策。但高新技术企业在扩张时，如果想让分支机构也享受低税率，则需要进行税务筹划，为此本节提供了一个央企上市公司的筹划案例。加计扣除是税法对企业研发活动的支持，如何用到位，则涉及实操问题。由于多档税率的税制，高税率和低税率之间也会存在"低纳高抵"的节税空间，如何依法运用，为企业减轻税负，请看本节的案例大观……

1. 高新技术企业如何让"子公司"也享受"低税率"的优惠政策？

牛老板：

我们一家高新技术企业到外地投资建立子公司，尽管当地有招商引资的税收优惠,但所得税税率还是 25%,比高新技术企业 15% 的税率高了整整 10 个点呀!我就不明白了,高新技术企业的子公司为什么就不能享受 15% 的税率呢?

王小红:

您投资的子公司是独立核算企业,若没有被认定为高新技术企业,是不能跟着总公司享受低税率的。国科发火〔2016〕32 号文件规定得很明确,只有通过申请认定为高新技术企业才能享受 15% 的低税率。

牛老板:

我们能不能把子公司的一些活儿拿到总公司来做,享受低税率呢?

王小红:

子公司的活儿让母公司来做,当然可以享受高新技术企业的低税率,但中间有附加的成本(转手费用),不知道你们能否承受得起。我们团队曾为一家中央企业,也是上市高新技术企业做过一个投资方面的咨询,利用国家规定的税收政策让投资运作的项目企业也享受到了 15% 的税率,总体上就减轻了 10% 的税负。

牛老板:

这个我特别感兴趣!请老师仔细讲讲。

葛大侠:

高新技术企业从事项目投资活动,执行运作管理的项目公司如果注册为合伙企业,后期从该合伙企业分得的利润也按 15% 纳税,这样就能充分利用高新技术企业的低税率,节税效益非常明显。

刘小白:

我们来做个对比。投资运作的项目企业如果注册为有限责任公司，一般按 25% 的税率缴纳企业所得税。税后分红到法人股东，依据《中华人民共和国企业所得税法》第二十六条，无须再缴纳企业所得税，实际税率为 25%；分红到自然人股东则还要按照"利息、股息、红利所得"缴纳 20% 的个人所得税，这属于税后税，两道环节下来实际税率为 40%〔=25%+（1-25%）×20%〕。具体纳税分析请看图 3-12。

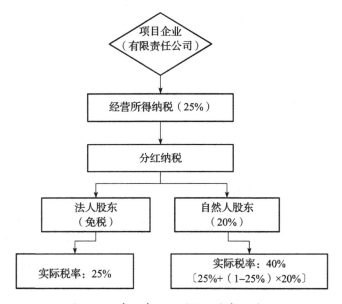

图 3-12 有限责任公司纳税分析示意图

王小红：

投资运作的项目企业如果注册为合伙企业，根据财税〔2008〕159 号文规定，合伙企业不是所得税的纳税主体，企业所得采取"先分后税"的原则，分配到法人股东（高新技术企业），按 15% 的税率缴纳企业所得税，实际税率为 15%，比有限责任公司形式下的法人股东（实际税率为 25%）节税 10%；分红到自然人股东，根据财税〔2000〕91 号文的规定，适用 5%～35% 的五级超额累进税率缴纳个人所得税，并且这个税率还有速算扣除数，比有限责任公司形式下自然人股东的税负低。纳税分析请看图 3-13。

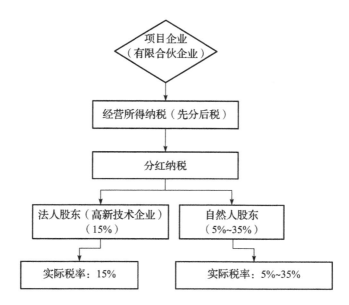

图 3-13　合伙企业纳税分析示意图

马会计：

原理我懂了，能不能讲个具体的案例看看实际节税效果呢？

王小红：

可以，其实只要公司的所得税税率低于 25%，在进行投资时将项目企业注册为合伙企业，就能享受法人股东的低税率。这里有一个 PPP（公私合营模式）项目的投资案例，请看案例分享 3-3。

案例分享 3-3

假设社会资本甲、乙、丙、丁投资某市的地铁建设项目，计划出资 10 亿元成立地铁项目企业来进行 PPP 项目的运营。其中，甲公司是一家中央企业，也是上市高新技术企业，出资 4 亿元，持股 40%，适用所得税税率为 15%；乙公司是一家处于免税期的软件企业，出资 3 亿元，持股 30%；丙是一家处于所得税减半期的软件企业，出资 2 亿元，持股 20%，适用所得税税率为 12.5%；丁为自然人，出资 1 亿元，持股 10%，所得税税率分情况确定（见下文分析），地铁项目企业股权结构见图 3-14。地铁项目企业年度应纳税所得额为 1 亿元，假设全部利润按照股东持股比例进行分配。

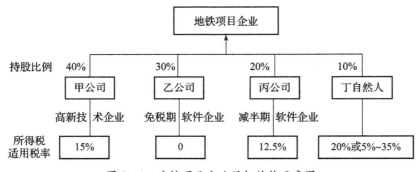

图 3-14 地铁项目企业股权结构示意图

（1）如果地铁项目企业注册为有限责任公司。

分析：地铁项目企业从事经营活动取得应税所得，按 25% 的税率缴纳企业所得税，然后再分红给各股东，法人股东甲、乙、丙免税，自然人股东丁按照"利息、股息、红利所得"适用 20% 的税率缴纳个人所得税。

（2）如果地铁项目企业注册为合伙企业。

分析：地铁项目企业从事经营活动取得应税所得，合伙企业不是所得税的纳税主体，需"先分后税"，法人股东按照它的适用税率缴纳企业所得税，高新技术企业甲公司所得税税率为 15%；处于免税期的乙公司所得税税率为 0；处于减半期的丙公司所得税税率为 12.5%；自然人股东丁适用 5%～35% 的超额累进税率。

（3）计算有限责任公司和合伙企业的总体纳税情况，请看表 3-10。

表 3-10 不同组织形式的纳税对比

项目企业组织形式	地铁项目企业经营所得纳税	股东分红纳税（假设利润全部分红）	合计纳税
有限责任公司	10 000×25%=2 500（万元）	• 甲、乙、丙免税：0 • 丁=(10 000–2 500)×10%×20%=150（万元）	2 500+150=2 650（万元）
合伙企业	先分后税	• 甲=10 000×40%×15%=600（万元） • 乙免税：0 • 丙=10 000×20%×12.5%=250（万元） • 丁=10 000×10%=1 000（万元），适用35%的税率，丁=(1 000×35%–6.55)=343.45（万元）	600+250+343.45=1 193.45（万元）
节税	节税=2 650–1 193.45=1 456.55（万元），节税幅度 54.96%		

马会计：

还是数据说话更具说服力！趁我们的高新技术企业还有一年到期，抓紧时间好好利用低税率的优势。

王小红：

高新技术企业每认定一次，3 年有效。但是要注意享受税收优惠的时间和证书的有效期并不匹配，马会计不要搞错了，请看政策链接 3-2。

📖 政策链接 3-2

根据国科发火〔2016〕32 号、国家税务总局公告 2017 年第 24 号：

（1）通过认定的高新技术企业，其资格自颁发证书之日起有效期为三年。

（2）企业获得高新技术企业资格后，自高新技术企业证书注明的发证时间所在年度起申报享受税收优惠，并按规定向主管税务机关办理备案手续。

（3）企业的高新技术企业资格期满当年，在通过重新认定前，其企业所得税暂按 15% 的税率预缴，在年底前仍未取得高新技术企业资格的，应按规定补缴相应期间的税款。

马会计：

怎么不匹配呢？我没搞懂，我们的高新技术证书上的发证日期是 2019 年 6 月，到期日就是 2022 年 6 月，税收优惠不也应该到 2022 年 6 月吗？

刘小白：

税收优惠不是这样算的，你们从获得证书的当年（2019 年）开始享受，到 2021 年年底就满 3 年了。2022 年在季度预缴企业所得税时可以暂按 15% 税率预缴，但年底前未重新认定为高新技术企业的话，汇算清缴就要按 25% 的税率来缴税了，也就是要补税了。所以，你们要记得在 2022 年年底前申请重新认定。

2. 企业扩张是开分公司好还是开子公司好？

牛老板：

近来国家经济形势大好，公司的生意越来越好了，我们打算去外地扩张市场，是开分公司好还是子公司好呢？

王小红：

企业扩张要注意选择分支机构的组织形式。如果注册为子公司，子公司是独立的法人，单独核算缴纳企业所得税，满足小微企业的条件就可以享受相应的所得税优惠政策（小微企业的优惠政策请看 政策链接 3-3）；如果注册为分公司，分公司不具备法人资格，要和总公司汇总缴纳企业所得税。到底怎么选择呢？一要看投资规模的大小，二要看当地的优惠政策。

政策链接 3-3

（1）根据财税〔2019〕13号文第二条规定，小型微利企业是指从事国家非限制和禁止行业，且同时符合年度应纳税所得额不超过300万元、从业人数不超过300人、资产总额不超过5 000万元等三个条件的企业。

（2）根据财政部 税务总局公告2023年第6号、国家税务总局公告2023年第6号、财政部 税务总局公告2022年第13号的相关优惠政策，自2023年1月1日至2024年12月31日，对小型微利企业年应纳税所得额不超过100万元的部分，减按25%计入应纳税所得额，按20%的税率缴纳企业所得税；自2022年1月1日至2024年12月31日，对小型微利企业年应纳税所得额超过100万元但不超过300万元的部分，减按25%计入应纳税所得额，按20%的税率缴纳企业所得税。

刘小白：

如果投资少，当地又没有啥税收优惠政策，注册子公司的好处是显而易见的，可以达到最佳节税效果，我们用具体案例来分析一下，请看案例分享3-4。

案例分享 3-4

假设牛老板打算在全国分布10家网点，每家网点应纳税所得额、从业人数、资产总额等指标均符合小微企业的条件。假设每家网点2023年度应纳税所得额为80万元。

（1）如果网点为子公司形式：

根据小微企业的优惠政策，每家网点缴纳所得税=80×5%=4（万元），10家网点合计缴税=4×10=40（万元）。

（2）如果网点为分公司形式：

10家网点的汇总数据已经不满足小微企业的标准，那么按照 25% 的税率缴纳企业所得税。10 家网点需要缴纳所得税 =80×10×25%=200（万元）。相比设立子公司多缴所得税 160 万元。

葛大侠：
这是初创期扩张的招儿，后期逐步发展为大中型企业就不能享受小微企业的税收优惠了。所以一开始就把子公司注册到税收优惠地区，比如有政府扶持的开发园区、西部地区等，即使以后不能享受小微企业的优惠政策，还能享受当地的税收优惠。

牛老板：
葛老师考虑得真周到！马会计，你以后要多关注一下各地招商引资的税收优惠政策。

王小红：
在税收优惠地区的公司如果享受所得税低税率，不仅可以少缴税，还存在"低纳高抵"的节税空间。

马会计：
"低纳高抵"是什么意思呢？

葛大侠：
"低纳高抵"就是纳税人依据国家现行税收政策"缴低税、抵高税"，从而达到减轻整体税负的目的。比如你们执行的所得税税率为 25%，如果子公司选择在西部大开发地区经营，当地的优惠税率为 15%，中央和地方按 6∶4 分成税款，地方分成部分前五年免征企业所得税，即分给地方的 6%（=15%×0.4）前五年不征税，企业只按 9%（=15%×0.6）纳税，而分回母公司的利润不纳税。这就相当于子公司缴了 9% 的税，抵减了母公司 25% 的税，这就是企业所得税的节税空间。

马会计：

除了所得税以外，还有什么地方能运用"低纳高抵"呢？

刘小白：

在我国税收政策中，其实存在很多"低纳高抵"的节税空间。比如增值税，餐饮企业的增值税税率为6%，可以抵9%的农产品进项税额，其间赚取了3个百分点的税差，这就是典型的"缴低税、抵高税"。

再比如不同税种之间也存在"低纳高抵"，企业发放工资时，税率小于25%的低档个人所得税，在税前扣除时可以抵减25%的企业所得税，中间存在的税差也属于"交低税、抵高税"。企业要有意识地利用"低纳高抵"，充分享受"政策红利"，请看👉教你一招3-6。

👍 **教你一招3-6**

某小微企业到年底收入了1 500万元，成本为1 199万元，应纳税所得额为301万元，当月又发生一笔运输费支出1万元，其中增值税约0.08万元。

分析：

（1）如果企业把0.08万元的增值税抵扣了，则应纳税所得额为300.08〔=301-（1-0.08）〕万元，超出了小微企业"年度应纳税所得额不超过300万元"这一条件，不能享受所得税的优惠政策，需缴纳企业所得税75.02（=300.08×25%）万元。

（2）如果这笔增值税不抵扣，1万元运输费用全部进成本，应纳税所得额正好是300（=301-1）万元。符合小微企业的政策规定，可以享受所得税的优惠政策，应缴纳企业所得税15〔=100×5%+（300-100）×5%〕万元。因此企业选择牺牲0.08万元的增值税抵扣，就可以节约60.02（=75.02-15）万元的企业所得税。

注意：纳税人在具体的实践环节，应结合税收具体条款，不断发现"低纳高抵"节税空间，并妥善利用。但在充分利用时要注意以下三点：

（1）"低纳高抵"政策空间的"边界"。要做到不越界，合理合法地利用各项优惠政策。

（2）不同税收条款中"低纳高抵"的操作方法。简单的条款只要备案就可以操作；复杂的条款则需要进行商务沟通才能操作，比如按简易方法计税，如果甲方不同意，就无法操作。

（3）针对我国税收政策的更新变化，即"低纳高抵"政策空间的变化，要以变应变。不然，在越来越严格的税务稽查中，"受伤的总是你"。

总之，利用"政策红利"节税，企业就要密切关注税收政策，不仅要关注调整的政策、"封堵"的政策，还要能依据国家发展大局预测税收政策的走向，如此，才能在依法节税方面做到胸有成竹。

3. 研发费用的优惠有多少？

牛老板：

我们研发投入了很多钱，中间也有过失败，国家对研发有没有政策扶持呢？

王小红：

有！国家为提高企业的科技创新能力，鼓励企业做研发，出台了研发费用加计扣除政策，而且无论研发成功与否都能享受。具体政策优惠请看图3-15。

杨出纳：

是不是所有行业的研发费用都可以享受加计扣除？

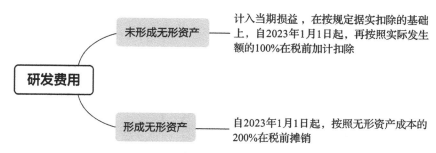

图 3-15 研发费用加计扣除基本政策示意图

刘小白：

当然不是，烟草制造业、住宿和餐饮业、批发和零售业、房地产业、租赁和商务服务业、娱乐业不适用加计扣除政策；而且会计核算不健全不能准确归集研发费用的企业、核定征收企业、非居民企业也不适用加计扣除政策。

马会计：

那研发过程中发生的所有费用都能享受加计扣除吗？

王小红：

不是的，我国采取的是正列举方式，对于政策规定中没有列举的加计扣除项目都不能享受加计扣除。请看图 3-16。

马会计：

近期公司请了一批专家对产品的生产流程进行改造，这种情形能享受加计扣除政策吗？

王小红：

如果你们只是对现存产品工艺流程进行重复或简单改变就不适用加计扣除政策。此外，其他不适用加计扣除政策的活动请看图 3-17。

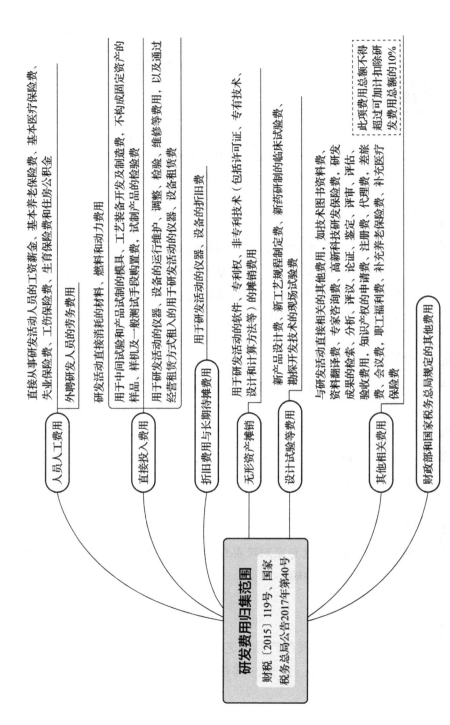

图 3-16 研发费用归集范围思维导图

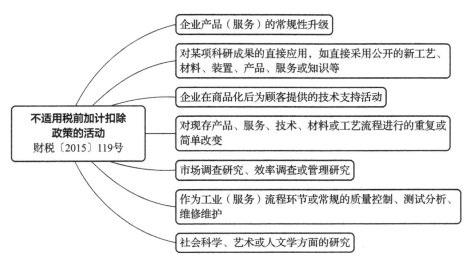

图 3-17 不适用税前加计扣除政策活动的思维导图

马会计：

如果我们的研发仪器已经享受了加速折旧的优惠政策，还能享受加计扣除政策吗？

王小红：

可以的，研发费用加计扣除政策可以与其他企业所得税优惠事项叠加享受。国家税务总局公告 2017 年第 40 号文第三条规定：企业用于研发活动的仪器、设备，符合税法规定且选择加速折旧优惠政策的，在享受研发费用税前加计扣除政策时，就税前扣除的折旧部分计算加计扣除。请看案例分享 3-5。

案例分享 3-5

某公司进行研发活动，在 2×19 年 12 月购进了一台检测仪专门用于研发检测，单位价值 1 000 万元，预计使用寿命 10 年，会计处理按 10 年折旧，不考虑残值。受益于税法政策，公司选择缩短折旧年限的加速折旧方式，折旧年限缩短为 8 年。

（1）购进第 2 年会计处理计提折旧额为：10 000 000÷10=1 000 000（元）

（2）税收加速折旧可以扣除的折旧额为：10 000 000÷8=1 250 000（元）

（3）研发支出税前加计扣除的"仪器、设备折旧费"金额为：1 250 000×100%=1 250 000（元）

若该仪器 8 年内用途未发生变化，每年折旧均可税前扣除 2 500 000（=1 250 000+1 250 000）元，所得税纳税调减 1 500 000（=2 500 000-1 000 000）元。

牛老板：

国家的优惠政策挺好的，就是自己搞研发，周期有点长，还不一定能成功。如果直接从国外引进相关技术，有税收优惠吗？

葛大侠：

直接从国外进口技术免征增值税。就目前政策，要想享受这项优惠政策须先持技术转让书面合同，到企业所在地省级科技主管部门进行认定，然后再到税务局办理备案手续。同时还要在合同生效后 60 天内到商务部门办理合同登记手续。

刘小白：

国家还是鼓励企业自己研发，如果觉得自主研发周期长，可以选择其他研发方式，比如委托外部机构或个人进行研发、合作研发、集中研发等。这些方式既能享受加计扣除政策，还能利用各方优势，缩短研发周期。各种研发方式的对比请看表 3-11。

表 3-11　企业研发方式对比

研发方式	含义	加计扣除政策	案例分析	优劣势分析
自主研发	企业主要依靠自己的资源，独立进行研发，并在研发方面拥有完全独立的知识产权	（1）研发活动中实际发生的研发费用，未形成无形资产计入当期损益的，在按规定据实扣除的基础上，再按照实际发生额的100%在税前加计扣除。 （2）形成无形资产的，在上述期间按照无形资产成本的200%在税前摊销	假设企业自己投入1 000万元研发，且研发成功，计入费用的200万产的800万元，计入无形资产的200万元，那么该项无形资产总共可以摊销1 600（=800×200%）万元，费用化的200万元可以税前扣除400（=200×200%）万元	要求企业有人力、物力、财力的支持，且自己承担研发失败风险
委托研发	被委托单位或机构基于企业委托而开发的项目。企业以支付报酬的形式获得被委托单位或机构的研发成果	（1）按照费用实际发生额的80%计入委托方研发费用并计算加计扣除，受托方不得再进行加计扣除 （2）委托境外研发费用不超过境内符合条件的研发费用三分之二的部分，可以按照委托方实际发生额的80%计入委托方研发费用并计算加计扣除 （3）只有委托方部分或全部拥有知识产权时，才可按照委托研发享受加计扣除政策。若知识产权最后不属于受托方，则不能按照委托研发受托方加计扣除政策	假设企业委托境内单位进行研发，共支付委托费用1 000万元，研发失败。那么计入企业研发费用金额为800（=1 000×80%）万元，可以税前扣除1 600（=800×200%）万元	企业挑选研发实力强的机构委托研发，只需提供资金支持，研发失败风险降低。不过只能按照支付费用的80%计入研发费用

(续)

研发方式	含义	加计扣除政策	案例分析	优劣势分析
合作研发	立项企业通过契约的形式与其他企业共同对同一项目的不同领域分别投入资金、技术、人力等，共同完成研发项目。合作各方应自承担研发活动，而非仅提供咨询、物质条件或其他辅助性活动	（1）由合作各方就自身实际承担的研发费用分别计算加计扣除。（2）合作研发在合同中应注明双方分别投入，各自承担自己研发费用，知识产权的归属或各自拥有自己研究成果的知识产权。如果某一方未直接参与研发活动，仅仅提供了一些辅助性活动，自然也不应就其提供辅助性活动所发生的费用来享受加计扣除	假设企业与外单位共同研发，企业投入1 000万元，外单位投入600万元，那么企业可以税前扣除2 000（1 000×200%）万元	合作方互补长短，就各自的强项进行研发，大大降低了研发失败的风险。不过由合作各方共同所有。后期带来的收益分配需各方事前约定好
集中研发	企业集团根据生产经营和科技开发的实际情况，对技术要求高，投资数额大、单个企业难以独立承担，或者研发力量集中在企业集团，由企业集团统筹管理研发的项目进行集中开发	按照权利和义务相一致，费用支出和收益分享相配比的原则，合理确定研发费用的分摊方法，在受益成员企业间进行分摊，由相关成员企业分别计算加计扣除	假设集团企业统筹研发，下属3个分公司各投入1 000万元，每个分公司可以税前扣除2 000（=1 000×200%）万元	集团公司充分发挥统筹管理的作用，研发资金各分公司一起分摊，利益大家一起分享，大大分散了资金压力，各成员企业也能享受加计扣除政策

葛大侠：

总的来看，企业在投入相同研发费用的前提下，除了委托研发只能按照发生额的 80% 享受加计扣除外，其他几种方式都能全额享受加计扣除，且研发费用不管是计入无形资产，还是管理费用，最终允许税前扣除的金额是一样的（无形资产最终摊销后也转化成了成本费用在税前扣除了）。不过各种方式对人力、物力、财力的要求不一样，研发风险也不一样，企业需综合考虑。另外无论采取哪种方式，一定要注意企业对研发成果的所有权，这关系到企业的根本利益。

马会计：

听说现在研发费用加计扣除政策可以在季度预缴时享受？

王小红：

是的。根据国家税务总局 财政部公告 2023 年第 11 号规定：自 2023 年 1 月 1 日起，企业 7 月份预缴申报第 2 季度（按季预缴）或 6 月份（按月预缴）企业所得税时，能准确归集核算研发费用的，可以结合自身生产经营实际情况，自主选择就当年上半年研发费用享受加计扣除政策。对 7 月份预缴申报期未选择享受优惠的企业，在 10 月份预缴申报或年度汇算清缴时能够准确归集核算研发费用的，可结合自身生产经营实际情况，自主选择在 10 月份预缴申报或年度汇算清缴时统一享受。也就是说有三个享受时点，即 7 月份、10 月份预缴申报时和年度汇算清缴时。

马会计：

如果我们选择预缴所得税时享受加计扣除，需要办理什么手续呢？

王小红：

和汇算清缴一样，申报时采取"自行判别、申报享受、相关资料留存备查"的办理方式。符合条件的企业自行计算加计扣除金额，并填报、留存相关资料。

4. 不征税收入有时主动缴税对企业更有利吗？

杨出纳：

上个月市政府给我们拨了一笔财政资金用于研发，这笔钱需要缴纳企业所得税吗？

王小红：

这笔经费属于财政性资金，满足财税〔2011〕70号文件的三个条件（请看政策链接3-4），可以作为不征税收入，不用缴纳企业所得税。需要注意的是不征税收入用于支出所形成的费用，不得在计算应纳税所得额时扣除；用于支出所形成的资产，其计算的折旧、摊销也不得在计算应纳税所得额时扣除。

📖 政策链接 3-4

《财政部 国家税务总局关于专项用途财政性资金企业所得税处理问题的通知》财税〔2011〕70号第一条："企业从县级以上各级人民政府财政部门及其他部门取得的应计入收入总额的财政性资金，凡同时符合以下条件的，可以作为不征税收入，在计算应纳税所得额时从收入总额中减除：

（一）企业能够提供规定资金专项用途的资金拨付文件；

（二）财政部门或其他拨付资金的政府部门对该资金有专门的资金管理办法或具体管理要求；

（三）企业对该资金以及以该资金发生的支出单独进行核算。"

杨出纳：

不征税收入、免税收入、应税收入有时真搞不清楚。

王小红：

我国税法将企业收入分为应税收入、免税收入和不征税收入。应税收入指需要缴纳企业所得税的收入；不征税收入指不在税法规定的征税范围内的收入；免税收入指本属于征税范围内的收入，但是国家给予了免税的税收优惠。请扫描二维码观看 图 3-18。

图 3-18 税法收入分类思维导图

杨出纳：

我们的研发补助满足不征税条件，可以不用缴税了。

葛大侠：

有些时候缴税反而对企业有利！如果选择将这笔研发经费作为应税收入主动缴税，缴税之后对应支出不但能税前扣除还能享受加计扣除优惠政策，这就产生了"低纳高抵"的节税效应。请看 教你一招 3-7。

👍 **教你一招 3-7**

某公司（制造业）取得政府拨付的研发专项资金 100 万元（假设全部属于费用化支出）。

分析：

（1）如果作为不征税收入，按照 25% 的企业所得税税率计算，可以少缴 25 万元的所得税。但是该笔资金使用后不能税前扣除。

（2）如果作为应税收入缴纳企业所得税 25 万元，使用后可按 200（=100×200%）万元税前扣除，按照 25% 的企业所得税税率计算，可以少缴 50（=200×25%）万元的所得税。与之前相比，获得 25（=50-25）万元的节税收益。

杨出纳：

原来还能这样操作，没想到缴税后能省更多钱。我们当然选择主动纳税了。

刘小白：

能不能缴上税还是税务局说了算！因为各地政策不一样，还是先去税务局问问吧，但主动缴税它们是欢迎的。

杨出纳：

这笔研发资金我们暂存在银行，取得的利息收入需要缴纳企业所得税吗？

王小红：

需要。根据财税〔2009〕122号规定，除了非营利组织取得的不征税收入孳生的银行存款利息收入免税外，其他企业都需要缴纳企业所得税。这是很多企业都忽略的问题，也会引发涉税风险。

牛老板：

我们的研发项目已经立项，但还没正式开始，因为很多细节还没确定。政府拨的这个研发资金要是一直没有用，会不会收回去呢？

王小红：

这个有可能，主要看当时的资金使用约定。如果长时间未使用且不退回政府，还可能涉及补税。根据财税〔2011〕70号的规定：企业将符合本通知第一条规定条件的财政性资金作不征税收入处理后，在5年（60个月）内未发生支出且未缴回财政部门或其他拨付资金的政府部门的部分，应计入取得该资金第六年的应税收入总额。如果一开始已经作为应税收入缴了税，自然就不用再缴了。

马会计：

我看新会计准则新增了"其他收益"这个科目，我们取得的这笔研发资金是不是也记入这个会计科目呢？

刘小白：

这个不一定，得看政府补助的性质。按照规定总额法下：

（1）与企业日常活动相关的政府补助，记入"其他收益"科目。

（2）与企业日常活动无关的政府补助，记入"营业外收入"科目。

（3）另外，如果政府补助与企业销售活动密切相关，且该政府补助是商品对价组成部分，则记入"主营业务收入"科目。请看案例分享3-6。

案例分享 3-6

情形一： 某公司 2×19 年 3 月收到政府补助的生产线购置补贴 500 万元，假设该政府补助符合不征税收入的条件。该政府补助与企业日常活动相关。

借：银行存款　　　　　　　　5 000 000
　　贷：递延收益　　　　　　　　　　　5 000 000

之后公司可以采用总额法或者净额法，将"递延收益"在相关资产使用寿命内按合理、系统的方法分期记入"其他收益"（总额法）或者冲减生产线的账面价值（净额法）。

情形二： 某公司是生产节能环保设备的企业，政府承诺公司按照定价销售，每卖出去一台补贴 1 000 元，2×19 年年底收到政府的销售差价补贴 100 万元。假设该政府补助符合不征税收入的条件。该政府补助与企业销售活动密切相关。

借：银行存款　　　　　　　　1 000 000
　　贷：主营业务收入　　　　　　　　　1 000 000

情形三：某公司的仓库在2×19年的洪灾中被冲毁，年底收到了政府补助资金30万元，假设该政府补助符合不征税收入的条件。该政府补助与企业日常活动无关。

借：银行存款　　　　　　　　　　　300 000
　　贷：营业外收入　　　　　　　　　　　300 000

注意：上述三种情形下，收到的政府补助属于不征税收入，在所得税汇算清缴时要做纳税调减。

5. 如何"拉长企业杠杆"，消化业务招待费、广告费和宣传费？

牛老板：

这几年公司的营业额连年上涨，费用支出也跟着上涨，比如业务招待费、广告费、宣传费越来越高，增长速度甚至都超过营业额的增长速度了，有什么办法控制这些费用支出吗？

王小红：

费用的控制一要做好预算管理，控制住总额；二要严控支出环节，防止跑冒滴漏。像业务招待费属于国家规定的限制性费用，只能在规定的标准内税前扣除，尤其要好好控制（《中华人民共和国企业所得税法实施条例》第四十三条规定：企业发生的与生产经营活动有关的业务招待费支出，按照发生额的60%扣除，但最高不得超过当年销售（营业）收入的5‰）。

马会计：

可不是嘛！这几年的业务招待费每年都超标准，汇算清缴时都要进行纳税调增，多缴了不少企业所得税。

王小红：

你们可以利用多个公司分散这些费用，化整为零，消化大额的限制性费用，达到节税筹划的效果。具体操作方法请看教你一招 3-8。

教你一招 3-8

1. "拉长企业杠杆"，消化业务招待费

某企业年销售收入 20 000 万元，当年发生业务招待费 330 万元。根据当前税法规定，允许扣除的额度为"业务招待费的 60% 和销售收入的 5‰ 孰低原则"，这两个指标的差距会影响税前扣除的额度。筹划将着眼于这两个指标。

（1）筹划前。

①按发生额的 60% 为：330×60%=198（万元）。

②按销售收入的 5‰，最高限额为：20 000×5‰=100（万元）。

按孰低原则，税法只认 100 万元，超标 98（=198-100）万元。超标部分应缴纳企业所得税为：98×25%=24.5（万元）。

企业的困惑：费用超标的原因是企业的收入"低"，如果收入基数提高了，那么费用的扣除额也就高了。问题是：企业刚起步，一下子也弄不来那么大的市场份额，所以企业的"高收入"是无法立马靠市场销售提高的；还有个问题是靠市场提高销售额，相关的招待费用也会跟着提高。

（2）筹划方案："拉长企业杠杆"可以立马提高整体的销售收入总额。"拉长企业杠杆"是一种节税技巧，也就是"拆分企业的组织结构"，通过分设企业来增加扣除限额的计算基数，从而增加业务招待费的税前扣除额度，减轻企业税负。

具体实施：将企业的销售部门分离出去，成立一个独立核算的销售公司。企业生产的产品以 18 000 万元卖给销售公司，销售公司再以 20 000 万元对外销售。330 万元的招待费用在两个公司之间分配：生产企业承担 160 万元，销售公司承担 170 万元。筹划前后税负比较请看表 3-12。

表 3-12　纳税筹划前后税负比较　（单位：万元）

	节税筹划前	节税筹划后	
		生产企业	销售公司
发生额的 60%	198	96	102
销售收入的 5‰	100	90	100
超标部分应纳企业所得税	24.5	1.5	0.5

（3）总结：增加一个独立核算的销售公司，同时增加了 18 000 万元的"销售收入"，也就增加了扣除限额；但最后对外销售仍是 20 000 万元，没有增值，所以不会增加增值税的税负。这样，在整个利益集团的利润总额不变的情况下，业务招待费就以两家企业的销售收入为依据计算扣除限额，两个企业比一个企业节约企业所得税 22.5〔=24.5-（1.5+0.5）〕万元。相信还有更狠的企业——比如把交易总额定为 19 500 万元卖给销售公司，甚至更接近 20 000 万元。企业是经济动物，只要不用违法的方式减轻纳税成本，都是属于正常的谋利行为。

但要注意：若地方政府根据销售额征收一些税费——比如水利基金，"企业杠杆"拉长，也会增加基金的缴纳，这时要仔细算账了。

2. "拉长企业杠杆"或"分散广告费用"

某医药集团，总资产大约有 15 亿元，处在不断兼并重组、开发产品和市场阶段。其中的一个主力公司（高新技术企业，享受 15% 的企业所得税优惠税率），年销售额 35 000 万元，广告费和业务宣传费却发生了 9 000 万元。

（1）筹划前：广告费和业务宣传费只能按销售总额的 15% 在税前列支，超过部分无限期往以后年度递延。准予扣除金额 = 35 000×15%=5 250（万元），也就是当年只有 5 250 万元能在税前列支，3 750（=9 000-5 250）万元当年产生不了抵税作用，相当于先垫付税款 562.5（=3 750×15%）万元，这不划算。

(2)筹划方案一：拉长企业杠杆。

把主力公司的销售部分离出去，专门成立一个独立核算的销售公司。主力公司的产品以 30 000 万元卖给销售公司，销售公司再以 35 000 万元对外销售。9 000 万元的广告费和业务宣传费在两个公司分配：主力公司承担 4 400 万元，销售公司承担 4 600 万元。在总体利益不变的情况下，广告费和业务宣传费就以两家企业的销售收入为依据计算扣除限额，计算结果请看表 3-13。

表 3-13 纳税筹划前后税负比较 （单位：万元）

	节税筹划前	节税筹划后	
		主力公司	销售公司
广告费与业务宣传费	9 000	4 400	4 600
税前扣除部分	5 250	4 500	5 250
预先垫付税款	562.5	0	0

总结：这个主力公司原先发生的 9 000 万元广告费用，在没有"拉长企业杠杆"之前，只有 5 250（=35 000×15%）万元进税前扣除；"拉长企业杠杆"之后，9 000 万元广告费全部进税前扣除。原先垫付的 562.5（=3 750×15%）万元税款，现在不用垫付了。

(3)筹划方案二：分散广告费用。

这个医药集团有很多子公司，其中一些子公司很少发生广告费用。第二套节税方案就是：依据销售额分摊广告费用，即依据销售额的 15%，来确定各个子公司"应该承担的广告费用额度"，让各个子公司依据承担的"额度"，分别与媒体或广告公司签订广告合同，分别支出、分别开票、分别记账。

此案例中，主力公司自己消化不了的 3 750（=9 000-5 250）万元广告费用，折算成销售额 25 000（=3 750÷15%）万元，在剩下几个有富余销售额的子公司一分就行了。

总结：第二套方案的节税效果与第一套方案是一样的，依然可以节约（不垫付）税款562.5万元，并且没有关联交易的"嫌疑"，因为集团公司的子公司多，消化超标广告费用的能力就很强，所以这套方案很适合集团公司。但这套方案的操作难度在于内部核算——这些名义上分配的广告费用，最后到底由哪个公司来承担，应该有个说法。董事会要拍板，财务人员要出制度。

马会计：

懂了！我们要"控制"和"消化"两手抓，既要把费用降下来，也要最大限度地消化这些费用。

王小红：

国家规定"限额扣除"就是为了限制企业的费用支出，不过对于筹建期的公司，这些费用就没有限制。企业发生的与筹办活动有关的业务招待费支出，可按实际发生额的60%计入企业筹办费；发生的广告费和业务宣传费，可按实际发生额计入企业筹办费，并选择一次性扣除或者分期扣除。所以，企业可以充分利用筹建期来打广告。请看案例分享3-7。

案例分享 3-7

某公司在筹建期间请一家广告公司做宣传，该广告设计公司为一般纳税人，双方签订的合同中约定总价是212 000元，其中增值税专用发票上开具的广告价款是200 000元，进项税额是12 000元。

分析： 发生广告费时，根据增值税专用发票发票联、银行付款凭单等原始凭证，在记账凭证上做会计分录。

借：长期待摊费用——开办费　　　200 000
　　应交税费——应交增值税（进项税额）
　　　　　　　　　　　　　　　　　12 000
　贷：银行存款　　　　　　　　　212 000

(1)选择"一次性扣除",筹建期结束,根据长期待摊费用计算单等原始凭证,在记账凭证上做会计分录:

借:销售费用——开办费摊销　　200 000
　　贷:长期待摊费用——开办费　　　　200 000

(2)选择分4年扣除,根据长期待摊费用计算单等原始凭证,以后4年每年在记账凭证上做会计分录:

借:销售费用——开办费摊销　　50 000
　　贷:长期待摊费用——开办费　　　　50 000

政策依据:国税函〔2009〕98号第九条、《中华人民共和国企业所得税法》第十三条、《中华人民共和国企业所得税法实施条例》第七十条的相关规定:企业发生的筹办费,可以在开始经营之日的当年一次性扣除;也可以作为长期待摊费用,自支出发生月份的次月起,分期摊销,摊销年限不得低于3年。但一经选定,不得改变。

6. 福利能随便发吗?

马会计:

公司要到外地去开拓市场,有的外派人员要求租房子,有的又要住房补贴(因为自己能解决住处),哪种方式对公司更有利呢?

刘小白:

现在很多企业都是按月发放住房补贴,虽然省事儿,但我们的建议是:如果支出相同,就选择租房子,这样对企业更有利。

杨出纳:

支出一样,租房子还麻烦,怎么会对企业更有利呢?

王小红：

租房作职工宿舍，租金支出计入企业的福利费，可以减少工资总额，进而节省社保支出，并且一定条件下员工享受集体福利也不用缴纳个人所得税；如果发住房补贴，补贴支出要计入企业的工资总额，并且员工取得住房补贴要按"工资薪金"缴纳个税。对比分析请看案例分享3-8。

案例分享 3-8

甲公司新招聘员工20人，假设平均每人工资薪金的年应纳税所得额为30 000元，则人均应纳个税900（=30 000×3%）元。甲公司为解决新员工的住宿问题，提出两种方案供员工自行选择：①每月发放住房补贴1 000元/人；②住职工宿舍，每月无住房补贴，假设职工宿舍是公司租来的，租金成本为每月1 000元/人。假设甲公司为员工缴纳的"四险一金"的比例为工资总额的25%。

分析：两种方案下，甲公司的支出成本都是1 000元/人，不同的是第一种方案支付的住房补贴要计入公司的工资薪金总额，第二种方案支付的租金要计入职工福利费。个人所得税方面，两种方案下的住房支出都要并入员工工资缴纳个税。

（1）如果员工全部选择第一种方案：

甲公司支付的住房补贴计入工资薪金总额，当年工资薪金总额增加240 000（=20×1 000×12）元，增加社保支出60 000（=240 000×25%）元。

员工人均应纳个人所得税=（30 000+12 000）×10%−2 520=1 680（元），比之前没有住房补贴时多纳税780（=1 680−900）元。

（2）如果员工全部选择第二种方案：

甲公司支付的租金计入职工的福利费，不会增加企业的工资总额，进而不会增加社保支出，所以相较于第一种方案可以节省

60 000元的社保支出；员工个人所得税的缴纳和第一种方案相同，但是如果租房费用确实无法划分到员工个人名下，原则上可不并入员工工资计缴个人所得税。

马会计：

那我们把员工的交通补贴改为通勤班车，这样是不是也能节省社保支出？

刘小白：

是的。如果公司发放餐补的话，还可以改成提供员工餐、自建食堂或找餐饮公司配送、让员工就近在固定的餐厅就餐等，月底由公司与配餐公司或餐厅统一结算餐费。通过把工资中的补贴部分转移为福利费，可以降低工资总额，减少社保支出，实现减负的效果。

葛大侠：

不过要想实现工资总额的大幅降低，可以将"独立性强的劳动岗位"签为劳务报酬合同或者采取劳务派遣、劳务外包等用工方式，一般情况下这些方式都不需要负担员工的社保。对比分析请看案例分享 3-9。

案例分享 3-9

某公司上一年工资总额为 2 000 万元，2×19 年该公司决定将部分岗位改为劳务派遣方式，估计发生劳务费用 800 万元，支付工资总额 1 200 万元。假设公司承担的社保占工资总额的 25%。

分析： 这两年公司都需要支付人工费 2 000 万元，但是 2×19 年支付的劳务费用 800 万元不属于工资，企业不需要缴纳社保。2×19 年公司承担社保 300（=1 200×25%）万元，比上一年的 500（=2 000×25%）万元减少了 200（=500-300）万元的人力资源支出。如果获得劳务派遣公司开的增值税专用发票，公司还可以抵扣增值税。

王小红：
还有一种降社保的方式是返聘退休人员，因为退休人员不属于社保的征缴对象。但还是有少部分地区，比如辽宁省、浙江省仍然将退休人员工资计入企业社保的缴费基数，所以需要关注地方政策来操作。

杨出纳：
补贴都转成福利费了，个人享受这些福利就不用代扣代缴个人所得税了吧？

王小红：
要分情况对待。对于集体享受的不可分割的福利，不征收个人所得税，比如员工集体聚餐、通勤班车所发生的费用等；但对发放到个人头上的福利，不论现金还是实物，一般就要缴纳个人所得税，比如各种补贴等。

刘小白：
我们单位就充分利用了集体福利的好处。我们过生日时，公司都会买个蛋糕，大家围在一起吃，这种集体福利就不涉及个税。而像其他单位发放蛋糕卡，购卡支出就要并入员工当月工资缴纳个税。请看案例分享3-10。

案例分享3-10

中秋节当天某公司组织所有员工到食堂聚餐，发生餐饮费5 000元。另外公司还给每位员工发放一盒月饼，月饼购入成本为10 000元，增值税1 300元。

分析： 对于企业而言，中秋节的聚餐费和购入月饼的支出均应计入职工福利费；对于员工而言，聚餐费属于集体福利，无须缴纳个人所得税。而月饼属于个人福利，要按买价并入员工当月的工资薪金缴纳个人所得税。

（1）聚餐费。

借：应付职工薪酬——职工福利费　　5 000
　　贷：银行存款　　　　　　　　　　　　　　5 000
借：管理费用（等科目）——职工福利费　5 000
　　贷：应付职工薪酬——职工福利费　　　　5 000

（2）购入月饼发放，用于员工福利的月饼，进项税额不能抵扣。

借：应付职工薪酬——职工福利费　　11 300
　　贷：银行存款　　　　　　　　　　　　　　11 300
借：管理费用（等科目）——职工福利费
　　　　　　　　　　　　　　　　　　11 300
　　贷：应付职工薪酬——职工福利费　　　　11 300

听君一席话 3-5

企业所得税是我国的第二大税种，也是财务人员的用力点，企业既想多赚钱又想少缴税。企业要想减轻税负就要了解国家政策，尤其是优惠政策，目前关于企业所得税的优惠政策主要有低税率、所得减免、加大费用扣除、扶持"弱小企业"等。这些优惠政策都有适用条件，企业应努力去满足条件、创造条件，像西部、各地的开发园区等一般都有较大力度的政策扶持，企业在扩张时就可考虑在这些地方成立分支机构。财税人员更要学会利用税收优惠政策为企业进行事前筹划，以减轻企业的税负。

2019年开始由税务机关统一征收社保的新政出台，很多企业的人力资源成本会大幅度上升，尤其是一些本来就缴不起社保的中小企业，更需要政策扶持和用工筹划。所以，一方面政府要对中小企业"网开一面"，另一方面中小企业要调整用工模式，比如独立性强的工作岗位改为劳务合同，或者采取劳务派遣、劳务外包模式等，这些用工方式一般不涉及社保缴纳。

六、个人所得税的财税处理技巧有哪些？

> 个人所得税在近几年变化较大，存在的问题也较多。除了多档税率，还有合并纳税和单独计税。如果不跟紧政策，也不仔细算计，在纳税上可能吃了亏自己也不知道。汇算清缴是不是每个人都要办理？合伙企业能够节税，但现在政策突变该怎么办？创投企业的节税模式还管不管用？在税收政策变化的环境下，如何把握国家个人所得税调整方向，在合理合法的情况下，为企业高管的薪酬发放提供节税方法？本节将为你提供系列案例……

1. 企业高管如何节税？

牛老板：

我今年个人所得税汇算清缴补了好几万块呢。能不能做点什么工作，少缴点税呀？

王小红：

那牛老板的额外收入不少啊！如果这些额外收入平时按20%代扣代缴，汇算清缴时你的适用税率到了30%，肯定就要补税了。你在办理汇算清缴时对应的是纳税系统，"铁面无私"，无法讨价还价，只能按操作补缴。减轻税负的工作要提前做，确实不能"临时抱佛脚"。

牛老板：

到底有什么办法减轻税负呢?

葛大侠：

减轻企业高管税负的方法，目前比较常用的是细分收入性质，区分劳动所得和经营所得，让最高税率从45%降到35%，达到节税效果。

王小红：

此外，对于企业高管还有六种节税方法：

（1）月工资+年终奖。

（2）月工资+年终奖+福利。

（3）月工资+年终奖+福利+分红。

（4）月工资+年终奖+福利+分红+私产公租。

（5）月工资+年终奖+福利+分红+私产公租+经营所得。

（6）月工资+年终奖+福利+分红+私产公租+经营所得+退税。

牛老板：

这些方法都是怎么操作的呢?

王小红：

第一种方法：月工资+年终奖，就是利用年终奖单独计税的特点进行合理筹划。因为年终奖可以不并入综合所得，对部分工薪族来说，几乎等于"减半征收"。年终奖的优惠政策目前执行到2023年12月31日。请看政策链接3-5。

📖 **政策链接3-5**

《财政部 税务总局关于个人所得税法修改后有关优惠政策衔接问题的通知》（财税〔2018〕164号）第一条："（一）居民个人取得全年一次性奖金，符合《国家税务总局关于调整个人取得全年一次性奖金等计算征收个人所得税方法问题的通知》(国税发〔2005〕9号)规定的，在2021年12月31日[一]前，不并入当年综合所得，以全年一次性奖金收入除以12个月得到的数额，按照本通知所附按月换算后的综合所得税率表(以下简称月度税率表)，确定适用税率和速算扣除数，单独计算纳税。计算公式为：

应纳税额＝全年一次性奖金收入×适用税率－速算扣除数

居民个人取得全年一次性奖金，也可以选择并入当年综合所得计算纳税。"

牛老板：

那工资和年终奖怎么搭配才能把税降到最低呢？

王小红：

这个得看牛老板一年发多少钱了。我们给您算个账，选择年薪收入在11个临界点的群体，计算不同收入下"分开发"的节税效益，请看表3-14。

表3-14 工资节税方案一览表

(仅考虑5 000元免征额，不考虑专项附加扣除等情况) (单位：元)

年薪临界点	发放形式		发放数额	应纳税所得额	税率	速算扣除数	应纳税额	全年纳税	分开发放节税
132 000	分开发	月工资	8 000	3 000	3%	—	90	2 160	2 520
		年终奖	36 000	3 000	3%	—	1 080		
	全以工资发放		11 000	6 000	10%	210	390	4 680	
240 000	分开发	月工资	17 000	12 000	10%	210	990	12 960	6 120
		年终奖	36 000	3 000	3%	—	1 080		
	全以工资发放		20 000	15 000	20%	1 410	1 590	19 080	
348 000	分开发	月工资	17 000	12 000	10%	210	990	26 070	14 610
		年终奖	144 000	12 000	10%	210	14 190		
	全以工资发放		29 000	24 000	20%	1 410	3 390	40 680	
504 000	分开发	月工资	30 000	25 000	20%	1 410	3 590	57 270	23 010
		年终奖	144 000	12 000	10%	210	14 190		
	全以工资发放		42 000	37 000	30%	4 410	6 690	80 280	

[一] 财政部 税务总局公告2023年第30号文已将该执行期限延长至2027年12月31日。

（续）

年薪临界点	发放形式		发放数额	应纳税所得额	税率	速算扣除数	应纳税额	全年纳税	分开发放节税
660 000	分开发	月工资	30 000	25 000	20%	1 410	3 590	101 670	25 410
		年终奖	300 000	25 000	20%	1 410	58 590		
	全以工资发放		55 000	50 000	30%	4 410	10 590	127 080	
780 000	分开发	月工资	40 000	35 000	25%	2 660	6 090	131 670	34 410
		年终奖	300 000	25 000	20%	1 410	58 590		
	全以工资发放		65 000	60 000	35%	7 160	13 840	166 080	
900 000	分开发	月工资	40 000	35 000	25%	2 660	6 090	175 420	32 660
		年终奖	420 000	35 000	25%	2 660	102 340		
	全以工资发放		75 000	70 000	35%	7 160	17 340	208 080	
1 140 000	分开发	月工资	60 000	55 000	30%	4 410	12 090	247 420	56 660
		年终奖	420 000	35 000	25%	2 660	102 340		
	全以工资发放		95 000	90 000	45%	15 160	25 340	304 080	
1 380 000	分开发	月工资	60 000	55 000	30%	4 410	12 090	338 670	73 410
		年终奖	660 000	55 000	30%	4 410	193 590		
	全以工资发放		115 000	110 000	45%	15 160	34 340	412 080	
1 680 000	分开发	月工资	85 000	80 000	35%	7 160	20 840	443 670	103 410
		年终奖	660 000	55 000	30%	4 410	193 590		
	全以工资发放		140 000	135 000	45%	15 160	45 590	547 080	
1 980 000	分开发	月工资	85 000	80 000	35%	7 160	20 840	578 920	103 160
		年终奖	960 000	80 000	35%	7 160	328 840		
	全以工资发放		165 000	160 000	45%	15 160	56 840	682 080	

牛老板：

这个方法好！马会计，以后我的工资就照着上面来搭配。

葛大侠：

在具体操作时一定要注意：年终奖要固定在临界点以内，不然就算超1块钱，也会让适用税率上升一个档次，损失更多钱！请看 案例分享3-11。

案例分享 3-11

假设单位发给某位高管年终奖 300 000 元,除以 12 个月,每月为 25 000 元,适用 20% 的税率,速算扣除数为 1 410 元,纳税 58 590(=300 000×20%-1 410)元,高管拿到手的奖金为 241 410(=300 000-58 590)元。

如果多发 1 元钱,即年终奖为 300 001 元,除以 12 个月,每月为 25 000.08 元,适用 25% 的税率,速算扣除数为 2 660 元,纳税 72 340.25(=300 001×25%-2 660)元,拿到手的奖金为 227 660.75(=300 001-72 340.25)元。因多领 1 元钱,净损失 13 749.25(=241 410-227 660.75)元。

牛老板:

没想到多领 1 元钱损失了 1 万多。马会计,一定要多为员工考虑,注意临界点这个问题。

马会计:

老板,您放心吧,我们一定牢牢把握"不超标"的原则。但员工的工资水平存在差异,总会存在零头问题,该怎么处理呢?

葛大侠:

零头问题可以参考上市公司高管薪酬体系来消化,将员工的年薪分为三个部分:工资、奖金和经营风险保证金。先给定工资和奖金同档税率,超过税率临界点的零头部分,作为经营风险保证金予以扣除。工资按月发放;奖金年终发放;经营风险保证金三年一发(高管任期一般三年一届)。具体操作请看 教你一招 3-9。

教你一招 3-9

某位高管的年薪为 400 000 元,如何搭配工资、奖金和风险保证金呢？

分析：将该高管的工资和奖金税率控制在10%，每月发放工资最多是17 000元（只考虑免征额的情况下），每年发放的年终奖最高是144 000元，共计348 000（=17 000×12+144 000）元，超出的部分52 000（=400 000-348 000）元作为风险保证金扣下攒在一起发放。以此类推，可以算出员工薪酬税率控制在不同税率下的工资、奖金及风险保证金。当然，如果工资太高可以考虑其他的节税方法。

 马会计：

这个好用！那其他的节税方法又是怎么操作的呢？

 王小红：

其他节税方法的操作要点请看表3-15。

表3-15 其他节税方法分析

序号	节税模式	操作要点
方法二	月工资+年终奖+福利	（1）在"月工资+年终奖"的基础上，增加员工的福利待遇。员工福利包括职工福利费和"四险一金" （2）职工福利费不属于工资总额的范围，不会影响社保计算基数，也有免征个税的部分——比如集体福利就不并入个人收入纳税，像企业的食堂、通勤班车都属于集体福利的范畴，员工享受这些福利时，不会增加个税 （3）在"四险一金"中，公积金是一个挂在个人名下的账户，计入这个账户的基金，完全属于个人所有，即使平时提取受限制，但退休后完全归个人支配。目前公积金的缴存比例为工资总额的5%～12%，个人缴多少，企业跟着缴多少；个人缴存的部分免征个税，企业缴存的部分（12%以内）可以在企业所得税税前扣除。目前很多企业不给员工提取公积金或未按12%的最高标准提足公积金，均属没有充分利用这个节税点
方法三	月工资+年终奖+福利+分红	在方法二的基础上，将高收入员工的报酬，分解一部分为税后分红，员工持股就是分解的形式之一。在企业所得税税率为25%的条件下，分红的税率为20%，综合纳税成本为40%，比最高税率45%低5个百分点，而且分红不涉及社保的计算基数，也不会增加其他负担

（续）

序号	节税模式	操作要点
方法四	月工资+年终奖+福利+分红+私产公租	（1）在上述方法的基础上，根据实际工作需要，为回报员工，再租赁其私产，作为报酬的一部分。比如租车、租房、租船等，在同等条件下，把机会留给员工，让其再取得一份收入，视同加薪 （2）在目前的国家政策条件下，财产租赁收入征收20%的个税，也不在个税合并纳税的范围；而各个地方对于承租私人房产的税收按"综合征收率"征收，总体上比较优惠
方法五	月工资+年终奖+福利+分红+私产公租+经营所得	在上述方法的基础上，把高薪分出一部分作为经营所得。比如提供专业服务的技术人员，就可以成立个体经济组织，把个人劳动服务转变为组织技术服务，薪酬收入就可以转化为经营所得，单独计税。在成立个体经济组织的时候，可以选择能够享受税收优惠政策的组织形式
方法六	月工资+年终奖+福利+分红+私产公租+经营所得+退税	在上述方法的基础上，再考虑退税要素，获取退税收益。限于各地财政的需求，为引入税源，地方的招商引资各搭擂台，比着优惠，退税就是一大招牌。企业可以考虑在这些退税区成立子公司，将部分高薪人群迁入子公司，在子公司纳税，享受退税收益

刘小白：

这些方法都能达到节税筹划的效果，你们可以先从简单的入手，请看 案例分享3-12。

案例分享3-12

北京某高管年薪480万元，每月的薪酬总额为40万元，其中工资20万元，效益奖金20万元，但当月发放的效益工资要并入工资总额一起计税。

以2021年为例计算，2021年北京的基本养老保险、失业保险、工伤保险、职工基本医疗保险（含生育）月缴费基数上限为28 221元，住房公积金的缴费基数上限为28 221元。养老保险个人承担比例为8%，医疗保险个人承担比例为2%+3元，失业保险个人承担比例为0.5%，工伤保险个人不缴。不实施任何节税方法，实际能拿到手的年薪总额计算如下，假设每月享受专项附加扣除 2 000 元，健康险扣除 200 元。

月个人缴纳社保额 = 2021 年度社保缴费最高基数 ×

个人承担比例 + 个人承担的 3 元医疗保险

= 28 221 ×（8%+2%+0.5%）+3 ≈ 2 966.21（元）

月个人缴纳住房公积金 = 28 221 × 12% = 3 386.52（元）

月应纳个税 =（月应税收入 − 月个人缴纳"三险一金" − 专项附加

扣除 − 免征额 − 健康保险）× 适应税率 − 速算扣除数

=（400 000−6 352.73−2 000−5 000−200）× 45%−15 160

= 158 741.27（元）

月实发工资 = 月应税收入 − 个人所得税 − 三险一金

= 400 000−158 741.27−6 352.73 = 234 906（元）

年纳个税额：158 741.27 × 12 = 1 904 895.24（元）

年实发工资：234 906 × 12 = 2 818 872（元）

为方便以下案例的计算，年实发工资我们取个整数 282 万元，即若不进行节税筹划，按一般方法处理，"标价" 480 万元的高管每年能拿到手的薪酬为 282 万元，税费 198（=480−282）万元。

若考虑节税，我们给出以下三个节税方案。

节税方案 1：通过"将部分月工资转为年终奖"的方式，把部分收入从 45% 的税率降到 35%。考虑到相关税收法规和年终奖临界点，假设每月从 40 万元的月工资中转移 8 万元到年终发放，即每月发放工资 32 万元，年底发放年终奖 96（=8×12）万元。依据财税〔2018〕164 号，这 96 万元可以不并入当年综合所得，单独计税，适用 35% 的税率计税。总体纳税计算如下：

月工资应纳个税 =（320 000−6 352.73−2 000−5 000−200）×

45%−15 160

≈ 122 741.27（元）

月实领工资 = 320 000−122 741.27−6 352.73 = 190 906（元）

年终奖纳税额 = 年终奖数额 × 适应税率 − 速算扣除数

= 960 000 × 35%−7 160 = 328 840（元）

年终奖实领金额＝年终奖数额－年终奖纳税额
　　　　　　＝960 000－328 840＝631 160（元）
年应纳个税合计＝月工资应纳个税＋年终奖纳税额
　　　　　　＝122 741.27×12＋328 840＝1 801 735.24（元）
年实领薪酬＝月实领工资合计数＋年终奖实领金额
　　　　　＝190 906×12＋631 160＝2 922 032（元）
节约个税＝按一般方法缴纳的个税－此节税方案缴纳个税合计
　　　　＝1 904 895.24－1 801 735.24＝103 160（元）

即此方案可节税约10万元。这样稍微调整一下，该高管全年拿到手的薪酬就比一般方法282万元多了10万元，即292万元。

节税方案2：通过"转变具体纳税项目"的形式。比如上市公司给独立董事发放的报酬，属于劳务报酬。劳务报酬虽然属于综合征收项目，但是有20%的免征额。假设高管跟集团签署的是劳务报酬合同，每月也发放40万元，那么纳税额和到手数就会发生变化。假设该高管只有劳务报酬所得，无其他所得。计算如下：

月预缴个税＝[（月劳务报酬收入－免征额）×适用税率－速算扣除数]
　　　　　＝（400 000－400 000×20%）×40%－7 000＝121 000（元）

月实领劳务报酬：400 000－121 000＝279 000（元）

年预缴个税额：121 000×12＝1 452 000（元）

年度总计应缴个税＝(年应税收入－个人缴纳"三险一金"－专项附加扣除－免征额－健康保险)×适应税率－速算扣除数
　　　　　　　＝[400 000×12×（1－20%）－6 352.73×12－2 000×12－5 000×12－200×12]×45%－181 920
　　　　　　　＝1 472 895.26（元）

年实领劳务报酬：400 000×12－1 472 895.26－6 352.73×12＝3 250 871.98（元），这比一般方法拿到手的282万元多了43万元。

当然，如果签成劳务报酬合同，有一定适用条件，企业需要在满足适用条件的情况下才能签订劳务报酬合同。

节税方案3：利用"地方退税政策"。假设该高管跟集团下属的某一在退税35%地区的公司签署合作协议，为这个公司提供劳务服务，由这个享受退税政策的公司发放薪酬，又可以享受所纳税款35%的退税额。方案1可以退税63（=180×35%）万元，即可拿到手355（=292+63）万元；方案2可以退税51.45（=147×35%）万元，即可以拿到手376.45（=325+51.45）万元。

以上各个方案的相关数据请看表3-16。

表3-16　节税方案对比　　　　（单位：万元）

方案		税费额	实领数	比一般处理多领
一般处理		198	282	0
方案1		188	292	10
方案2		155	325	43
方案3	按方案1	125	355	73
	按方案2	103.55	376.45	94.45

总结：我们给出的方案都是一家之言，限于学识或政策水平，也会有考虑不周之处，何况还有理论和政策的探讨成分，"落地"还需要看当地的税收监管政策。

国家为支持海南自由贸易港建设，对在海南自由贸易港工作的高端人才和紧缺人才，其个人所得税实际税负超过15%的部分，予以免征。如果集团下属有公司在海南的话，该高管可以跟海南公司签署合作协议，由海南公司发放薪酬，满足条件的情况下就可以享受15%的税率。

2.专项附加扣除"由谁扣"能节税？

杨出纳：

跟牛老板相比，虽然我们缴的个税少，但能省一点是一点，省下来的钱都进自己的腰包。像我们这种工薪阶层怎么节税呢？

王小红：

专项附加扣除每个人基本都会涉及，我们可以充分利用它来节税。专项附加扣除项目目前包括子女教育、继续教育、大病医疗、住房贷款利息或者住房租金、赡养老人、3岁以下婴幼儿照护7项，具体扣除标准请扫描二维码观看 图3-19。

杨出纳：

这些专项附加扣除项目都是根据个人情况如实申报的，又不能多报，怎么能节税呢？

图3-19 专项附加扣除思维导图

王小红：

您说得对，肯定不能谎报。但是专项附加扣除项目基本都可以选择扣除方，这就是我们的节税点：一般让工资税率高的一方申报扣除，能够达到节税效果。请看 教你一招3-10。

👍 教你一招3-10

陈先生和陈太太有一儿一女，其中儿子读幼儿园大班，女儿上小学三年级。陈先生和陈太太都在公司任职，除工资收入外无其他所得，假设未扣除"子女教育专项附加扣除"之前，2023年陈先生的应纳税所得额为200 000元；陈太太应纳税所得额为90 000元。那么，子女教育专项附加扣除选择由谁扣更节税？不同扣除方式下陈先生、陈太太的纳税情况对比请看 表3-17。

表3-17　不同扣除方式下的纳税情况　（单位：元）

情形	陈先生（个税）	陈太太（个税）	合计纳税
双方都不扣除	200 000×20%-16 920=23 080	90 000×10%-2 520=6 480	29 560
都由陈太太扣除	200 000×20%-16 920=23 080	（90 000-48 000）×10%-2 520=1 680	24 760

（续）

情形	陈先生（个税）	陈太太（个税）	合计纳税
双方分别扣除	（200 000-24 000）×20%-16 920=18 280	（90 000-24 000）×10%-2 520=4 080	22 360
都由陈先生扣除	（200 000-48 000）×20%-16 920=13 480	90 000×10%-2 520=6 480	19 960

总结：

（1）由计算可知，如果两个子女的教育附加扣除（每个子女每月2 000元）都让工资税率高的一方——陈先生来申报扣除，夫妻两人合计纳税额最少，能达到节税效果。

（2）如果夫妻双方的工资税率最终在同一等级（扣除免征额、专项附加扣除、社保、捐赠等），经过测算不管选择由谁扣或者双方各扣除一半，纳税总额都是相等的。

（3）对于大病、继续教育、住房贷款利息、赡养老人专项附加扣除项目同样适用这种方法：让工资税率较高的一方扣除能节税。

葛大侠：

合理利用专项附加扣除确实能节税，但是需要采集各方信息，比如申报扣除子女教育支出、赡养老人支出，就要填报小朋友、老人的相关信息，这就需要权衡考虑信息私密性问题了。我身边就有朋友不愿透露孩子的私密信息，所以放弃了该项专项附加扣除。

知识链接 3-2

为了鼓励大家生三孩儿，国发〔2022〕8号文将三岁以下婴幼儿照护费用纳入个人所得税专项附加扣除。此外，地方政府在配租公租房时，对符合当地住房保障条件且有未成年子女的家庭，可根据未成年子女数量，在户型选择等方面给予适当照顾；

地方政府还可以研究制定根据养育未成年子女负担情况实施差异化租赁和购买房屋的优惠政策。

3. 哪些人要办理个人所得税汇算清缴？

牛老板：

说到汇算清缴，是不是所有人都必须办理？

王小红：

不是的，国家税务总局公告2023年第3号明确指出，纳税人已依法预缴个人所得税且符合下列情形之一的，无需办理汇算：（1）汇算需补税但综合所得收入全年不超过12万元的；（2）汇算需补税金额不超过400元的；（3）已预缴税额与汇算应纳税额一致的；（4）符合汇算退税条件但不申请退税的。具体请看案例分享3-13。

案例分享3-13

情形一：陈先生在两个单位任职，预缴个税时两个单位都扣除了减除费用（5 000元/月），2×19年全年应发工资合计为110 000元，每月缴纳"三险一金"1 100元，享受子女教育支出专项附加扣除1 000元，无其他扣除。全年预缴个人所得税100元，除工资外陈先生无其他收入，在来年2×20年汇算清缴时，陈先生的综合所得应该补（退）多少个税？

应退或应补税额 =〔（综合所得收入额 - 60 000元 - "三险一金"
　　　　　　　等专项扣除 - 子女教育等专项附加扣除 -
　　　　　　　依法确定的其他扣除 - 捐赠）× 适用税率 -
　　　　　　　速算扣除数〕- 2×19年已预缴税额
　　　　　 =（110 000 - 60 000 - 1 100×12 - 1 000×12）×
　　　　　　　3% - 100
　　　　　 = 644（元）

分析： 尽管陈先生需要补缴个人所得税，但是因为综合所得收入全年为 11 万元 <12 万元，所以无须办理汇算清缴和补缴税款。这是国家的政策红利。

情形二：王先生 2×19 年全年应发工资合计为 144 000 元，每月缴纳"三险一金"1 500 元，享受住房贷款和子女教育支出专项附加扣除共计 2 000 元，无其他扣除。王先生在 6 月份取得劳务报酬 45 000 元；9 月取得丙公司支付的特许权使用费 3 000 元；11 月取得杂志社支付的稿酬 5 000 元。全年预缴个人所得税 5 420 元，在来年 2×20 年汇算清缴时，王先生的综合所得应该补（退）多少个税？

应退或应补税额 =〔(综合所得收入额 −60 000 元 −"三险一金"
　　　　等专项扣除 − 子女教育等专项附加扣除 −
　　　　依法确定的其他扣除 − 捐赠) × 适用税率 −
　　　　速算扣除数〕−2×19 年已预缴税额
= 〔(144 000+45 000×(1−20%)+3 000×(1−
　　20%)+5 000×(1−20%)×70%−60 000−1 500×
　　12−2 000×12)〕×10%−2 520−5 420
= 380（元）

分析：尽管王先生需要补缴个人所得税，但是因为补税金额 380 元 <400 元，所以无须办理汇算清缴和补缴税款。这也是国家的政策红利。

注意：如果综合所得收入全年超过 12 万元且需补税金额超过 400 元，就必须办理汇算清缴。

情形三：承情形二，假设王先生在 2×19 年生病住院，扣除医保报销后个人自费 25 000 元，此外年底王先生还通过民政部门向山区小学捐款 5 000 元（符合全额扣除）。在来年 2×20 年汇算清缴时，王先生应该补（退）多少个税？

应退或应补税额 =〔(综合所得收入额 −60 000 元 −"三险一金"
　　　　等专项扣除 − 子女教育等专项附加扣除 −
　　　　依法确定的其他扣除 − 捐赠) × 适用税率 −
　　　　速算扣除数〕−2×19 年已预缴税额

$$=[(144\,000+45\,000\times(1-20\%)+3\,000\times(1-20\%)+5\,000\times(1-20\%)\times70\%-60\,000-1\,500\times12-2\,000\times12-(25\,000-15\,000)-5\,000)]\times10\%-2\,520-5\,420$$

$$=-1\,120（元）$$

分析：王先生多预缴了税款1 120元，申请退税是纳税人的权利，王先生可以办理年度汇算清缴申请退税；也可以放弃退税，放弃退税自然就不用办理汇算清缴。

杨出纳：

我的年收入从没超过12万元，看来汇算清缴与我无关了。

葛大侠：

很多人和你想法一样，觉得收入低就不办理汇算清缴了，但如果你们平时多预缴了税，只有通过汇算清缴才能退回来，不办就损失了这笔退税。需要退税的常见情形请看爱心提示3-2。

● **爱心提示 3-2**

可能需要退税的常见情形：

（1）综合所得全年收入额不足6万元，但平时预缴过个人所得税的员工；

（2）有符合条件的专项附加扣除，但预缴税款时没有申报扣除的群体；

（3）取得劳务报酬、稿酬、特许权使用费等所得，年度中间适用的预扣率高于全年综合所得年适用税率的群体；

（4）预缴税款时，未申报享受或者未足额享受综合所得税收优惠的群体，如残疾人减征个人所得税优惠等；

（5）有符合条件的公益慈善捐赠支出，但预缴税款时未办理扣除的群体；

（6）季节性生产企业的员工；

（7）取得"混搭收入"的群体，"混搭收入"是指取得"综合所得"两项以上者；

（8）年度内停换工作的人群；

（9）年度内失业的群体；

（10）年度内退休的群体。

牛老板：

如果需要补税，但是一直拖着不办理汇算清缴有什么后果？

王小红：

如果属于应当补税的，办理年度汇算就是义务。根据《中华人民共和国税收征收管理法》第六十二条，纳税人未按照规定的期限办理纳税申报和报送纳税资料的，或者扣缴义务人未按照规定的期限向税务机关报送代扣代缴、代收代缴税款报告表和有关资料的，由税务机关责令限期改正，可以处二千元以下的罚款；情节严重的，可以处二千元以上一万元以下的罚款。

牛老板：

办理汇算清缴挺麻烦的，每次都是马会计帮我操作的。

王小红：

其实一点都不麻烦，个人所得税 App 操作挺简单的，国家税务总局每年都会发布汇算清缴指南，牛老板也应关注关注。虽然每年的汇算清缴在操作上有一些调整，但大体没变，2022 年汇算清缴的相关内容请扫描二维码观看 图 3-20。

图 3-20
2022 年个人所得税汇算清缴相关内容思维导图

4. 特殊岗位签订劳务报酬合同能节税吗？

马会计：

近来新产品研发遇到了技术难题，我们请了个专家来指导。这两天正在谈合作细节，关于报酬这块，我们是发工资还是劳务报酬呢？

葛大侠：

建议发劳务报酬。因为签订劳务报酬合同，一方面可以约定相对"松散"的合作模式；另一方面公司不用为其缴纳社保，节省了社保支出。

马会计：

不缴社保确实能省一笔钱。还有个问题，在谈报酬时专家要求税后报酬，个税由我们承担。那我们承担的个税能税前扣除吗？

王小红：

当然可以，承担的个税计入劳务费，按规定在企业所得税税前扣除。其实专家要求"税后报酬"是他的节税筹划点，请看案例分享3-14。

案例分享3-14

某知名专家担任企业顾问，约定每年报酬24万元，以劳务报酬形式每月发2万元。

（1）若合同约定每月20 000元是税前报酬，税款由专家自己承担，则每月的税款为3 200〔=（20 000−20 000×20%）×20%〕元，全年税款为：3 200×12=38 400（元）。

（2）若是税后报酬，税款由单位承担，纳税额需要依据国家规定的公式换算。设税前劳务报酬所得为x元，则：$x-x×(1-20\%)×20\%=20 000$，解得：$x≈23 810$，23 810元就是单位每月实际承担的劳务费,其中20 000元支付给专家,3 810元为额外承担的预扣预缴税款。全年税款为:3 810×12=45 720(元)。

总结:税后劳务报酬合同下,单位每年额外承担的45 720元纳税成本,计入了专家个人所得税的预扣预缴税款系统。在其年终汇算清缴时,作为"已缴税款"去抵减"应缴税款",相当于转化成了专家的收益。所以,有"话语权"的专家签署税后劳务报酬合同,就能进一步获得劳务收益。

马会计:

原来是这样,可是专家的收益就是我们的损失。尽管我们也不愿意承担这笔税款,但也没办法呀。

葛大侠:

为了减少损失,建议你们在和专家签署税后劳务报酬合同时,约定分次发放,这样对你们有利。因为在劳务报酬总额一定的前提条件下,分次发放,预扣预缴的税率相对就低;若一次取酬,预扣预缴的税率就比较高。这高出去的部分,一会增加你们的纳税成本,二会在汇算清缴时转化成专家的收益。请看教你一招3-11。

👍 教你一招3-11

某知名专家担任企业顾问,跟企业签署了每年税后24万元的劳务报酬合同。

(1)若约定每月领取2万元,单位每月承担预扣预缴税款3 810元(计算见案例分享3-14),全年付出的纳税总成本为45 720(=3 810×12)元。

(2)若约定在年终一次领取,年终一次性发放税后劳务报酬24万元,那预扣预缴税率就适用40%。假设税前劳务报酬所得为y,则:$y-[y×(1-20\%)×40\%-7\,000]=240\,000$,解得:$y≈$

342 647（元）。

342 647 元就是单位实际承担的劳务费，其中 240 000 元支付给专家，102 647 元为额外承担的预扣预缴税款。

所以，一次取酬的税款 102 647 元与按月领取的全年税款 45 720 元，相差 56 927 元，这个差额无疑增加了发放单位的纳税成本，同时这个差额也会作为"纳税减项"进入专家的年终汇算清缴，增加专家的收益。

总结：

（1）从上述计算数据可以明确看到，签署税后劳务报酬合同的情形下，单位"分次发放"的纳税成本更低；相反，专家"一次取酬"更有利。

（2）有的企业工资总额发放受限制，但劳务报酬没有"封顶"的问题，所发放的报酬可以在企业所得税税前全额扣除。所以，这些企业偏好用劳务报酬雇用"外脑"，也是看中了其中的利益——若企业所得税税率为 25%，企业发放 100 元劳务报酬，国家其实承担了 25 元。

马会计：

公司这个月来了几个实习的大学生，月底就要给他们结算劳务费了，钱本就不多，一扣税学生拿到手就更少了。

刘小白：

国家也考虑到学生赚钱不易，对学生取得的劳务费收入，在预扣预缴个人所得税时做了专门的规定：可按照国家税务总局公告 2018 年第 61 号规定的累计预扣法计算并预扣预缴税款，也就是跟个税的预缴计算方法类似。具体请看 知识链接 3-3。

知识链接 3-3

《国家税务总局关于完善调整部分纳税人个人所得税预扣预

缴方法的公告》(国家税务总局公告2020年第13号)第二条规定：正在接受全日制学历教育的学生因实习取得劳务报酬所得的，扣缴义务人预扣预缴个人所得税时，可按照《国家税务总局关于发布〈个人所得税扣缴申报管理办法(试行)〉的公告》(2018年第61号)规定的累计预扣法计算并预扣预缴税款。

(1) 计算公式为：

本期应预扣预缴税额 =（累计收入额 − 累计减除费用）× 预扣率 − 速算扣除数 − 累计减免税额 − 累计已预扣预缴税额

其中，累计减除费用按照5 000元/月乘以纳税人在本单位开始实习月份起至本月的实习月份数计算。上述公式中的预扣率、速算扣除数，与工资薪金所得的预扣税率、速算扣除数一致。

(2) 该项政策的适用，需要注意两点：

①只适用全日制在校学生取得劳务报酬所得；

②学生需向扣缴单位提供学生证等在校全日制学生的证明资料。

5.合伙企业股权转让如何节税？

牛老板：

去年我和几个朋友成立了一家有限合伙企业作为持股平台（请看⇨知识链接3-4）。最近资金有些紧张，我们打算让持股平台卖掉部分目标公司的股权，持股平台缴不缴企业所得税呢？

📖 知识链接3-4

通过合伙企业进行股权投资，是间接持股方式之一，指自然人或法人成立一家有限合伙企业作为持股平台，通过该持股平台持有目标公司的股权（请看⇨图3-21）。区别于直接持有目标公司的股权和通过"有限责任公司持股平台"间接持有目标公司股权，这种方式可以保证控制权的灵活性和股权稳定性，在实践中被广泛使用。

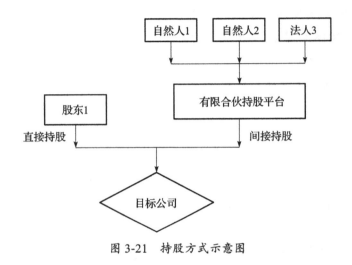

图 3-21　持股方式示意图

王小红：

合伙企业不缴企业所得税。根据财税〔2000〕91号、财税〔2008〕159号的规定，合伙企业不征收企业所得税，其生产经营所得和其他所得采取"先分后税"的原则，以每一个合伙人为纳税义务人分别缴纳所得税，合伙人是自然人的，缴纳个人所得税；合伙人是法人和其他组织的，缴纳企业所得税。所以，你们的持股平台转让目标公司股权后，取得的转让收益应该按照合伙协议约定比例或合伙人出资比例进行收益分配，自然人合伙人缴纳个人所得税，法人合伙人缴纳企业所得税。具体纳税流程请看图 3-22。

马会计：

那是不是按照"财产转让所得"来扣缴自然人合伙人的个人所得税呢？

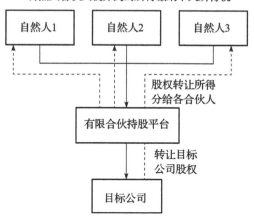

图 3-22 合伙企业转让股权自然人合伙人纳税示意图

 王小红：

这个在具体操作中存在较大分歧。有的地方按"个体工商户生产经营所得"征税，适用 5%～35% 的税率；有的地方按"财产转让所得"或"利息、股息、红利所得"征税，税率为 20%；还有的地方分情况按上述项目征税。具体政策依据请扫描二维码观看 图 3-23。

图 3-23 合伙企业股权转让税率之争思维导图

 葛大侠：

不同的操作方式与当地税源有关，一般税源紧张的地区，征税倾向于 35% 的高税率；税源充足的地区为了吸引企业前来发展则会适用 20% 的低税率。

 牛老板：

那怎么缴税得问当地税务局了。要是按 5%～35% 税率的话，我们股权转让金额大，就得按最高 35% 来缴税了。老师们有没有什么办法让我们按 20% 来缴税呢？

王小红：

当然有办法。如果当地适用 5%～35% 税率使得你们缴的个税更高，可以通过"平价转让目标公司股权给合伙人"的方法，最终实现按 20% 税率缴纳个人所得税。具体操作方法为：在目标公司上市股票增值前，有限合伙持股平台与自然人合伙人签订股权转让协议，将合伙企业所持有的目标公司的股权平价转让给自然人合伙人，自然人合伙人再转让股权时即按 20% 纳税。具体操作请看图 3-24。

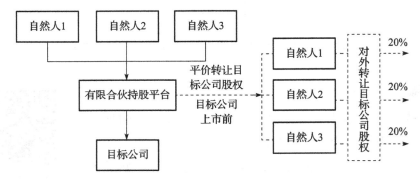

图 3-24　合伙企业股权转让节税筹划方案示意图

马会计：

明白了。与之前持股平台直接对外转让目标公司股权相比，这个筹划方案增加了一个环节，即先由持股平台把目标公司股权转让给自然人合伙人，再由自然人合伙人对外转让（持股平台→自然人合伙人→对外转让）。

王小红：

是的，我给你们讲个具体案例吧。请看教你一招 3-12。

👍 教你一招 3-12

假设甲、乙、丙三个自然人投资 100 万元在 M 市成立了 A 有限合伙企业作为持股平台，其中甲出资 50 万元，持股 50%；

乙出资30万元，持股30%；丙出资20万元，持股20%。2020年年末，A有限合伙持股平台将所持有的B目标公司股权以500万元转让给第三方，该股权的成本为200万元。转让协议生效、完成股权变更登记后，A有限合伙持股平台按出资比例分配股权转让所得并纳税。按照当地对合伙企业股权转让所得的规定，自然人合伙人按"个体工商户生产经营所得"纳税，适用5%～35%税率。

（1）筹划前：如图3-25所示，A持股平台转让所持有的B公司股权后，收益要分配给合伙人甲、乙、丙，甲分得150〔=（500-200）×50%〕万元，乙分得90〔=（500-200）×30%〕万元，丙分得60〔=（500-200）×20%〕万元，甲、乙、丙按照"个体工商户生产经营所得"缴纳个人所得税。

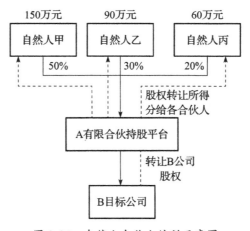

图3-25　自然人合伙人纳税示意图

（2）筹划方案：在B公司上市前，A有限合伙持股平台与合伙人甲、乙、丙签订合伙协议，将所持有的B公司股权平价转让给甲、乙、丙（假设按各合伙人的出资比例分配份额），即按价格100（=200×50%）万元、60（=200×30%）万元、40（=200×20%）万元分别卖给甲、乙、丙。甲、乙、丙再按市价把自己手中的B公司股权对外转让，甲获得收入250万元、乙获得收入

150万元、丙获得收入100万元。甲、乙、丙即可按"股权转让所得"20%税率缴纳个人所得税,请看图3-26。

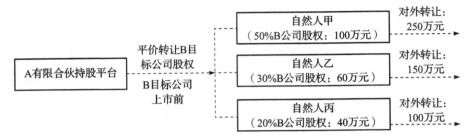

图3-26 合伙企业股权转让节税筹划方案示意图

(3)筹划前后的纳税对比,请看表3-18。

表3-18 筹划前后的纳税金额对比 （单位：万元）

方式	各合伙人纳税	合计纳税	节税
筹划前	甲=〔(500-200)×50%〕×35%-6.55=45.95 乙=〔(500-200)×30%〕×35%-6.55=24.95 丙=〔(500-200)×20%〕×35%-6.55=14.45	45.95+24.95+ 14.45=85.35	85.35-60=25.35 节税幅度29.70%
筹划后	甲=(250-100)×20%=30 乙=(150-60)×20%=18 丙=(100-40)×20%=12	30+18+12=60	

(4)总结：筹划前合伙人合计缴纳个人所得税85.35万元,筹划后合计缴纳60万元,节税25.35万元,节税幅度达29.70%。

(5)注意：当股权转让所得较低时,按照5%～35%税率征税,适用的税率也低,要是低于20%,此方法就不适合了。

马会计：

我还有个疑问,合伙人能与本合伙企业进行交易吗?

刘小白：

可以的,根据《中华人民共和国合伙企业法》第三十二条（针对普通合伙企业）和第七十条（针对有限合伙企业）的规定,普通合伙企业的合伙人原则上不能和本合伙企业进行交易,除非合伙协议另有约定或经全体合伙人同意；有限合伙企业的有限合伙人原则上可以和本合伙企业进行交易，除非合伙协议另有约定。因此，当企业存在节税意愿时，只要在成立合伙企业前在合伙协议中提前约定或者取得全体合伙人同意，转让股权就不受限制。并且，由于标的公司未上市，股票尚未实现增值，股权的平价转让是可行的。其他操作注意事项，请看爱心提示 3-3。

爱心提示 3-3

筹划方案实际操作中的注意事项：

（1）股权转让要履行规定的股权变更手续。

（2）要注意申报的股权转让收入不能低于股权对应的净资产公允价值份额。

（3）要考虑投资的标的公司是否对股权转让存在限制条件。

（4）实务中还可以通过将持股平台注册在税收优惠地区，以优惠税率完税。目前，为了发展区域经济，国家及地方层面都出台了一系列的区域性税收优惠政策，多数经济开发区出台了财政返还政策，如果将持股平台设立在这些有足够优惠政策的区域，还能降低税负。

6. 创投企业如何利用"合伙嵌套"稀释股权分红，减轻税负？

马会计：

合伙企业转让股权，自然人合伙人的所得税税率各地存在差异。那合伙企业对外投资分回的股息、红利，自然人合伙人又怎么缴税呢？

刘小白：

合伙企业取得的对外投资收益，分到自然人合伙人手里，根据国税函〔2001〕84 号规定，要单独作为投资者个人取得的利息、股息、红利所得，按"利息、股息、红利所得"计算缴纳个人所得税。

牛老板：

这分到手里还得缴纳个人所得税,那能不能把它先留在合伙企业,以后我们缺钱了再分给我们?

王小红：

这样做可不行!因为合伙企业取得的生产经营所得和其他所得,无论是否向合伙人分配,都要对合伙人征收所得税,即合伙企业的"先分后税"分的并不是"收益",而是"税基"。

牛老板：

那有没有节税方法呢?

刘小白：

如果你们的合伙企业是创投企业的话还可以筹划筹划,否则还是按规定缴税吧!

杨出纳：

什么是合伙制创投企业呢?

王小红：

合伙制创投企业,是指符合《创业投资企业管理暂行办法》(发展改革委等 10 部门令第 39 号)或者《私募投资基金监督管理暂行办法》(证监会令第 105 号)关于创业投资企业(基金)的有关规定,并按照上述规定完成备案且规范运作的合伙制创业投资企业(基金)。具体规定请看 政策链接 3-6。

📖 政策链接 3-6

(1)《创业投资企业管理暂行办法》第一章第二条:"本办法所称创业投资企业,系指在中华人民共和国境内注册设立的主要从事创业投资的企业组织。前款所称创业投资,系指向创业企业进行股权投资，以期所投资创业企业发育成熟或相对成熟后主要通过股权转让获得资本增值收益的投资方式。"

（2）《私募投资基金监督管理暂行办法》第一章第二条："本办法所称私募投资基金（以下简称私募基金），是指在中华人民共和国境内，以非公开方式向投资者募集资金设立的投资基金。"

牛老板：

虽然我们不属于合伙制创投企业，但是合伙制创投企业如何进行节税筹划呢？这个我比较感兴趣，请老师们仔细讲讲！

葛大侠：

根据财政部 税务总局 国家发展改革委 中国证监会公告 2023 年第 24 号规定，符合条件的创投企业可以选择按单一投资基金核算或者按创投企业年度所得整体核算两种方式之一。选择按单一投资基金核算的，其个人合伙人从该基金应分得的股权转让所得和股息红利所得，按照 20% 税率计算缴纳个人所得税；选择按年度所得整体核算的，其个人合伙人应从创投企业取得的所得，按照"经营所得"项目，适用 5%～35% 的超额累进税率计算缴纳个人所得税。这两种核算方式的选择就是我们节税筹划的基础。

牛老板：

那到底该选择哪种核算方式呢？

王小红：

我们建议选择按年度所得整体核算，然后通过"合伙嵌套"模式成立的创投企业来稀释股权分红，最终实现以较低税率完税。合伙嵌套模式的操作思路如下：请看图 3-27，假设自然人甲、乙、丙、丁各出资 25% 分别成立合伙企业 A、B、C、D，合伙企业 A、B 各出资 50% 成立合伙企业 E，合伙企业 C、D 各出资 50% 成立合伙企业 F，合伙企业 E、F 各出资 50% 成立合伙制创投企业G，G投资入股目标公司。

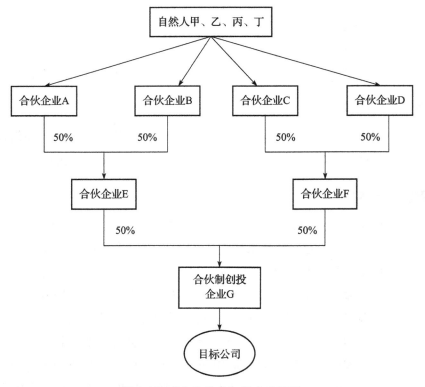

图3-27 "合伙嵌套"模式示意图

牛老板：

这么复杂的合伙嵌套，是怎么稀释股权分红，降低个人所得税的呢？

葛大侠：

如图3-27所示，如果合伙创投企业G按照年度所得整体核算，G从目标公司获得分红后，根据合伙企业"先分后税"的原则，G要先分给E和F，合伙企业E收到分红后继续往上分给A、B，合伙企业A、B收到分红后又再往上分给自然人甲、乙、丙、丁；合伙企业F收到分红后同理往上分。最后甲、乙、丙、丁分别以从合伙企业 A、B、C、D 获得的分红,按照"经营所得"项目,适用 5%~35% 的超额累进税率分别计算缴纳个人所得税。通过合伙企业这种层层穿透的特点,最终股权分红被稀释,实现了化整为零、降低税基的节税效果。当然合伙嵌套的层级越多,股权分红稀释的效果越好。请看教你一招 3-13。

教你一招 3-13

自然人甲、乙、丙、丁各出资 25% 分别成立了合伙企业 A、B、C、D,合伙企业 A、B 各出资 50% 成立了合伙企业 E,合伙企业 C、D 各出资 50% 成立了合伙企业 F,合伙企业 E、F 各出资 50% 成立了合伙制创投企业 G,请看图 3-28。2×19 年创投企业 G 收到所投资目标公司的分红 100 万元。假设创投企业 G 按年度所得整体核算,不考虑其他所得和成本费用。关于这笔分红该如何纳税?

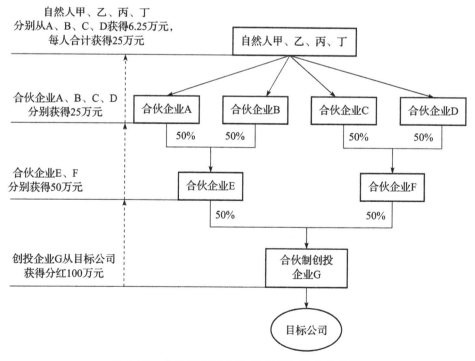

图 3-28 合伙制创投企业 G 的股权结构示意图

分析：

（1）如图 3-28 所示，创投企业 G 对外投资分红获得的 100 万元，根据合伙企业"先分后税"的原则，层层穿透后，最终自然人甲、乙、丙、丁分别从合伙企业 A、B、C、D 分得 6.25 万元，每人合计分得 25 万元。

（2）自然人甲、乙、丙、丁需要分别就获得的分红 6.25 万元，按照"经营所得"项目，适用 5%～35% 的超额累进税率计算缴纳个人所得税（也就是每人缴 4 次个税）。查"经营所得"税率表，计算如下：自然人甲应纳个人所得税 =（62 500×10%−1 500）×4=19 000（元），自然人乙、丙、丁应缴纳的个税同甲一样。

（3）如果自然人甲、乙、丙、丁各出资 25% 直接成立合伙制创投企业 G，不再合伙嵌套。那么 G 对外投资分红的 100 万元，自然人甲、乙、丙、丁各分得 25 万元，各缴税 39 500（=250 000×20%−10 500）元，那么每人缴的个人所得税是嵌套合伙下的 2.08（=39 500÷19 000）倍。

（4）如果合伙制创投企业 G 选择按单一投资基金核算，个人合伙人从该基金应分得的股息红利所得，按照 20% 税率计算缴纳个人所得税。那么无论嵌套合伙还是直接投资，自然人甲、乙、丙、丁分别应缴纳个税 50 000（=250 000×20%）元。

（5）合伙嵌套的层次越多，股权分红稀释的效果越好，合伙人缴纳的税就越少，原因是目前分红所得不合并纳税。

🗨 听君一席话 3-6

2019 年个税新政全面实施后，中国的中低收入阶层普遍减负，但以劳动所得为主的高薪群体，税负或有增加，比如取得综合所得的纳税人，取得时按低于 45% 的税率计税的，在来年个税汇算清缴时，都有可能累加到 45% 计税，带来税收负担的增加。

如果工薪阶层是"兵"的话，那高薪人群就是各行各业的"将"或"帅"，不管是"兵"还是"将""帅"，如果能够提前做点规划，省下来的税都会变成自己的收入。但实际上很多中低收入的工薪阶层并不关心自己缴了多少税，也不关注汇算清缴政策，所以这部分人群需要增强节税意识。

合伙企业是一种比较特殊的企业，它不缴企业所得税，所得要按照"先分后税"的原则，由合伙人分别缴纳所得税，正是因为这种"透明体"的特点，合伙企业被很多企业用于节税筹划，比如利用它来享受法人股东的低税率，或用来稀释股权分红等。

财务知识轻松学

书号	定价	书名	作者	特点
71576	79	IPO 财务透视：注册制下的方法、重点和案例	叶金福	大华会计师事务所合伙人作品，基于辅导 IPO 公司的实务经验，针对 IPO 中最常问询的财务主题，给出明确可操作的财务解决思路
58925	49	从报表看舞弊：财务报表分析与风险识别	叶金福	从财务舞弊和盈余管理的角度，融合工作实务中的体会、总结和思考，提供全新的报表分析思维和方法，黄世忠、夏草、梁春、苗润生、徐珊推荐阅读
62368	79	一本书看透股权架构	李利威	126 张股权结构图，9 种可套用架构模型；挖出 38 个节税的点，避开 95 个法律的坑；蚂蚁金服、小米、华谊兄弟等 30 个真实案例
70557	89	一本书看透股权节税	李利威	零基础 50 个案例搞定股权税收
62606	79	财务诡计（原书第 4 版）	（美）施利特 等	畅销 25 年，告诉你如何通过财务报告发现会计造假和欺诈
58202	35	上市公司财务报表解读：从入门到精通（第 3 版）	景小勇	以万科公司财报为例，详细介绍分析财报必须了解的各项基本财务知识
67215	89	财务报表分析与股票估值（第 2 版）	郭永清	源自上海国家会计学院内部讲义，估值方法经过资本市场验证
58302	49	财务报表解读：教你快速学会分析一家公司	续芹	26 家国内外上市公司财报分析案例，17 家相关竞争对手、同行业分析，遍及教育、房地产等 20 个行业；通俗易懂，有趣有用
67559	79	500 强企业财务分析实务（第 2 版）	李燕翔	作者将其在外企工作期间积累下的财务分析方法倾囊而授，被业界称为最实用的管理会计书
67063	89	财务报表阅读与信贷分析实务（第 2 版）	崔宏	重点介绍商业银行授信风险管理工作中如何使用和分析财务信息
71348	79	财务报表分析：看透财务数字的逻辑与真相	谢士杰	立足报表间的关系和影响，系统描述财务分析思路以及虚假财报识别的技巧
58308	69	一本书看透信贷：信贷业务全流程深度剖析	何华平	作者长期从事信贷管理与风险模型开发，大量一手从业经验，结合法规、理论和实操融会贯通讲解
55845	68	内部审计工作法	谭丽丽 等	8 家知名企业内审计部长联手分享，从思维到方法，一手经验，全面展现
62193	49	财务分析：挖掘数字背后的商业价值	吴坚	著名外企财务总监的工作日志和思考笔记；财务分析视角侧重于为管理决策提供支持；提供财务管理和分析决策工具
66825	69	利润的 12 个定律	史永翔	15 个行业冠军企业，亲身分享利润创造过程；带你重新理解客户、产品和销售方式
60011	79	一本书看透 IPO	沈春晖	全面解析 A 股上市的操作和流程；大量方法、步骤和案例
65858	79	投行十讲	沈春晖	20 年的投行老兵，带你透彻了解"投行是什么"和"怎么干投行"；权威讲解注册制、新证券法对投行的影响
68421	59	商学院学不到的 66 个财务真相	田茂永	萃取 100 多位财务总监经验
68080	79	中小企业融资：案例与实务指引	吴瑕	畅销 10 年，帮助了众多企业；有效融资的思路、方略和技巧；从实务层面，帮助中小企业解决融资难、融资贵问题
68640	79	规则：用规则的确定性应对结果的不确定性	龙波	华为 21 位前高管一手经验首次集中分享；从文化到组织，从流程到战略；让不确定变得可确定
69051	79	华为财经密码	杨爱国 等	揭示华为财经管理的核心思想和商业逻辑
68916	99	企业内部控制从懂到用	冯萌 等	完备的理论框架及丰富的现实案例，展示企业实操经验教训，提出切实解决方案
70094	129	李若山谈独立董事：对外懂事，对内独立	李若山	作者获评 2010 年度上市公司优秀独立董事；9 个案例深度复盘独董工作要领；既有怎样发挥独董价值的系统思考，还有独董如何自我保护的实践经验
70738	79	财务智慧：如何理解数字的真正含义（原书第 2 版）	（美）伯曼 等	畅销 15 年，经典名著；4 个维度，带你学会用财务术语交流，对财务数据提问，将财务信息用于工作